ÉTUDES ALGÉRIENNES

SAINT-DENIS. — IMPRIMERIE CH. LAMBERT, 17, RUE DE PARIS.

ÉTUDES
ALGÉRIENNES

L'ALGÉRIE POLITIQUE ET ÉCONOMIQUE

A TRAVERS LA PROVINCE D'ORAN

LETTRES SUR L'INSURRECTION DANS LE SUD ORANAIS

PAR

M. ARDOUIN DU MAZET

AVEC UNE PRÉFACE DE M. LUDOVIC DRAPEYRON
Directeur de la *Revue de Géographie*.

PARIS
LIBRAIRIE GUILLAUMIN ET Cie

Éditeurs du *Journal des Économistes*, de la *Collection des principaux Économistes*,
du *Dictionnaire de l'Économie politique*, du *Dictionnaire du Commerce
et de la Navigation*, etc.

RUE RICHELIEU, 14

1882

PRÉFACE

En nous priant de le présenter au public français, l'auteur de ce livre nous fait un grand honneur.

Il pouvait s'adresser à un homme plus compétent, mais non à un homme plus d'accord avec lui sur presque toutes les questions qu'il aborde successivement, et surtout plus convaincu que c'est là une *OEuvre de bonne foi*.

Le nom du sympathique écrivain dont on va lire les savantes études sur l'Algérie est *Ardouin*. N'étant que simple secrétaire du bureau arabe de Tlemcen, il se mit de bonne heure à observer, à écrire, à publier ; force lui fut de prendre un pseudonyme. Les articles, si sincères, parfois si pénétrants, de *du Mazet* ne tardèrent pas à être goûtés en Algérie, en France, dans tous les pays où notre langue est parlée. Le publiciste du Mazet fut connu et devint même une autorité en ces matières, tandis que le caporal Ardouin restait tout à fait ignoré.

Depuis lors cette renommée de bon aloi n'a fait que s'affermir et s'étendre. M. Ardouin du Mazet a écrit sur les affaires algériennes dans les premiers journaux de nos grandes villes de province et dans les plus importantes revues parisiennes. Il est souvent cité, même et oserai-je le dire? *surtout* à l'étranger, parce qu'on sait qu'il a vu ce dont il parle, qu'il le revoit souvent, multipliant ses voyages, ne demandant qu'une chose, de pouvoir approfondir chaque jour davantage, et par l'observation directe et par la réflexion, l'objet de ses chères études.

Certes cet objet est singulièrement « fort et attirant ». Il s'agit de la plus grande, de la plus prochaine, de la plus chère de nos colonies.

Raconter le passé de cette colonie, scruter son présent, préparer son avenir : c'est là une bien intéressante, une bien noble tâche.

Il importe que nous sortions avec honneur d'une entreprise où nous entrâmes avec honneur il y a plus de cinquante ans.

Qu'on y songe bien! Depuis quatorze siècles, depuis que Genséric, roi des Vandales, avait franchi les Colonnes d'Hercule, emporté d'assaut Hippone, et vengeant l'antique Carthage, détruit Rome elle-même, la Méditerranée, le *Mare nostrum* des Romains, n'offrait plus de sécurité aux navigateurs et aux négociants. Dignes imitateurs des Vandales, les Barbaresques, convertis à l'Islam, avaient aggravé et perpétué la piraterie : le versant méridional de la Méditerranée *vivait* du versant septentrional. Charles d'Anjou, roi des Deux-Siciles, et notre Saint Louis lui-même, avaient compris qu'une campagne contre Tunis aurait pour la France et pour l'Italie, pour toute l'Europe occidentale, plus d'utilité qu'une croisade en Egypte ou en Palestine. Ils échouèrent. L'Espagne, victorieuse des musulmans dans ses propres foyers, prétendit les réduire sur le sol africain. Ximenès prit, il est vrai, Oran ; Charles-Quint prit même Tunis ; mais Alger défia ses efforts. Les anciens chevaliers de Rhodes, qu'il avait établis dans l'île de Malte, combattirent vaillamment les Turcs d'un côté, les Barbaresques de l'autre. La journée de Lépante permit un instant d'espérer que le triste état de choses que nous avons indiqué plus haut allait cesser. Et c'est pourtant au lendemain de Lépante que Cervantès, le célèbre écrivain espagnol, subissait cette longue et douloureuse captivité qu'il a lui-même retracée dans son épisode du *Cautivo*. Un siècle plus tard, Louis XIV faisait bombarder Alger par Duquesne. « Tu céderas ou tu tomberas sous ce vainqueur, Alger, riche des dépouilles de la chrétienté ! » s'écriait éloquemment Bossuet dans une des ses Oraisons funèbres. Mais en fin de compte, Alger, tous les Etats barbaresques résistaient. Ni l'Italie, ni l'Espagne, ni la France de l'ancien régime n'avaient pu ou suffisamment voulu en triompher.

La France nouvelle fut plus énergique et plus heureuse. Une lutte de dix-sept ans assura au monde civilisé cet immense bienfait, la libre navigation de la Méditerranée.

Avions-nous tort de dire que la France était entrée avec honneur dans cette entreprise?

Mais une œuvre plus malaisée, plus honorable encore devait tenter notre courage. Il ne suffisait pas de désarmer la barbarie, il fallait lui substituer la civilisation européenne. Depuis les Romains, semblable tentative ne s'était pas produite. Ni l'Italie, ni l'Espagne n'auraient pu en concevoir même la pensée. Le premier de tous les peuples néo-latins, — les seuls qui par leur situation géographique puissent s'engager dans cette voie,— la France a eu assez de force, assez d'énergie, assez d'hommes, assez de hauteur de vues pour aborder cette tâche. On le sait : les Romains eux-mêmes n'avaient résolu le problème qu'à moitié ; ils n'avaient pu réduire les Kabyles dans le Djurjura, les Maures dans l'Atlas ; ils les contetenaient, ils ne les civilisaient point. Et depuis la chute de l'Empire romain, la conversion de toutes ces populations à l'Islamisme les avait rendues plus réfractaires que jamais à l'influence europénne. N'importe ! Nous avons poursuivi avec résolution, sinon toujours avec perspicacité, notre noble mission. On peut affirmer que de grands progrès ont été effectués dans ce sens, mais il serait puéril de nier qu'il n'en reste de plus notables encore à accomplir. M. du Mazet nous fait, au cours de ses lettres et de ses conférences, toucher du doigt les difficultés (mais non les impossibilités) ethnographiques, religieuses et économiques, contre lesquelles nous nous heurtons souvent. C'est par une méthode scientifique que l'on en triomphera.

Ce serait s'y prendre mal pour convaincre un siècle positif et qui a raison de l'être, que de lui montrer seulement le côté humanitaire ou le côté européen de cette grande question algérienne et barbaresque. Le côté français n'apparaît pas avec moins de netteté à quiconque veut bien jeter un simple coup d'œil sur une carte offrant d'une façon synoptique les rivages opposés de l'Europe et de l'Afrique. Pour les gens, parfois instruits, je veux bien l'admettre, mais dépourvus de méthode, qui n'opèrent jamais cette confrontation, qui considèrent toujours isolément l'Afrique et l'Europe, sous ce naïf prétexte que ce sont là deux parties de l'ancien continent soigneusement distinguées depuis un temps immémorial ; oh ! pour ceux-là, dis-je, on comprend que l'Algérie puisse être une superfétation, une cause fâcheuse de dépenses, d'affaiblissement, d'embarras de toute sorte. Celui qui sait voir, rien que voir, en juge autrement. La possession de l'Algérie, le protectorat de la Tunisie lui apparaissent comme le gage certain de notre domination dans la Méditerranée. Aussi bien cette correspondance du littoral provençal et du littoral numide, dès qu'elle a été constatée, met fin à une discussion oiseuse.

A cette considération, élémentaire sans doute, mais sans réplique, il faut enjoindre une autre, où le raisonnement risque moins de bannir la raison. Toutes nos nations modernes ont besoin de territoires, situés à une distance plus ou moins grande de la mère-patrie, qui fournissent à leur commerce, à leurs populations elles-mêmes, des débouchés.

Mais, dira-t-on, « le Français n'est pas colonisateur. » C'est avec une légitime indignation que l'auteur de ce livre repousse un pareil dicton. Il lui suffit d'ailleurs pour le confondre de rappeler le souvenir du Canada, de cette Nouvelle France, que nous avons perdue, mais qui aujourd'hui encore, cent ans après le désastreux traité de Paris, parle français, écrit en français ! Eh bien, l'Algérie est bien près d'être pour nous une autre Nouvelle France.

Sans doute, une question capitale s'offre ici, qui ne saurait être éludée, celle de l'acclimatation, et ceux-là ont fait preuve d'esprit scientifique, et par conséquent d'esprit politique, qui ont assaini, revivifié certaines parties de l'Algérie, préparant la voie à une colonisation sérieuse et durable.

Ni illusion, ni découragement : telle semble être la devise de M. du Mazet. Toutes les utopies qu'on a pu imaginer, toutes les bévues qu'on a pu commettre, faute d'avoir lu, d'avoir vu, d'avoir compris, il les signale, il les écarte de sa route avec un discernement encore bien rare sur l'un et l'autre rivage de notre Méditerranée. S'il livre au ridicule le *royaume arabe*, il blâme énergiquement ceux qui voudraient exterminer, refouler ou convertir en masse les indigènes musulmans. Nous ne sommes disposés à le critiquer que lorsqu'il montre pour l'Islamisme et pour le Koran une antipathie si absolue. Alexandre de Humboldt nous a appris à témoigner envers cette religion plus de déférence (1). Mais où M. du Mazet a raison, et où nous sommes complètement d'accord avec lui, c'est lorsqu'il nous répète que l'Islamisme a rendu les populations algériennes plus réfractaires à notre civilisation. Telles races, en effet, ont gagné, telles autres ont perdu au contact de cette religion. Celles-ci n'ont eu tant à souffrir de ce contact, que par suite de l'isolement auquel les a condamnées, jusqu'à l'arrivée des Français, leur conversion à l'Islamisme. Aujourd'hui que l'isolement *matériel* a pris fin, il faut également mettre un terme à l'isolement *intellectuel*.

Mais voici que cette *présentation* traîne un peu en longueur. Nous cédons la parole à M. du Mazet, le Français ultra-méditerranéen, qui, lui, a vécu de la vie algérienne. Ceux qui auront lu et ceux qui auront négligé de lire cette préface ne voudront certainement perdre aucune des lignes qui vont suivre. Nous-même nous y reviendrons souvent pour mieux comprendre l'Algérie.

Ludovic Drapeyron.

Paris, le 20 juillet 1882.

(1) Voir le *Cosmos*.

PREMIÈRE PARTIE

L'ALGÉRIE POLITIQUE ET ÉCONOMIQUE.

ÉTUDES ALGÉRIENNES

I

La fin d'un préjugé.

Ce que l'Algérie rapporte à la France. — Part de la colonie dans le mouvement commercial de notre pays.

Il est d'usage, quand on parle de l'Algérie, de se lamenter sur ce que cette grande colonie coûte à la France plusieurs millions chaque année. Cette idée est tellement ancrée dans beaucoup d'esprits qu'un démenti formel serait accueilli avec une véritable stupéfaction.

Cependant rien n'est plus faux.

Non seulement l'Algérie ne coûte rien à la métropole, mais encore, depuis quelques années, il y a une plus-value sensible des recettes sur les dépenses.

Ainsi, en 1878, les recettes ont atteint le chiffre de 36,081,657 francs provenant de l'enregistrement, des domaines, du timbre, des douanes, des contributions diverses, des postes et télégraphes, etc.

Pendant la même période les dépenses ne se sont élevées qu'à 32,006,322 francs. En 1881, les dépenses ne s'élèveront qu'à 30,867,568 francs, soit un excédant de recettes sur les dépenses variant de 4 à 6 millions.

Il est vrai que, dans ces chiffres, ne sont pas comprises les dépenses militaires dont le chiffre est relativement élevé, mais ces dépenses-là ne sauraient entrer en ligne de compte. Si l'Algérie n'existait pas, il faudrait l'inventer. C'est une école excellente pour nos troupes, une pépinière de soldats accomplis. Même en temps de paix il se forme là des bataillons durs à la fatigue, capables d'opérer dans les climats les plus extrêmes. Depuis quarante ans nos régiment de zouaves et de turcos, la légion étrangère, les chasseurs d'Afrique, ont acquis une légitime célébrité. C'est un des éléments les plus utiles et les plus précieux de notre chère et vaillante armée.

Ces dépenses là seraient plus élevées encore qu'il ne faudrait point les regretter. Par les chiffres que je viens de donner plus haut on peut juger de la prospérité actuelle de la colonie. Mais il en est d'autres plus frappants encore.

L'Algérie fait un commerce de 424 millions de francs, dont 272 millions à l'importation, et 152 millions à l'exportation. La France fait 75 pour 100 des importations et reçoit 70 pour 100 des exportations.

Supprimons l'Algérie ou supposons-là entre les mains de l'Angleterre, ce commerce passerait évidemment à ce pays et c'est une perte nette de 310 millions dans le mouvement général des affaires de la France !

Croit-on que la possession d'un pareil élément de richesse et d'activité, ne compense pas largement les quelques millions que coûte la protection de nos intérêts commerciaux ?

Et si le commerce de la France aurait tout à perdre, l'Algérie étant supprimée, combien ne perdrait pas notre marine déjà si peu importante, comparativement à celle de certains Etats ? Le tonnage des navires entrés dans les ports de l'Algérie atteint près de 1,400,000 tonneaux dont 850,000 pour le pavillon français, c'est-à-dire 63.79 pour 100 du commerce de l'Algérie.

Ce sont là des résultats merveilleux et ce n'est cependant qu'un début, il n'y pas dix ans que l'Algérie commence à être véritablement connue. Ses richesses naturelles ne sont qu'effleurées, les débouchés et les ressources qu'elle offre à l'activité de la France sont à à peine exploités. Que sera ce donc quand ce pays, apprécié comme il doit l'être, sera entièrement mis en valeur ?

Mais il importe, pour que l'Algérie donne tout ce que l'on peut attendre d'elle, qu'elle soit mieux connue. Il y a aujourd'hui pour tout ce qui touche à l'Afrique française une véritable soif de savoir. En publiant ce livre écrit en grande partie en Algérie, j'ai eu pour but de contribuer pour une faible part à faire connaître ce pays, non seulement au point de vue pittoresque, mais point de vue économique et social, et de mettre surtout en lumière certains côtés trop oubliés des questions algériennes.

II

L'impôt en Algérie.

La population de l'Algérie. — Le système fiscal. — Les impôts arabes. — L'impôt foncier. Ce qui s'oppose à son établissement immédiat. — Les noms de famille. — Un premier mot sur la politique algérienne.

On parle très souvent de l'assimilation de l'Algérie à la métropole; l'assimilation complète de l'Algérie est elle possible ? Cela est plus que douteux.

Il suffit de jeter les yeux sur les documents statistiques publiés par les soins du Gouvernement général pour reconnaître qu'un pays dont la population comprenait en 1876 sur 2,867,626 habitants, 198,792 Français; 158,387 étrangers non naturalisés; 33,506 Israélites naturalisés et enfin 2,476,941 musulmans, ne peut être administré de la même façon que nos départements français, où l'homogénéité de la population est telle qu'un préfet peut aller de Nice à Lille par suite d'un mouvement dans le personnel, sans éprouver le besoin de faire un nouvel apprentissage et sans être obligé de tâtonner pour diriger le pays qui lui est confié.

En Algérie, tout change, il y a là des intérêts spéciaux à étudier, des races diverses à administrer, une population musulmane pour qui la vie municipale est lettre morte et qu'on n'arrivera peut-être jamais à plier à nos usages.

A l'exception des postes et télégraphes qu'on peut facilement mettre sous la main des directions respectives de la métropole — encore d'un façon incomplète — aucune des administrations algériennes ne peut fonctionner de la même façon qu'en France; il n'est pas nécessaire d'être un économiste transcendant pour le comprendre; il suffit de ne pas étudier l'Algérie entre deux absinthes sur la place du Gouvernement, et de se faufiler un peu, en Haroun al Raschid, dans les rues des villes et à travers les douars épars dans la broussaille.

Je prends, par exemple, le service des finances, celui-là même sur lequel comptent le plus les assimilateurs pour obtenir cette unification tant rêvée. De quelle façon est-il géré aujourd'hui ?

On a dû créer, en dehors du service des contributions indirectes, dont, en Algérie, les attributions se bornent à l'enregistrement et au timbre, un service spécial à la colonie, dit des « Contributions diverses », formé d'éléments soumis à un long apprentissage dans la colonie. Ce service est chargé de percevoir les quelques taxes imposées aux Européens et aux indigènes par les communes, et de toucher le montant des impôts musulmans.

Ces impôts se bornent à une taxe sur les richesses en terres et troupeaux de nos tributs, et portent différents noms.

« L'Achour » est un impôt basé sur la quantité de labours effectués chaque année. Tous les ans, des officiers en territoire militaire, des employés des communes en territoire civil, sont chargés de vérifier un état des terres cultivées, dressé par les caïds, cheikhs ou kébirs des tribus ou douars communs. L'unité employée pour ce recensement est la « sekka », ou charrue, qui équivaut à tout le terrain que peut labourer, en une saison, le primitif instrument dont les indigènes se servent pour remuer le sol; son étendue est fort variable et, suivant les contrées, va depuis six jusqu'à quinze hectares. L'état des cultures est divisée en récolte très bonne, bonne, mauvaise ou nulle. Au moyen de ces diverses catégories on procède à une réduction du nombre des charrues, relativement à la qualité du produit.

C'est un système purement enfantin, où les fraudes ne sont pas rares, quand les chefs indigènes sont honnêtes, où elles atteignent des proportions extraordinaires en cas de connivence de ceux-ci avec avec les imposés.

Pour parer à cet inconvénient, on a organisé parmi le service des contributions diverses, une légion de contrôleurs qui n'obviera que fort peu aux dangers que j'ai signalés plus haut; c'est un déplacement de responsabilité, un surcroît de dépenses et c'est tout.

Une fois le recencement terminé, il est procédé à l'établissement du montant des contributions, d'après une base fixée chaque année par une décision du Gouverneur et qui peut varier de 80 à 120 francs par charrue. Sur le produit une part est réservée aux chefs collecteurs, part d'autant plus forte que ce chef occupe une position plus élevée : en première ligne les bach-aghas, grands khalifas, aghas et caïds des caïds, puis les caïds, cheikhs et kébirs.

Le « zekkat » est un autre impôt basé sur le nombre d'animaux domestiques, et pour les rôles duquel il est procédé de la même façon que pour l'achour. La fraude est encore plus facile, car on fait mieux disparaître un troupeau qu'un terrain de culture. Ainsi que le précédent impôt il est augmenté par des centimes additionnels, spéciaux et extraordinaires affectés aux communes, aux départements et aux frais d'hospitalisation.

Dans quelques régions « l'achour » est remplacé par

un impôt similaire appelé le « hockor » qui est, à proprement parler, le loyer de la terre.

Dans le sud, où la récolte des céréales est insignifiante, on a imposé les palmiers à tant par pied d'arbre.

Enfin certaines tribus nomades du Sahara ont, à cause de leurs habitudes vagabondes, été admises à racheter leurs contributions moyennant une taxe annuelle fixe, cet impôt se nomme « lezma ». Ce nom s'applique également dans quelques cas à une taxe de capitation [1].

Telle est, dans toute sa vicieuse simplicité, la méthode employée pour la péréquation de l'impôt arabe.

Il y a lieu, on doit le reconnaître, de changer au plus tôt ce mode d'impositions; en France cela peut paraître facile; en Algérie, les assimilateurs, qui ne doutent de rien, et ne tiennent nullement compte dans leurs théories des obstacles à vaincre, les assimilateurs ont pensé que le meilleur moyen de remédier à cet état de choses était de faire un *petit décret,* établissant sur le sol algérien tous les impôts de la métropole : impôt foncier, portes et fenêtres, etc., etc. Ce système de réforme est tellement simple, à leur point de vue,

---

[1] Ces divers impôts ont rapporté, depuis 1854 jusqu'à 1873, de 9,939,872 fr. à 14,759,336 francs. — Dans ces chiffres ne se trouve pas compris le produit des centimes additionnels et autres.

qu'il n'est pas facile de comprendre le retard mis à son emploi.

Certes cela est fort simple, mais ces messieurs oublient qu'on se trouve en face d'un peuple auquel on ne peut pas appliquer les entraves administratives et financières que l'Europe envie, paraît-il, à notre heureuse France. Sans parler de l'impôt des portes et fenêtres que l'on ne saurait appliquer au million d'individus habitant sous la tente, pourrait-on dire quelle est la division cadastrale qui servira de base à l'établissement de l'impôt foncier?

On répond, il est vrai, qu'en attendant la création du cadastre, les communes établiront un état provisoire des propriétés à soumettre à l'impôt. Admirable réforme assurément que de remplacer une méthode vicieuse par une autre plus défectueuse encore, puisque, dans certaines tribus, la propriété est collective et qu'en établissant l'impôt sur les biens de la communauté, on ne pourra, en aucune façon, répartir équitablement les charges sur chacun de ses membres. Grâce aux migrations des indigènes, il faudra les suivre pas à pas dans les fréquents déplacements qu'ils opèrent, puisque tel terrain affecté une année à la culture est changé en pâturage l'année suivante et finit par se couvrir de broussailles. Où prendra-t-on des collecteurs assez hardis pour dire : ceci est un terrain de culture et ceci un terrain vague, alors que, la moisson faîte, le sol labouré à l'automne précédent, est presque toujours abandonné par le laboureur ?

Il ne sera donc jamais possible d'établir par un décret tous les impôts qui foisonnent en France ; on y arrivera sans doute, mais fort lentement et à mesure que la propriété se constituera régulièrement. Ce travail fort long et difficile est l'objet de tous les efforts de l'administration actuelle. L'adoption de la première des mesures destinées à en assurer le succès, le choix d'un nom patronymique, a rencontré de la part d'un grand nombre d'indigènes des difficultés sérieuses, avant même que le projet n'ait été mis à exécution. Pour quelques individualités déjà façonnées à notre contact et à qui un nom de famille semble nécessaire, un grand nombre d'Arabes ont trouvé que c'était singulièrement user d'autorité que de les forcer à porter un nom qu'ils ne pourraient faire quitter à leurs enfants.

Mais à mesure que nos habitudes leur seront devenues familières, qu'ils reconnaîtront les avantages d'un état civil régulier — et déjà ils se soumettent sans peine à toutes les déclarations de naissances, mariages ou décès que l'on exige d'eux — les indigènes seront amenés à comprendre l'utilité de toutes ces formalités qui aujourd'hui leur semblent si ennuyeuses ; le rôle de l'administration sera alors facilité. Mais jusqu'à l'époque encore éloignée où ces desiderata auront disparu, il ne faut pas compter voir l'Algérie assimilée à la France. Jusque-là il faudra donc des administrateurs, pris dans les rangs de l'administration coloniale, afin qu'ils aient les connaissances nécessaires. Pour être certain que ce personnel sera à la hauteur de sa tâche, il faudra que l'homme placé à la tête de la colonie ait le droit, sinon de nommer, du moins de présenter les candidats. Il est évident que jusqu'au moment où un sous-préfet arrivant de Jonzac ou de Marvejols pourra, sans peine, prendre l'administration de Sétif ou d'Orléansville, on se verra condamné à supporter un pouvoir central en Algérie, ainsi que les différentes délégations des ministères dont il est obligé de s'entourer.

Deux formes d'administration seulement sont possibles en Algérie. L'une est le régime actuel entouré de toutes les garanties nécessaires, avec une plus grande part laissée au suffrage universel dans la composition du conseil supérieur, afin de pallier les inconvénients que pourrait avoir la venue d'un gouverneur ou de préfets peu au courant des affaires du pays, et de préparer avec tact une assimilation qui, pour être lente, n'en serait que plus sûre ; l'autre : l'établissement du *self-government* avec les modifications nécessitées par l'expérience.

Quant à l'assimilation radicale et subite, ce n'est qu'une utopie dangereuse, qui aurait les plus tristes résultats pour l'avenir du pays; ce qui est bon pour une vieille nation comme la France ne saurait être appliqué à un pays jeune comme l'Algérie. Il y aurait, du reste, de graves inconvénients, avec les perpétuels changements de ministère que subit la métropole, à mettre en jeu notre domination en Afrique, en faisant ressentir à la colonie tous les contre-coups des événements politiques de la mère-patrie. Un ministre de l'intérieur comme nous en avons tant vus, connaissant parfois à peine la France, pourrait, dans un accès de zèle imprévoyant, compromettre tout ce que nous avons obtenu jusqu'ici, en faisant de notre possession africaine une Cayenne administrative pour les fonctionnaires de la métropole ayant mérité un déplacement.

III

L'administration.

Territoire civil et territoire militaire. — Les divisions territoriales. — Communes de plein exercice et communes mixtes civiles. — Les douars-communes et leur djemâa. — L'administration militaire. — La vérité sur les bureaux arabes. — Les conseils généraux et les assesseurs musulmans.

Si, en parlant des difficultés qu'éprouverait en Algérie toute tentative assimilatrice, j'ai omis de parler de la forme actuelle de l'administration algérienne, et d'indiquer par là combien il serait peu facile de détruire, en un seul jour, tout l'échafaudage organique de la vie civile dans la colonie, c'est que l'étude de cette administration m'eût entraîné trop loin.

On sait qu'en Algérie l'autorité est exercée à la fois par un pouvoir civil et un pouvoir militaire, le premier possédant, outre les rouages ordinaires de l'administration française, une catégorie de territoires composant les communes mixtes, le second ayant une assez grande analogie avec le précédent, mais présentant toutefois cette différence essentielle, qu'il n'est composé que de communes mixtes ou subdivisionnaires à la tête desquelles sont placés les bureaux arabes.

Le pays tout entier est divisé en trois grandes régions ou provinces : celles d'Alger, d'Oran et de Constantine. Le chef-lieu de chacune d'elles est la résidence du préfet, dont l'autorité s'étend sur tout le territoire civil du département, et du général de division chargé de l'administration du territoire de commandement.

La province d'Alger correspond à une partie de l'ancienne Mauritanie césarienne ; elle est limitée à l'est par la province de Constantine, formée de l'antique Numidie, à l'ouest par la province d'Oran qui comprend le reste de la Mauritanie césarienne ou Massésylie.

Jusqu'à l'année dernière il était assez difficile de dire quelle était la limite entre les deux territoires. Cependant on pouvait indiquer dans la province d'Oran une séparation assez nette, car le territoire civil y était compris, à l'exception de quelques enclaves, entre la Tafna à l'Ouest, les premiers contreforts des montagnes qui forment la séparation du bassin méditerranéen et du bassin des Chotts, au sud, et enfin, à l'est, par la Mina dans la partie supérieure de son cours.

En dehors de ces limites une seule ville avec son

étroite banlieue appartenait au territoire civil, c'était Nemours (Djemâa R'azaouat).

On peut voir, en examinant une carte, que tout le bas pays du Tell de la province d'Oran dépendait de l'autorité préfectorale, à l'exception de la rive gauche de la Tafna, jusqu'à la frontière du Maroc et du pays des Flittas compris entre la Mina et la province d'Alger.

Dans la province d'Alger l'agrégation était moins parfaite. C'est également la grande chaîne de séparation des eaux qui, dans ses contreforts septentrionaux, indiquait la limite des deux territoires; mais, en dehors de cette limite, les montagnes de l'Ouaransenis, le Dhara de Ténès et une partie de la Kabylie appartenaient au territoire militaire.

La province de Constantine qui est la plus vaste et la plus peuplée des trois, possédait un territoire civil délimité, au midi, par une ligne conventionnelle qui, partant d'Akbou, passait au sud de Sétif, Batna et Souk-Harras.

Aujourd'hui, en 1881, le territoire civil comprend tout le Tell, sauf une étroite bande de territoire sur les frontières de la Tunisie et du Maroc et quelques portions de pays vers Daya et Magenta.

Les départements sont, comme en France, divisés en arrondissements. La division militaire présente, en face de cette organisation civile, le système des subdivisions.

La province d'Alger comprend quatre arrondissements: Alger, Dellys, Milianah et Orléansville, et cinq subdivisions : Fort National, Aumale, Médéah, Milianah et Orléansville.

La province d'Oran contient cinq arrondissements: Oran, Tlemcen, Sidi-Bel-Abbès, Mascara et Mostaganem, et trois subdivisions: Oran, Tlemcen et Mascara.

La province de Constantine possède six arrondissements : Constantine, Philippeville, Bône, Sétif, Bougie et Guelma, et quatre subdivisions: Constantine, Batna, Bône et Sétif.

En territoire civil la majeure partie des centres de population sont formés en communes de plein exercice, c'est-à-dire que celles ci sont administrées par un maire et un conseil municipal élus, auxquels sont adjoints les chefs des douars communes ou sections indigènes.

Pour parer aux nombreuses dépenses à faire dans un pays que l'incurie des anciens possesseurs du sol avait laissé dénué de voies de communication, et en face des maigres ressources de ces communes, on a dû ajouter à leur territoire quelques tribus ou douars des environs. Grâce aux centimes additionnels prélevés sur les populations arabes, il a été possible de pourvoir au plus pressé, et aujourd'hui il n'est pas un centre de colonisation qui ne soit mieux doté et aménagé que telle petite ville, tels gros bourg ou village de France.

Malheureusement certains périmètres de colonisation ont, par l'extension même qu'ils ont prise, causé une migration de la population arabe qui les avoisinait immédiatement; ainsi en est-il des environs d'Alger et d'Oran. De là, pour beaucoup de petites communes, une situation financière fort peu brillante à laquelle ne pourra remédier que l'impôt foncier frappé sur les terres depuis longtemps livrées à la culture.

Quand la faible population d'un village ne permet pas de le constituer en commune distincte, il est, soit érigé en section de la commune voisine, soit choisi comme chef-lieu de *commune mixte*.

Par commune mixte on entend une étendue de territoire dont l'immense majorité de la population est composée d'indigènes; en tête de la commune est placé un administrateur (autrefois commissaire civil) nommé par le gouverneur et assisté par un ou deux adjoints nommés par l'autorité préfectorale. L'administrateur présente en outre une liste des Européens, français ou étrangers, aptes à faire partie d'une commission municipale, dont sont membres de droit les chefs des douars-communes. Chacun de ceux-ci remplit les fonctions d'adjoint pour son douar, et chaque section européenne possède également un adjoint nommé sur la proposition de l'administrateur.

Le douar-commune dont il est ici question est la

dernière transformation qu'ait eu à subir l'administration indigène. C'est un essai de vie municipale placé en face des mœurs autoritaires des Arabes; car, bien que chaque douar-commune fasse partie d'une commune mixte ou de plein exercice, chacune de ces fractions indigènes possède généralement une « *djemâa* » (assemblée de notables) qui a voix consultative sur les questions que le cheikh ou kebir peut avoir à présenter à la commission ou au conseil municipal. La djemâa possède, comme les villages français, sa police propre, composée ici d'un garde champêtre et de cavaliers (khiela) attachés à la personne du Cheikh. En outre le douar-commune est organisé quant à la propriété du sol, celui-ci ayant été délimité en vertu du sénatus-consulte des 13-22 avril 1863.

En territoire militaire, les anciens cercles ou annexes de cercles sont constitués en communes mixtes; on a ainsi supprimé les anciennes communes indigènes dont une dizaine seulement existent encore et vont incessamment disparaître.

La commune mixte militaire est administrée par le commandant supérieur du cercle ou chef d'annexe; chaque commandant supérieur a pour premier adjoint le chef du bureau arabe et les chefs d'annexe ont, en la même qualité, le premier adjoint du bureau arabe qu'ils administrent [1].

[1] Le *Cercle* qui dépend de la subdivision est formé d'un certain nombre

Le recrutement de la partie européenne de la Commission municipale a lieu de la même façon qu'en territoire civil, le général de division remplaçant le préfet, mais aux chefs des douars-communes sont encore joints les caïds, caïds des caïds, aghas, bach-aghas et grands khalifas, derniers débris de cette féodalité indigène que nous avions si complaisamment édifiée après la conquête et qui tend chaque jour à disparaître.

Cet essai de municipalité, sur les larges bases où il a été fait par le général Chanzy est une des heureuses et fécondes idées de son gouvernement, il a préparé peu à peu les habitants du territoire militaire à la vie municipale qu'ils sont appelés à posséder lors de leur passage sous l'administration préfectorale.

En somme les bureaux arabes tant décriés en France où l'on ignore absolument ce qu'ils sont au juste ne méritent à cette heure

« Ni cet excès d'honneur ni cette indignité. »

de tribus ou douars-communes et administré par un officier qui est ordinairement du grade de commandant ou de capitaine et qui a sous ses ordres un bureau arabe composé d'un certain nombre d'officiers (de 2 à 5) et d'un interprète militaire. Quand le cercle est trop étendu, il possède deux bureaux arabes dont l'un, situé en dehors du chef-lieu, porte le nom d'annexe; l'officier qui le dirige a le titre de chef d'annexe et remplit, par délégation du commandant supérieur, toutes les fonctions de ce dernier.

Les bureaux arabes sont de deux classes : la première relève directement des généraux commandant les subdivisions dont elle est, pour ainsi dire, le cabinet; la seconde comprend les bureaux de cercles.

Par exceptions, quelques annexes relevant directement des généraux de subdivision sont érigées en bureaux de première classe.

C'est, avec plus de pouvoirs discrétionnaires sur les *populations indigènes* de la frontière et du Sud, c'est-à-dire là où une surveillance continuelle est nécessaire, un calque parfait du système voisin ; le chef de la commune militaire porte un sabre et son collègue *pékin*, sous-préfet ou administrateur, a les mollets battus par une épée de cour.

L'un et l'autre sont du reste étrangers à tout maniement de fonds.

Relativement à l'organisation elle-même des bureaux arabes, si, dans les débuts de notre installation en Afrique, elle a pu donner lieu à des plaintes, celles-ci n'ont plus aujourd'hui de raison d'être. On le voit par ce fait seul que les bureaux arabes n'agissent pas (en dehors de leur action politique) sans y être autorisés par une Commission municipale, laquelle, malgré sa composition hétérogène de Français, d'étrangers, de musulmans et de Juifs, est plus sage, plus intelligente et plus libérale que beaucoup de conseils municipaux.

Du reste, avec l'extension donnée au territoire civil, les bureaux arabes ne sont plus qu'un système transitoire d'administration, appliqué seulement aux nomades des hauts plateaux et aux Sahariens. Le temps même n'est pas éloigné où nous verrons l'Algérie tout entière entre les mains de l'autorité civile.

Quant au contrôle de tous sur la direction imprimée aux affaires, il est, en Algérie, aussi large et aussi facile qu'ailleurs. Quel que soit le territoire qu'il habite, le colon nomme ses délégués au conseil général et c'est cette assemblée qui décide seule sur les grands travaux d'utilité publique, les subventions à accorder aux écoles, etc., etc., toutes choses qui échappent ainsi à l'influence militaire. Il en est de même des brigades de gendarmerie du territoire de commandement qui relèvent directement des préfets.

Les indigènes eux-mêmes ne sont pas oubliés dans la composition des assemblées provinciales, car un certain nombre d'entre eux font partie des conseils généraux où ils sont nommés par le gouvernement. La presse algérienne s'est beaucoup élevée contre leur présence dans les conseils généraux. A première vue il semble, en effet, souverainement injuste que des chefs indigènes, non issus du suffrage universel, contrebalancent l'influence des membres élus du conseil, mais au fond, n'est-il pas naturel que les Arabes et les Kabyles qui fournissent aux budgets départementaux le plus clair de leurs revenus, soient appelés à en contrôler l'emploi ?

Même les ennemis les plus convaincus de l'introduction de l'élément indigène dans les conseils généraux, reconnaissent que les assesseurs musulmans sont souvent utiles dans les questions qui intéressent leur race; sans eux il serait parfois difficile de s'éclairer sur certains sujets.

Du reste on remarque volontiers la facilité avec laquelle ils se sont pliés à cette espèce de parlementarisme régional des assemblées de province.

IV

L'organisation judiciaire.

Le code civil et le Coran. — La justice musulmane. — Les Mehakmas. — Cadis et Adouls. — Une audience. — La femme arabe et le divorce. — Les medjelès consultatifs. — L'honnêteté des magistrats musulmans. — Les Kabyles et les justices de paix. — Les M'dersas, ce qui s'y enseigne. La réforme qui y a été opérée. — Ce qui s'oppose à l'adoption de notre code.

Les différences entre l'administration française et l'administration algérienne continuent, sous le rapport judiciaire, à se montrer aussi frappantes.

Depuis la naturalisation en masse des Israélites, il n'y a plus en Algérie que deux sortes de jurisprudence, le code français et le Coran, l'un présentant toutes les garanties d'intégrité qui le distinguent, l'autre laissant une porte toujours ouverte à la concussion et à la vénalité.

« La justice est le meilleur instrument de la civilisation » a dit le général Chanzy au Conseil supérieur en 1874; le gouverneur avait sans doute en vue la prépondérance de nos lois, car rien ne donne plus l'idée de la barbarie que les mœurs judiciaires des indigènes.

La justice musulmane, par une mesure à laquelle on ne saurait trop applaudir, a été complètement inféodée à la justice française; c'est devant celle-ci que sont portés les appels; elle seule est appelée à juger du criminel et des faits relevant de la police correctionnelle. En territoire militaire la justice civile fait place au conseil de guerre pour le criminel; à des tribunaux particuliers à chaque cercle ou annexe, sous le nom de « commissions disciplinaires » pour les autres délits de droit commun. Ces commissions sont composées d'officiers, et du juge de paix ou son suppléant si le chef-lieu est à la tête d'un canton. Les subdivisions possèdent des commissions disciplinaires dont les pouvoirs sont plus étendus, et dont fait partie le procureur de la République, quand le chef-lieu de la subdivision est le siège d'un tribunal. Enfin Alger possède un autre tribunal militaire qui peut être assimilé à une cour d'appel.

La loi musulmane n'est donc employée que pour les contestations entre musulmans et certains actes de la vie civile tels que les mariages et divorces.

La base de cette législation est tout entière dans le

Coran, mais l'usage a fait prévaloir certaines modifications qui ont amené l'organisation suivante :

Chaque province est divisée en un certain nombre de *circonscriptions judiciaires* composées soit d'une seule ville ou d'une tribu, soit de plusieurs groupes administratifs. A la tête de chacune d'elles est placé un *cadi* assisté d'un *bach-adel* [1] et d'un ou deux *adoul*; au-dessous de ces magistrats vient encore un *oukil* ou huissier. Tout ce personnel est nommé par le gouverneur sur la proposition des généraux et des sous-préfets et sur l'avis du procureur général près la cour d'appel.

Chaque semaine le cadi se rend avec ses assesseurs dans le chef-lieu de sa circonscription et y entend les parties. Les jugements prononcés dans le prétoire, bien que présentant encore beaucoup du pittoresque des mœurs patriarcales, ont lieu *au nom du peuple français*; les jugements sont enregistrés par le bach-adel sur des registres d'un modèle commun à toute l'Algérie et transcrits ensuite, à la demande des parties, sur des feuilles de papier timbré. — Mahomet, qui l'eût cru!

C'est donc là une véritable atteinte aux préceptes imprescriptibles du Coran. Celui-ci, espérons le, en verra bien d'autres.

Cependant il y a encore des choses curieuses dans le

---

[1] Au pluriel, *bach-adoul;* bach voulant dire : principal, premier.

rétoire ou sous la tente du magistrat musulman. Les scènes les plus amusantes de nos tribunaux de simple police ne sont rien auprès des audiences des cadis. C'est souvent un bruit et une confusion inexprimables auxquels ne pourraient résister nos juges français, mais l'impassibilité des Arabes est telle qu'aucun des membres du tribunal ne paraît s'émouvoir de ce bruit et de ces clameurs.

La femme musulmane si renfermée, si nulle, si méprisée dans la vie ordinaire, reprend devant les juges l'audace et la loquacité de son sexe; il faut voir alors comment cet être mystérieux qu'on n'aperçoit dans les rues qu'enveloppé d'un long suaire, devient tout à coup hardi et bavard. Ce n'est plus qu'une furie qui se venge, en médisant de ses seigneurs et maîtres, de l'abaissement qui lui est infligé.

Il est vrai que, le soir, la *matraque* maritale, maniée avec la vigueur qui fait la joie des spectateurs du théâtre de Polichinelle, vient rappeler à la réalité la malheureuse créature, à moins que le cadi n'ait eu à prononcer le divorce.

Car c'est le divorce surtout qui forme le fonds des contestations portées devant la juridiction des cadis, aussi s'en fait-il une consommation effroyable, causée toujours par la brutalité du sexe fort.

J'ai connu plus d'un indigène dont la moitié avait déjà divorcé huit ou neuf fois et s'apprêtait encore à le quitter ; c'est l'unique privilège de la femme chez les musulmans. Elle en use.

Les autres affaires portées devant le tribunal indigène sont bien moins graves ; le plus souvent les séances se bornent à des questions de partage ou de succession ou à des discussions sur la propriété, différends où le plaideur qui a la raison pour lui n'est pas toujours sûr d'avoir gain de cause s'il ne fait pas appuyer ses prétentions par des arguments irrésistibles et sonnants. Il est vrai que le perdant pourra alors en appeler à un tribunal français où il aura le plaisir de laisser entre les mains d'un avocat verbeux une somme parfois égale à celle qui fait l'objet du procès.

Mais nous parlerons tout à l'heure de la floraison de la chicane dans un pays où, cependant, les Normands n'ont envoyé que de rares colons.

Pour permettre de résoudre certaines questions de droit musulman qui peuvent se présenter, il est constitué chaque année, dans les départements, des *medjelès consultatifs*, réunion de juristes choisis parmi les membres des mehakmas. Ces medjelès n'ont que rarement l'occasion de remplir le mandat qui leur est confié, car ils ne se réunissent presque jamais.

Les cadis sont rétribués, selon leur classe, sur le budget de l'Algérie, leurs appointements sont un peu inférieurs à ceux des juges de paix ; quant aux traitements des adoul et de l'oukil, ils sont prélevés sur les frais des procès et des copies d'actes.

Dans les circonscriptions judiciaires situées en dehors du Tell, ces magistrats ne sont pas payés par le budget, ce sont les parties qui doivent indemniser les juges.

Tel est le système judiciaire conservé à la population musulmane de l'Algérie en vertu des promesses faites à l'époque de la conquête. Sous cette organisation simple et peu dispendieuse se cache un vice secret qui amène peu à peu la décomposition de la justice telle qu'elle est pratiquée de par le Coran. Il n'est peut-être pas un pays au monde où la vénalité fasse plus de mal qu'en Algérie, — chez les musulmans s'entend, — je ne crois pas pouvoir être démenti en affirmant que s'il y a des magistrats honnêtes parmi les cadis et les adouls, on peut les compter sans arriver à placer trois chiffres l'un à côté de l'autre. Je pourrais citer tel officier supérieur, employé depuis longtemps dans les affaires indigènes, qui a pu dire, sans voir élever une seule protestation, qu'il ne croyait à l'honnêteté d'aucun magistrat musulman.

Le plus malheureux de tout cela c'est qu'à l'exception des Kabyles qui ont presque tous déserté leurs magistrats pour se rendre aux audiences des justices de paix établies chez eux par le général Chanzy, aucun indigène ne pourra supporter une atteinte aux prérogatives de ses juges. Ce serait soulever une tempête dont on ne saurait prévoir les résultats que d'aller, dans un excès de zèle, supprimer ce ver rongeur de la prévarication.

Le général Chanzy avait dû le reconnaître dans le rapport que j'ai déjà cité, en disant, au sujet de la création générale de cantons de justice de paix, que « ce qui a pu être essayé chez les Kabyles si intelli-« gents, ne manquerait pas de provoquer au milieu « des autres agglomérations musulmanes un trouble « qu'il serait sage d'éviter. »

Mais, s'il paraît impossible de supprimer tout d'un coup le vieil édifice judiciaire chez les indigènes, il n'est pas douteux que, par un choix judicieux des magistrats, par le soin apporté à la composition des mehakmas, on doit arriver à remédier au déplorable état de choses que je viens de signaler. Les Arabes sont de grands enfants qu'il ne paraît pas impossible de métamorphoser, si l'on a le soin de ne pas s'attaquer trop ouvertement à leurs idées, et le gouvernement a entre les mains le moyen de rendre plus recommandable la magistrature indigène.

Ce moyen c'est la direction à donner aux études dans les m'dersas, ou écoles supérieures de droit musulman.

Jadis les juges indigènes étaient recrutés parmi les élèves des zaouïas, écoles où l'ignorance la plus crasse était mêlée au plus violent fanatisme. Les marabouts qui les dirigeaient en avaient fait des foyers d'où l'insurrection menaçait chaque jour de s'élancer sur notre conquête, il était nécessaire de combattre ces influences hostiles en mettant l'enseignement supérieur (quel enseignement !) sous l'action directe de l'autorité. C'est alors que furent instituées les m'dersas officielles où, si la science n'y gagna guère au début, les prédications contre notre domination cessèrent de se faire entendre. Tous les candidats à des emplois dans la magistrature furent astreints à subir un examen officiel auquel étaient également admis les élèves des m'dersas privées et des tolba [1] de tribus.

L'enseignement dans les m'dersas était à la hauteur de l'institution qu'il devait pourvoir de fonctionnaires. Vers 1876 encore, ces écoles étaient un refuge ouvert à tous les déclassés, une institution humanitaire où l'on recueillait les bohèmes indigènes en leur octroyant une solde de seize sous par jour, ce qui, pour eux, équivalait à quatre ou cinq francs pour un ouvrier français. Moyennant le soin avec lequel ils allaient au bureau arabe percevoir cette rétribution, ils avaient le droit de s'absenter du cours, d'y dormir ou d'y rêver aux houris. Allah sait s'ils s'en faisaient faute !

J'ai connu une bonne dizaine d'élèves qui depuis

---

[1] Tolba est le pluriel de *Taleb*; mot dont la signification équivaut à celle d'écoliers, élèves; mais qui s'applique par extension à certains « derrers » ou maîtres d'écoles de tribus.

quinze ans au moins vivaient ainsi. En 1876, quand fut inaugurée la réforme qui introduisait d'autres méthodes et l'étude du français, ces étudiants dont quelques uns approchant de leur dixième lustre, ayant été congédiés, crurent devoir réclamer en haut lieu contre la manière dont les services qu'ils avaient rendus à France étaient récompensés !

Le programme d'instruction avant la réforme valait les élèves — *quelques-uns de ceux-ci ne savaient pas lire,* — il consistait à ânonner sous la direction de professeurs du cru, souvent assez ignorants eux-mêmes, certains passages du Coran, commentés au point de vue juridique par Sidi Khelil, El Derdiri et autres savants de l'Islam, à recevoir quelque teinture d'orthographe arabe et à écouter un interprète militaire, qui, parfois, savait seul le français parmi le personnel enseignant. Cet interprète était chargé de faire un cours d'histoire et de géographie auquel les auditeurs n'étaient point préparés par leurs études antérieures, et que toute la bonne volonté du professeur ne parvenait point à leur faire comprendre.

Les résultats de pareilles études étaient tels qu'on devait les attendre. A l'époque des examens les plus forts parmi les tolba étaient reçus cadis ou adoul. Les autres continuaient à percevoir les 80 centimes de solde payés par les communes, allocation qui prend sa source dans les donations faites avant la conquête à certaines mosquées et zaouïas pour l'entretien des écoles, et qui font partie des biens religieux (habous) dont l'Etat se trouve chargé par suite de sa substitution à l'autorité turque.

L'attention du gouvernement a été souvent appelée sur cette question, laquelle, on ne saurait le dissimuler, est la base de la régénération du peuple arabe. Le niveau des études s'est singulièrement relevé, aujourd'hui nul n'est admis dans les m'dersas s'il ne possède une instruction primaire française, c'est-à-dire s'il ne sait lire et écrire le français, s'il ne connaît la grammaire et les quatre règles, et n'a pas de notions des autres sciences enseignées dans nos écoles.

C'est peu de chose sans doute, mais c'est un pas immense dont les premiers examens ont démontré la nécessité. A la m'dersa de Tlemcen, les examens ont permis de constater que, sur une quinzaine de candidats qui cependant s'étaient présentés en parfaite connaissance de cause, *deux* seulement étaient admissibles! Or tous les ans c'était par fournée de vingt ou trente que les admissions avaient lieu.

Mais les tolbas ne sont pas, par le fait seul de leur admission, considérés comme suffisamment ferrés sur notre langue; outre l'interprète militaire attaché à l'établissement, un professeur français est chargé de leur enseigner la grammaire, et un savant distingué a été nommé inspecteur des m'dersas; c'est M. Cherbonneau, bien connu des arabisants pour ses beaux et consciencieux travaux sur la langue arabe.

Il y a beaucoup à faire encore à ce sujet, la surveillance et l'administration des m'dersas sont toujours partagées entre l'autorité académique et l'autorité militaires, dualisme fâcheux dont les résultats pourront être déplorables; l'expérience le prouvera quand les premiers indices seront devenus des faits patents.

Mais ce sujet m'entraîne trop loin ; j'aurai l'occasion d'y revenir en parlant de l'instruction publique en Algérie. Je termine cette étude sur l'organisation judiciaire dans la colonie, par un aperçu de la justice française[1].

A la tête des deux juridictions indigène et européenne, est placée, à Alger, une Cour d'appel ayant dans son ressort treize tribunaux de première instance, dont quatre dans la province d'Oran, quatre dans la province d'Alger, et cinq dans celle de Constantine, trois tribunaux de commerce situés dans les chefs-lieux de départements; soixante-six justices de paix en exercice; 17 à l'ouest, 30 au centre et 27 à l'est. Plusieurs localités ont en outre des audiences foraines tenues par les magistrats des tribunaux de

---

[1] Il y a dans toute la colonie 144 circonscriptions judiciaires du Tell et 48 hors Tell; plus, dans le Tell, 6 cadhis-notaires, 12 medjelès consultatifs, et 3 circonscriptions annexes n'ayant à leur tête qu'un bach-adel.

Hors Tell il y a 7 medjelès.

(Chiffres donnés par le général Chanzy dans son rapport de novembre 1876.)

simple police. Les attributions des juges de paix sont identiques à celles de leurs confrères de la métropole, mais ils peuvent juger des affaires dont le litige s'élève jusqu'à cinq cents francs en dernier ressort et mille francs en premier ressort.

A l'exception de la Kabylie où les indigènes, issus d'une race plus forte, plus intelligente et moins fanatique que les Arabes, reconnaissent combien nos usages sont préférables aux leurs, l'action de la justice française ne peut que difficilement s'implanter chez ce peuple que nous avons subjugué. Il faudra de longues années, peut-être des siècles avant d'atteindre un résultat complet.

Cette situation est d'autant plus étrange que l'Arabe reconnaît parfaitement combien nos lois sont plus sages et plus raisonnées que les siennes, mais la routine et le Coran sont là, et, faut-il le dire...? les avocats aussi.

Car c'est là le grand obstacle : La chicane telle que l'a installée la nuée de gens de loi qui s'est abattue après la conquête sur ce sol vierge de salle des pas-perdus. Après les gens de loi en titre, les agents véreux, puis les agents cachés qui, sous le nom d'agents d'affaires ou d'écrivains publics, sont devenus légion. Tout cela fait une consommation insensée de papier timbré et de formules juridiques.

Certes le barreau algérien renferme des gens de talent et des avocats intègres; il en renferme même un grand nombre. S'ils ne le sont pas tous, on doit reconnaître qu'il y en a quelques-uns qui méritent l'anathème, entraînés par l'exemple à sucer jusqu'au sang les malheureux plaideurs.

Un de ceux-ci, un chef indigène de beaucoup d'esprit me disait un jour : « Mieux vaut tout donner
« qu'engager un procès devant vos tribunaux, il faut
« payer l'huissier, payer le truchman, payer le gref-
« fier et son clerc, attendre une année la fin du procès
« et voir venir ensuite l'avocat qui vous mange ce qui
« a échappé au reste de la séquelle. Je préfère le cadi,
« qui me vole et donne gain de cause à un adversaire
« plus riche que moi et cela sans considérants, au ju-
« gement sagement motivé qui me donne raison mais
« est suivi de la note de mon défenseur, note fort hon-
« nêtement rédigée, dans laquelle il me reprend au
« nom de la justice ce que la justice m'a donné. »

Et par suite de ce raisonnement prudent, mon ami Mohammed el Henech s'abstient de plaider, à moins qu'il n'y soit forcé par un Juif ou un Européen, auquel cas les cadis n'ont rien à voir; beau résultat s'il trouvait des imitateurs !

V

La religion.

La liberté religieuse. — **Le muezzin et les cloches.** — Les Arabes et nos prêtres. — L'archevêque d'Alger et les orphelins indigènes. — Les chrétiens-musulmans. — Les architectes et les Églises algériennes. — Les juifs et la Vierge.

S'il est un pays où la plus grande liberté religieuse s'allie au mélange des cultes les plus disparates, c'est certainement l'Algérie : côte à côte avec les diverses sectes chrétiennes vivent les juifs et les musulmans, là même où, il n'y a pas cinquante ans, le nom de chrétien était un arrêt de mort ou une cause d'esclavage.

Dès les premiers temps de mon séjour en Algérie, je fus vivement frappé du spectacle de ces diverses idées religieuses, presque amalgamées dans ce pays classique de l'intolérance ; le lourd clocher des églises romanes, les minarets effilés des mosquées et les toits sans prétention des synagogues dominent la même ville; au coin de certains chemins, on peut voir quelque croix en fer érigée par la piété des catholiques et, en face, une blanche koubba enfouie sous de grands arbres et que domine le croissant.

Un soir, après avoir contemplé avec curiosité les prières publiques que les juifs, sous la direction de leurs rabbins, marmottent en se tournant vers le soleil couchant, j'étais allé courir par la campagne de Tlemcen, dans cet admirable écrin vert qui enceint la ville blanche d'une puissante végétation. Absorbé dans les rêveries causées par ce paysage peut-être unique au monde, qui se déroule depuis les cimes de l'Atlas jusqu'à la Méditerranée, j'avais laissé s'écouler les heures et s'allonger au-dessus du Djebel-Roumeliah le disque à moitié rongé de la lune. Rien ne peut donner une idée de ces nuits algériennes si pures et si claires; plus lumineuses que les plus brillantes aurores de notre pays. L'esprit alors subit une métamorphose complète de toutes les pensées, une tension inexprimable vers l'infini semble vous transporter dans un monde inconnu. Ce soir-là, je m'étais laissé aller à toutes les rêveries évoquées par la splendeur du spectacle, au-dessous du lieu où j'étais parvenu, une petite ville arabe, Bou-Médine, avec son élégante mosquée, plus bas, Tlemcen, surmontée de ses nom-

rares fenêtres, ne s'harmonisent nullement à l'aspect du pays ; les lourdes flèches de ces monuments sont, d'ailleurs, un contre-sens qu'un architecte ne devrait pas commettre. Ce n'est là qu'un compromis entre l'amour de certains fidèles pour les clochers pointus et la ténacité avec laquelle les constructeurs défendent le plein-cintre ; de là un style bâtard sans caractère et sans grâce qui n'a pas même cette élégante sobriété des églises romanes du Midi de la France.

Combien ont été mieux inspirés les architectes arabes, combien cette masse au premier abord lourde et trapue des minarets s'élève gracieusement au-dessus des cités ; avec quelle élégance la tour carrée surmontée de son léger campanile s'élève dans ce ciel d'un bleu doré, si bien décrit par Fromentin, ou sur l'azur profond des nuits africaines. Les Arabes ont compris qu'au-dessus de l'harmonie des détails il y a cette harmonie plus complète qui doit régner entre le travail de l'homme et l'œuvre divine, de là ces minarets qui se marient si bien avec le ciel et les sites où ils sont placés et qui donnent tant de charme au paysage.

Pour Dieu ! messieurs les architectes qui concourez pour doter l'Algérie de monuments religieux, faites-nous grâce de vos églises pseudo-romanes, et ne donnez pas aux Arabes le droit de croire à notre infériorité en plaçant à côté de ces bijoux des belles époques de l'Isnom de chrétien ne sonnerait-il pas aussi mal aux oreilles des musulmans ; c'est plutôt cette incrédulité bruyante, cette négation de la divinité qu'affichent certains Européens qui éloignent de nous les sectateurs du Coran. Ce n'est pas là une affirmation hasardée, c'est une conviction profonde basée sur une étude attentive des mœurs indigènes.

Il suffit de voir le respect qu'inspirent à ceux-ci les prêtres chrétiens et les sœurs de charité ; tandis que le nom chrétien est en horreur à beaucoup d'entre eux, ils éprouvent à l'égard des ministres de notre culte une bizarre vénération.

Jamais ce fait ne m'avait paru si frappant que pendant un voyage que je fis à Alger par le chemin de fer. Entre Orléansville et Affreville s'élèvent quelques villages construits par les soins de l'archevêque d'Alger ; ils sont habités par de jeunes indigènes recueillis par lui à l'époque de la famine et élevés dans nos principes religieux. La gare de Saint-Cyprien-des-Attafs dessert cette singulière colonie de néophytes taillée sur le patron des missions du Paraguay. Voulant connaître à ce sujet l'opinion de ceux de mes compagnons de voyage qui appartenaient à la religion du Prophète, je feignis de paraître ignorant de son origine et je les interrogeai, m'attendant à de violentes récriminations contre Mgr Lavigerie. Je ne fus pas peu surpris de les entendre s'exprimer sur son compte avec force éloges, et chacun de nous conter les merveilles de l'hôpital, de la villa et des autres établissements créés par le grand marabout des chrétiens (*sic*).

Ce fait a lieu d'étonner et je ne veux pas chercher à l'expliquer, ce qui serait assez difficile ; les sceptiques trouveront peut-être la raison de cela dans le bizarre patriotisme de ces Arabes *décoranisés* (pardon du néologisme).

Car il faut, hélas! l'avouer, si l'on a jugé à propos de donner à ces nouveaux chrétiens, une connaissance approfondie de nos dogmes, il n'en a pas été de même pour leur apprendre leurs devoirs de Français et, il y a quelques années, tous ceux que leur âge appelait à tirer au sort, ont refusé avec une touchante unanimité de se rendre à l'appel qui leur a été fait, prétextant de leur qualité de musulmans.

Le plus curieux de tout cela, c'est que, grâce à la législation actuelle, ces Arabes chrétiens étaient dans leur droit, vu qu'ils n'avaient pas été naturalisés et qu'à cette date même (1876), ils n'étaient pas encore en âge de demander leur naturalisation, en eussent-ils exprimé le désir, ils n'avaient donc pas le droit d'être soldats.

C'est égal, l'archevêque avait préparé de jolis citoyens, et les journaux algériens ne se sont pas fait faute d'épiloguer là-dessus.

Du reste, le prosélytisme en Algérie devrait être sévèrement interdit, car, malheureusement, les autorités catholiques algériennes font trop souvent preuve d'un zèle qui pourrait compromettre notre pouvoir. Les esprits, dans le Sud, ont été, dans le temps, fort surexcités à l'occasion du passage des missionnaires envoyés par l'archevêque d'Alger, et qui recueillirent chez les Touaregs la palme du martyr qu'ils étaient si inutilement allés chercher dans le Sahara.

Le gouvernement s'est trouvé forcé, à plus d'une reprise, de mettre un frein à cette ardeur des missionnaires, et ce fut souvent avec la langue suave dont se servit M. de Foucault pour faire *empoigner* Benjamin Constant, que les officiers de certains postes avancés durent mettre obstacle au zèle indiscret des convertisseurs, zèle qui joignait à sa parfaite inutilité auprès d'une race si profondément attachée à ses croyances, le tort d'être une provocation gratuite, toujours prête à soulever les musulmans contre notre domination.

Où l'autorité religieuse a été aussi mal inspirée, c'est dans le style choisi pour les églises. D'un bout à l'autre de l'Algérie, on se heurte dans chaque ville ou village doté d'un temple n'ayant pas un caractère provisoire, à ces bâtisses romanes que les architectes croient être parfaitement en rapport avec les souvenirs de l'ancienne église d'Afrique. Malheureusement, ces grands murs massifs, percés de quelques

breux minarets, plus bas encore, quelques villages européens perdus dans les oliviers. Du haut du minaret de Bou-Médine s'éleva tout à coup la voix grave de l'iman appelant les fidèles à la prière, voix profonde qui paraissait appartenir à quelque esprit de l'air; à cet appel, on vit sortir des maisons et des grottes habitées par les indigènes de grandes ombres blanches qui, se tournant vers l'Orient, se livrèrent aux actes religieux prescrits par le Coran. La pâle lumière de la lune donnait à ce spectacle un caractère d'étrange et sombre poésie; la voix du muezzin s'élevait toujours, tantôt grave et forte, tantôt doucement modulée; à cet appel, tous les minarets de la ville et des villages répondirent; ce fut comme un courant de voix austères s'élevant vers le ciel; au milieu de cet hymne résonnèrent les cloches des églises chrétiennes dont le timbre s'allia mélodieusement à la parole du prophète.

L'Algérie est peut-être l'unique pays du monde où un pareil spectacle puisse frapper les yeux, les oreilles et l'esprit. Il n'y a plus là, à l'heure de l'Angelus, de ces antithèses si chères à Victor Hugo; cette partie de la journée voit tous les cultes s'unir dans la prière; s'élever vers le ciel la voix grave des prêtres musulmans et le son argentin des cloches. Si ce que l'on appelle, par un doux euphémisme, la libre pensée, n'avait pas tant de prosélytes en Algérie, peut-être le

lam, vos prosaïques arcades percées dans un grand mur, comme on l'a fait à Tlemcen, où, à un quart de lieue de distance, se dressent le charmant minaret de Mansourah et la lourde église paroissiale.

Et pourquoi aussi adopter pour les paroisses peu fortunées — trop nombreuses, le type des façades renaissance qui est encore moins en harmonie avec le pays, tandis que les koubbas musulmanes ont un cachet si pur et si bien adapté à la campagne voisine?

Il est une autre école qui a employé ces affreux casques en zinc ou en fer-blanc si chers à la Franche-Comté. Ce sont les architectes de la Société générale algérienne qui ont eu cette belle idée de placer, dans la vallée du Chéliff, les clochers que l'on trouve dans la Haute-Saône!

Toutes ces critiques ne s'adressent qu'aux villes de second ordre et aux bourgades, les églises de chefs-lieux ne méritent pas qu'on leur reproche ce manque de bon goût dans le caractère, car du caractère elles n'en ont pas du tout, à moins qu'on ne veuille appeler ainsi ce pastiche de construction mauresque qui sert d'église métropolitaine à Alger.

Certes, il est difficile, dans un pays où villes et villages jaillissent complets du sol comme par un coup de baguette, de demander des chefs-d'œuvre d'architecture, mais il serait temps que les villes qui se construisent des édifices, aient l'idée de sortir un peu du style officiel; il ne doit pas être difficile de faire mieux qu'il a été fait jusqu'à ce jour.

Il y avait en 1872, en Algérie, 221 paroisses. Ce nombre a dû considérablement s'accroître depuis cette époque, et par suite des nouvelles créations de villages, il s'augmente tous les ans dans de notables proportions. Sur tout cela, à l'exception de quelques petites églises pour lesquelles l'architecte a eu le bon esprit de témoigner une sainte horreur du convenu, il n'y a pas un temple qui mérite l'attention.

Ce ne sont pas les autres cultes qui doteront la colonie de monuments religieux. Chez les musulmans le sentiment de l'art s'est totalement perdu, on ne trouve pas un architecte capable d'élever un de ces minarets élégants si aimés du touriste; aucun artiste parmi eux ne connaît plus l'art charmant du modelage qui a doté certaines mosquées de ces fines dentelles fouillées dans le plâtre par de patients ouvriers. Quand une nouvelle mosquée sort du sol c'est le Génie militaire ou les ponts et chaussées qui sont chargés de sa construction. Rien de triste comme une synagogue quand elle ne se dresse pas simplement malpropre au milieu d'infects ghetti. Pour les protestants, ce n'est pas de leurs mœurs austères que l'on peut attendre la création de quelque temple d'un caractère architectonique.

On se dédommage de cette pauvreté d'imagination

chez les catholiques par la pompe du culte; les processions de la Fête-Dieu et l'anniversaire de Sidi-Ferruch (entrée des Français en Algérie) sont célébrés avec une magnificence et un éclat bien capables de frapper les esprits enfantins du peuple soumis. Toutes les autorités civiles et militaires se donnent rendez-vous à ces fêtes dont la présence des troupes et le bruit du canon si cher aux Arabes, rehaussent encore l'éclat.

Un fait bizarre dont je fus le témoin se présente tous les ans dans quelques villes où abondent les israélites, c'est leur empressement à garnir de fleurs les reposoirs; le motif de cet engouement est dans les témoignages de vénération dont les juifs et surtout les juives entourent à cette occasion l'image de la Vierge... une juive.

Quant à l'organisation religieuse elle-même, elle possède une force et une discipline aussi grandes qu'ailleurs; un archevêque à Alger, des évêchés à Oran et Constantine, des paroisses disséminées sur tous les points du territoire, à l'exception de quelques postes avancés; quelques couvents, dont le plus connu est celui des trappistes de Staouëli; quelques orphelinats, entre autres celui de Misserghin, créé par le Révérend Père Abram pour les jeunes indigènes et dont les résultats semblent fort peu à hauteur des sacrifices accomplis, voilà la part du culte catholique. Les mœurs franches et dégagées des colons ont déteint sur les ministres du culte et créé chez eux des manières qui contrastent singulièrement avec les calmes habitudes de nos autres prêtres français.

A l'époque où les allocutions religieuses du capitaine comte de Mun étaient dans toute leur vogue, j'arrivai dans un village algérien avec un de mes amis, au moment où le curé, un grand et beau garçon solidement bâti, en sortait. Monté sur un cheval de haute taille, la barbe soigneusement peignée, la soutane cavalièrement retroussée, un fusil derrière le dos et des crosses de revolver sortant des fontes de sa selle, il paraissait vouloir perpétuer jusqu'à notre âge la tradition des Sourdis, des Retz et des Turpin :

— Hé l'abbé, lui criâmes-nous en descendant de cheval, depuis quand les curés sont-ils devenus dragons?

— Depuis que les dragons font des sermons, nous répondit-il en riant.

Brave homme au demeurant que cet abbé X... et ne dédaignant ni la gaudriole, ni l'absinthe, qui, par certains côtés, forme le fond de la vie sociale en Algérie. Un autre jour, en pénétrant dans un des villages qui composaient sa paroisse, je l'aperçus ayant quitté sa soutane, en culotte et en bras de chemise :
— Il fait si chaud ici ! — et discourant, appuyé sur une queue de billard; je m'approchais de lui et l'en-

tendis annoncer une messe solennelle pour le lendemain.

C'était là sa façon de faire son prône, et, croyez-moi si vous le voulez, il n'est pas une paroisse, depuis Nemours jusqu'à La Calle, où les offices soient plus attentivement suivis que dans la sienne.

Le culte protestant compte un consistoire dans chaque province et quelques temples dans les centres principaux. Le culte israélite possède également trois consistoires provinciaux et des rabbinats dans les principales villes.

Quant à la population de chaque culte, elle s'élevait, en 1872, à 2,416,225 musulmans, 234,000 catholiques, 6,000 protestants et 36,812 israélites.

VI

L'islamisme.

Le clergé musulman. — Les confréries. — Les jésuites arabes. — Le Chérif d'Ouazzan. — Histoire d'un prophète, d'un ange et d'un sanglier.

Dans ma dernière lettre, j'ai oublié de parler du clergé musulman, et, en vérité, je suis assez embarrassé pour le faire. Où commence et où finit chez les mahométans la hiérarchie religieuse ? Peut-on considérer comme les chefs religieux, les sultans de Stamboul et du Maroc, ou bien nous trouvons-nous en face d'un pouvoir occulte dont le siège est au grand sanctuaire de l'islamisme, à La Mecque ?

On pourrait plutôt considérer la religion musulmane comme un immense réseau de républiques théoratiques présentant des formes de constitution variant l'infini. Ces républiques, ce n'est peut-être pas le mot propre, mais je n'en trouve pas d'autre, sont les ordres ou confréries, si nombreux en Afrique, et qui se subdivisent eux-mêmes en une multitude de sectes, n'ayant guère entre elles d'autre lien que le fanatisme et la haine du nom chrétien.

Dans notre ardeur d'assimilation, nous avons bien placé à Alger un mufti, quelque chose qui, dans nos idées, doit ressembler à un évêque, mais dont, en réalité, l'influence n'est guère grande en dehors de la capitale. Dans les provinces, son nom et son titre sont complètement inconnus. Chaque iman, dans sa mosquée, est aussi maître que le charbonnier dans sa maison, bien qu'obéissant au mot d'ordre venu du chef-lieu de sa confrérie ; ce chef-lieu est ordinairement situé à l'étranger, dans quelque coin reculé du Maroc ou de la Tripolitaine, où s'élaborent toutes ces révoltes qui, à certaines époques, tentent de remuer la colonie. Quelques-unes de ces sectes, comme celle dont le siège est à Benghazi (Tripolitaine), doivent être l'objet d'une surveillance de tous les instants ; d'autres, comme celle des Kenatza (dans le Tafilalet, au sud du Maroc), dirigée par un marabout intelligent et qui est venu plus d'une fois s'initier à notre civilisation, semblent être moins à craindre. D'autres enfin, et principalement celle d'Ouazzan dont le chef est jeune, ambitieux, intelligent, et surtout sceptique, et qui, par son union avec la fille du consul anglais de

Mogador, peut obtenir l'appui de l'Angleterre, sont peut-être destinées à opérer une véritable transformation dans l'état des pays voisins, révolution que tout fait prévoir et dont il serait bien difficile de deviner les résultats au point de vue algérien.

Le gouvernement est obligé d'avoir sans cesse l'œil ouvert sur les agissements de ces divers ordres religieux. Pour quelques-uns, dont l'influence est tout à fait locale et se borne aux alentours immédiats de la zaouïa-mère, cette surveillance est facile. Pour d'autres que le nombre des affidés, la violence de leurs principes, et surtout l'installation à l'étranger du chef de l'ordre, rendent des plus dangereux, ce n'est que par une surveillance continuelle sur tous les khouans (affidés), par l'obligation pour les marabouts nomades, sortes de frères quêteurs qui visitent leurs coreligionnaires pour stimuler leur zèle et leur générosité, de suivre un itinéraire déterminé d'avance et de se munir d'une autorisation qu'ils doivent faire viser par toutes les autorités situées sur leur route, que l'on peut obtenir des garanties de tranquillité. Il est vrai que la rivalité des diverses sectes entre elles est un appui efficace pour prévenir toute tentative de soulèvement. Cette rivalité peu accentuée chez les affidés inférieurs est assez vive chez les chefs, c'est ce qui explique le cercle relativement restreint des récentes révoltes, et c'est pourquoi, même au moment des insurrections, la destruction de quelque mosquée célèbre ne saurait causer une recrudescence de fanatisme religieux. L'autorité des chefs d'ordre est presque sans bornes; il est heureux pour nous et même pour les états voisins qu'il existe peu d'entente entre eux, car avec une alliance de quelques-uns de ces prétendus prophètes, la constitution de l'Afrique musulmane serait peut-être changée.

Lorsque le chérif d'Ouazzan, Abd es Selam, visita la province d'Oran en 1876, l'influence de ce chef apparut aux regards les moins prévenus. Toutes les villes situées sur son passage furent envahies par une nuée de fanatiques venus de tous les points du territoire. Sa voiture fut suivie par une foule d'énergumènes que tous les efforts de la police ne purent parvenir à dissiper; à chaque instant, le récit de quelque nouveau miracle accompli par le chérif arrivait aux oreilles de la foule surexcitée; il n'eut fallu peut-être qu'un mot, qu'un signe, pour soulever cette populace prête à se porter contre les chrétiens aux plus grands excès.

Mais le chérif[1] préfère à ce zèle sauvage les raffinements de la civilisation européenne, son goût pour nos mœurs l'a convaincu de notre puissance et de

---

[1] *Chérif* (au pluriel *cheurfa*) veut dire noble; ce nom désigne plus spécialement les descendants de la famille du Prophète. Comme nom propre, ce nom sert à désigner l'empereur du Maroc et les membres de sa famille, ce qui est le cas pour l'exemple que je cite.

notre supériorité. Au fond, il professe un suprême dédain pour ses khouans, et, n'était le bénéfice qu'il retire de leur zèle, il les abandonnerait à eux-mêmes, car le denier de Saint-Pierre est peu de chose auprès des ressources qu'il trouve dans l'admiration que lui ont vouée ses fidèles.

Je ne cite cet exemple que parce qu'il est un des plus récents, chaque confrérie nous présenterait le même spectacle. Mais voici sur le chérif d'Ouazzan quelques anecdotes qui prendront l'homme sous trois aspects différents : la piété réelle, le scepticisme et l'hypocrisie, trois mobiles qui font les grandes ambitions.

Pendant son séjour à Tlemcen, il se rendait chaque jour aux cascades d'El Ourit, site admirable où les eaux de la Saf-Saf tombent en nappes brillantes entre deux chaînes de roches rougeâtres, au milieu d'une végétation splendide de lauriers-roses, de jujubiers, de cerisiers, de figuiers, et que tous les touristes ne manquent jamais de visiter. Un officier qui l'accompagnait lui demanda pourquoi il préférait cette promenade à toutes les chapelles ou koubbas miraculeuses des environs :

— C'est, répondit-il, que je trouve ici Dieu dans toute sa puissance de création ; voici un lieu qui est d'une magnificence sans égale et qui ne doit rien à la main ou aux mensonges de l'homme.

Nous avons là, tout à la fois, le croyant sincère et le sceptique endurci.

Le principal but de sa mission était de mettre la paix entre les Angad, confédération de tribus arabes des environs d'Oudjda (Maroc) et les Beni-Snassen, tribus berbères des montagnes qui avoisinent au nord cette même ville, et dont les luttes incessantes sont à la fois une cause de trouble pour le Maroc et d'inquiétude pour l'Algérie.

Le soir de son arrivée à Oudjda, il envoya un de ses serviteurs, jeune homme d'une douzaine d'années, tirer des coups de fusil dans la ville; l'arme dont celui-ci se servait vola en éclats par suite d'une trop forte charge sans causer aucun mal à l'enfant.

Un tel événement, qui nous semblerait si simple, prit vite les proportions d'un miracle. Cet enfant, vêtu de blanc, n'était autre, disait-on, qu'un ange envoyé par Mohammed, et l'accident indiquait d'une façon certaine que la foudre du Prophète allait sortir des mains du chérif et pulvériser ces Beni-Snassen comme elle avait brisé l'arme miraculeuse.

Le plus curieux c'est que l'événement vient donner raison à ces rumeurs. Le même jour, les Angad, se reposant sur la protection que semble leur assurer la présence d'Abd es Selam, ne s'attendent nullement à une attaque de la part des Kabyles, quand ils sont surpris à l'improviste par ceux-ci et doivent battre en retraite sur la frontière française. Tout à coup, un énorme sanglier, qui, paraissant sortir d'Oudjda, débouche dans la plaine, vient donner tête baissée au milieu des Beni-Snassen et décout un ou deux de ceux-ci. Les Kabyles effrayés dirigent leurs coups sur cet étrange assaillant sans qu'aucune balle paraisse l'atteindre ; alors ces braves commencent à donner tous les signes d'une violente panique. Voyant cela, les Angad reviennent à la charge et refoulent leurs adversaires jusque sous les murs de la ville où ils les acculent et en font un véritable massacre. Dès que cette nouvelle est connue, le bruit se répand que le sanglier n'était autre que le chérif qui, pour rendre plus grande la honte de ceux qui avaient violé la trève qu'il avait imposée, s'était métamorphosé en *hallouf*, animal immonde aux yeux de tout bon croyant.

Cela se passait vers dix heures du soir. Loin de démentir cette extravagante rumeur, le chérif semble, par son silence, lui donner une nouvelle créance. Le chef des Beni-Snassen, El-Hadj-Mohammed-ould-el-Bachir, plein de rage, se voit obligé de réclamer l'intercession du marabout pour arrêter l'effusion du sang qui semblait avoir été prescrite par le Prophète ; le pieux personnage se donne le malin plaisir de faire attendre deux longues heures son sollicitateur, et ne fait cesser le combat qu'au milieu de la nuit.

Bachir ne croyait pas plus que le chérif à l'intervention céleste, mais il dut, pour obtenir ce résultat, paraître rendre hommage à la sainteté du marabout et subir un sermon, fort ennuyeux sans doute, malgré sa violence, sur la part que le ciel avait prise à sa déconfiture.

Si le chérif eut nié un seul instant le miracle dans l'affaire, son prestige aurait été singulièrement amoindri aux yeux de ses sectateurs.

Voilà pourquoi l'influence des marabouts et des chefs d'ordre est si grande. L'amour des indigènes pour le merveilleux, si facile à éveiller et à satisfaire, les met dans la main du premier ambitieux venu. Le devoir du gouvernement, pour faire contre-poids à l'ignorance qui seule peut permettre le succès des plus grossières jongleries, est tout tracé, c'est dans le développement des établissements scolaires en Algérie.

VII

L'instruction publique.

La guerre à l'ignorance. — L'Algérie au deuxième rang des pays civilisés sous le rapport de l'instruction. — L'école créée avant le village. — L'instruction chez les indigènes. — Les écoles arabes-françaises. — Leur inefficacité. — Projet de réforme.

Je ne veux point parler ici de l'Algérie européenne, les résultats acquis de ce côté sont au-dessus de tout éloge. On se rappelle à ce sujet le rapport de M. Levasseur sur l'instruction publique à l'Exposition de Vienne; l'Algérie y est citée au deuxième rang des pays civilisés; le Canada seul, c'est-à-dire une ancienne colonie française, offre des chiffres plus flatteurs. Dans notre colonie africaine, actuellement, 1 élève sur 85 habitants (Européens) suit les cours du lycée ou des collèges; 14,9 enfants sur 100 habitants fréquentent les écoles primaires, et 6,4 sur 100 les salles d'asile. Ces chiffres sont éloquents, ils montrent l'Algérie prenant rang avant tous les États européens sans exception, c'est-à-dire qu'il n'y a pas un enfant en âge de fréquenter l'école qui ne s'y rende. Le nombre des élèves fréquentant les diverses écoles est actuellement de 48,175 sur une populotion européenne de 322,792, y compris les Israélites naturalisés. En outre, les écoles musulmanes renferment 9,575 élèves.

Dans le département d'Oran, les dépenses scolaires des communes s'élèvent à 18,24 pour 100 de leurs recettes, dans celui d'Alger à 17,38 et à 14 dans celui de Constantine. Peu de communes en France atteignent ces chiffres.

En dehors des écoles primaires, il existe à Alger : Une école supérieure, sorte d'université qui vient d'être créée et comprend les mêmes cours que les facultés de la métropole : médecine et pharmacie, droit, sciences et lettres;

Un lycée qui a vite pris rang parmi les plus importants des établissements similaires de la métropole; il comptait, en 1879, 1,047 élèves et 86 fonctionnaires.

En outre, l'Algérie compte dix collèges communaux, dont trois situés dans la province d'Alger : à Blidah, Médéah et Milianah; trois dans la province d'Oran : à Tlemcen, Mostaganem et Oran, et quatre dans la province de l'Est : à Constantine, Philippeville, Bône et Sétif. Enfin, Alger possède une école normale de garçons; Milianah une école normale pour les jeunes filles; trois chaires pour l'étude de la langue arabe situées dans chaque chef-lieu de province. Ajoutons à cela quelques établissements particuliers. Le personnel enseignant atteint le chiffre de 1,248 personnes. Les salles d'asile, au nombre de 169, renferment 20,615 enfants.

Ce sont là des progrès merveilleux si l'on considère qu'il n'y a pas cinquante ans que l'Algérie est française. C'est une situation sans analogie dans les autres pays si l'on compare le nombre restreint des Européens et des Israélites appelés à profiter de ces avantages.

Les sommes affectées au service de l'instruction publique s'élèvent à près de 3 millions de francs, dont plus de la moitié sont supportés par les communes.

Voilà des chiffres d'une rare éloquence.

Certaines villes emploient presque toutes leurs ressources à subvenir à l'entretien des écoles; celle de Tlemcen, dont la population avec les sections voisines est seulement de 24,000 habitants (dont plus de 10,000 indigènes) dépense chaque année 65,000 francs pour ces établissements, sans compter la part du département qui, pour la seule école arabe-française, est de près de 5,000 francs. Il n'est pas rare de voir quelques communes du territoire militaire dépenser, pour une population européenne de 5 à 600 âmes, de

7 à 8,000 francs par an pour le service des écoles.

Les municipalités algériennes ont adopté le principe de la gratuité absolue. Lorsque le ministre leur offrit la subvention accordée par la dernière loi aux communes dépensant un chiffre suffisant pour leurs écoles, à condition qu'elles supprimeraient la gratuité pour les établissements d'instruction secondaire, les conseils municipaux préférèrent refuser le concours de de l'État que de faire le pas en arrière qui leur était demandé, et en cela nul ne cherchera à les blâmer.

Le nombre des écoles primaires s'élève à 664, plus 22 écoles arabes-françaises; on trouve 169 bibliothèques scolaires dans les trois départements.

Croit-on qu'un pays qui, du premier bond, a atteint une situation aussi florissante, n'est pas appelé à un grand avenir et à jouer un grand rôle dans le monde?

Je me souviendrai toujours du spectacle qui me frappa dans une excursion que je faisais à Bel-Abbès; dans les vastes plaines qui entourent cette coquette petite ville, sur la route qui l'unit à Tlemcen et à mi-chemin de Lamoricière, là où s'est créé le village de Lamtar.

Ce centre venait à peine de sortir d'un décret inséré au *Mobacher*: Deux ou trois humbles fermes, pour la plupart recouvertes en alfa et formées de simples clayonnages en lauriers-roses, s'élevaient le long des trottoirs qui bordent la route. En un mot, un amas de huttes environnées de terres en partie défrichées, voilà ce qu'était Lamtar en 1876 ; mais, au milieu de ce misérable hameau, une chapelle faisait face à une mairie et à une école, construites avec une charmante simplicité. Ainsi, il n'y avait encore que de rares enfants dans le nouveau centre et déjà l'instruction moderne, celle qui doit faire les fortes races, leur était donnée.

Ce spectacle peut frapper le touriste sur tous les points de l'Algérie ; partout où un village doit sortir du sol, l'école précède les autres constructions ; vienne le colon et il trouvera sous ce rapport plus de facilités que dans maint village français.

Mais autant la situation est florissante pour les Européens, autant elle laisse à désirer pour les indigènes ; de grands efforts sont faits, on doit le reconnaître, mais ils sont loin d'atteindre à la hauteur de la mission civilisatrice que nous avons à remplir en Algérie.

J'ai dit dans une précédente lettre ce que sont les m'dersas ; on peut juger, par les écoles dites supérieures, des écoles de tribus quand il en existe.

Toutes les écoles algériennes reçoivent les enfants indigènes, le seul lycée d'Alger en compte plus de 200 ; mais là, seulement, on peut constater un chiffre satisfaisant, car, en 1879, on ne comptait que

2,336 garçons et 203 filles de nationalité arabe dans nos écoles.

Mais, outre que les écoles arabes-françaises sont encore en trop petit nombre pour produire un effet appréciable, celles d'entre elles qui sont placées en plein pays arabe présentent un vice radical qui prouve que l'on fait fausse route en continuant d'en confier la direction à de jeunes professeurs français sortant de l'école normale. On a voulu embrasser beaucoup de choses à la fois, et l'on n'est arrivé qu'à de minces résultats.

Que veut-on que fasse un jeune homme sortant de l'école et complètement seul au milieu des indigènes ? Nos professeurs sont dévoués, intelligents; malgré l'aridité de l'horizon qui s'ouvre devant eux, ils se mettent à l'œuvre de grand cœur. Le maître travaille donc avec ardeur; dans les premiers jours, il obtient de l'intelligence endormie des enfants une attention qui prouve chez eux un vif désir d'apprendre; mais, peu à peu, le professeur se sent isolé au milieu d'une population de goûts, de mœurs, d'habitudes contraires aux siennes. L'hostilité mal déguisée des habitants, ce vide, cette solitude complète, troublés à de rares époques par la venue de l'inspecteur ou d'un officier, doivent commencer à lui peser. De là, un peu de défaillance chez le maître, suivie, chose logique, de bien moins d'ardeur chez les élèves, et, lentement, désertion de l'école et relâchement dans les études.

Je ne prétends pas qu'il en soit ainsi partout, mais cela se produit ; le mal est même plus grave et plus profond encore. Il peut arriver que lorsque le découragement aura saisi le maître, tout périclite rapidement. Pense-t-on qu'en face du résultat que l'on peut obtenir par ce système, les indigènes accueillent l'organisation avec beaucoup de faveur, et n'estimera-t-on pas avec moi que, d'une idée excellente en elle-même, nous avons fait une institution déplorable ?

Il y aurait une enquête curieuse à faire, ce serait de calculer ce que coûtent chaque année les écoles arabes-françaises des villes purement arabes et de mettre en regard les résultats obtenus. Je veux parler ici d'une enquête réelle et non pas de simples renseignements officiels figurant avec des états périodiques. Cette enquête, j'en suis convaincu, révèlerait une désolante situation.

Il me semble qu'on a fait fausse route, on a abordé le problème de trop haut, on a voulu faire une création qui jetât de la poudre aux yeux. *École arabe-française* est une chose qui sonne bien, mais dont les résultats sont insignifiants. Il y a vingt-deux de ces écoles : Alger en possède une que nous laisserons de côté, car elle est dans un centre de population française. La province de Constantine en a huit, dont une seulement, celle de M'sila, est en plein territoire arabe. A Oran, il y en a neuf, dont cinq dans des centres européens : Oran, Mostaganem, Tlemcen, Géryville et Sebdou, et quatre en territoire arabe, à Nedroma, Frendah, Mazouna et Kalâa.

En somme, sur vingt-deux écoles, six seulement sont en plein cœur du pays arabe. Les autres, dans des centres français, sont plutôt des sortes d'écoles mixtes.

Voilà le résultat auquel on est parvenu : six écoles pour une population indigène de plus de deux millions d'individus.

Ces écoles coûtent chacune, l'une dans l'autre, 7 à 8,000 francs par an, soit un total de 50,000 francs environ. La somme est infime. Oserait-on prétendre qu'elle n'est pas énorme en comparaison des résultats?

Combien trouverait-on d'enfants ayant réellement profité de cette instruction depuis l'institution des écoles? Cinq cents serait peut-être une très grosse exagération.

En résumé, autant la création, dans les villages européens, d'écoles où toutes les races sont mélangées est destinée à donner de brillants résultats, autant la création des écoles dans les centres uniquement arabes est destinée à n'avoir qu'un insignifiant avenir.

Mais n'y a-t-il pas un moyen terme, ne saurait-on faire des écoles arabes-françaises de nos villes européennes, sans augmenter leur budget d'un centime, des sortes d'écoles normales arabes, et ne saurait-on arriver, par ce moyen, à généraliser l'instruction dans toute la colonie.

Pour les tribus, douars ou ksour, il ne saurait être question encore de créer des écoles de toutes pièces au moyen de maîtres français. Outre les inconvénients que nous avons signalés plus haut de la situation d'un professeur dans un centre indigène, on ne trouvera jamais les deux ou trois mille maîtres qui seraient nécessaires.

Point n'est besoin pour occuper ce poste d'être un normalien. Des professeurs connaissant suffisamment, outre la lecture et l'écriture françaises, l'histoire, la géographie et l'arithmétique, se trouveraient, dès maintenant, parmi les indigènes qui fréquentent nos écoles. Beaucoup de ceux-ci, s'ils avaient l'assurance d'un emploi de 5 à 600 francs dans une tribu, se prépareraient à l'obtenir, car, pour eux, cette somme est considérable. Il y aurait là un stimulant pour l'étude dans les écoles des villes, premier résultat qui n'est pas à dédaigner et qu'on pourra rendre plus fécond encore en décrétant qu'à partir d'une certaine date, aucun indigène n'obtiendra de fonctions quelconques, s'il ne prouve d'une connaissance suffisante de la langue française et n'a reçu l'instruction primaire.

La composition de certaines écoles françaises et les résultats qu'elles ont donnés permettent de compter sur un premier noyau d'instituteurs. On peut calculer qu'un instituteur suffirait pour un groupe de cinq cents indigènes, soit sur deux millions d'individus, un chiffre de 4,000 maîtres qu'on pourra, si on le veut, obtenir en dix ans, temps relativement court pour une pareille réforme.

Or, 4,000 professeurs à 600 francs n'occasionneraient qu'une dépense annuelle de 2,400,000 francs, chiffre singulièrement faible si on le compare au but à atteindre. Ce chiffre pourra, d'ailleurs, se réduire considérablement par la participation des indigènes dans le traitement des instituteurs. Ce ne sera même pas une charge pour eux, car ils subventionnent aujourd'hui des *derrer* ignares dont la grande vertu est de pouvoir, à l'occasion, prêcher l'insurrection.

Le gouvernement possède pour cela une force énorme : avec la passivité des indigènes, il pourra arriver de suite à établir l'instruction obligatoire.

Plus tard, les professeurs, par suite du grand nombre de sujets que la plus grande diffusion de l'instruction mettra au jour, pourrait sortir des écoles normales, et la rénovation du peuple arabe sera accomplie. La France pourra dire alors avec orgueil qu'elle a mené à bien la grande œuvre civilisatrice qu'elle s'est imposée.

VIII

Les chemins de fer algériens.

Le réseau algérien. — Les lignes industrielles. — Une plante providentielle conquérante et sociale. — Les Hauts Plateaux et la mer d'Alfa.

Un économiste belge, M. Henri Houtain, de Gand, m'écrivait un jour en me parlant de l'Algérie :

« En matière de voies de communication il y a beau-
« coup à dire ; la même pensée, la même faute a prévalu
« chez nous et en France : liaison des grands centres
« entre eux par des lignes dont il n'est pas possible de
« détruire le monopole, fortes subventions sans obli-
« gations, pour cette puissance, d'étendre son élément
« de progrès aux parties du pays qui n'offrent pas
« toutes les ressources propres à attirer plutôt d'im-
« portance pour celui qui n'a en vue que le gain, sans

« se préoccuper de l'avenir de son pays. Loin de moi
« la pensée de critiquer la première compagnie qui
« exploite les lignes les plus productives. Non, je rends
« hommage à ses efforts ainsi qu'à ceux du maréchal
« Vaillant, tout en critiquant ce dernier. En résumé et
« en d'autres termes, il fallait en accordant cette belle
« concession surchargée d'une subvention de 6 pour 0/0,
« déterminer les centres secondaires à se relier, dans
« l'*avenir* afin d'arriver à un complément que l'on ne
« peut obtenir aujourd'hui que par des sacrifices six
« fois plus élevés et qui, en outre, n'offrent pas toutes
« les chances de réussite et les garanties désirables.

« Je me résume en vous signalant que l'extrême ré-
« serve, le manque de conception dans le passé pour
« coloniser, les moyens peu rassurants d'aujourd'hui,
« sont autant de causes du peu d'empressement que
« vos propositions rencontreront, et, dans dix ans
« comme aujourd'hui, pour vos chemins de fer on con-
« viendra qu'on a eu tort, et on regrettera le temps
« perdu et les moyens dont on pouvait disposer, en
« redoublant d'efforts pour les reconquérir, sans espoir
« de réussite. »

Le jugement est peut-être sévère, mais il est juste en beaucoup de ses parties. Le régime impérial avait voulu créer de toutes pièces un réseau de voies ferrées embrassant toute la colonie et qui devait se composer d'une ligne parallèle à la mer avec **embranchements** sur les principaux ports et les villes les plus méridionales du Tell. Les extrémités de la ligne eussent été Tlemcen et Bône ; mais, comme toujours, si les promesses ont été brillantes elles n'ont pas été tenues. Et pourtant ce réseau construit d'emblée eut décuplé aussitôt la richesse de l'Algérie.

Les deux premières lignes ouvertes ont été celles d'Alger à Oran et de Philippeville à Constantine. Répondant à des besoins réels, elles ont fait comprendre l'utilité de desservir le plus promptement possible toutes les parties de la colonie. Peu après l'ouverture de la dernière section de la ligne d'Alger-Oran, la compagnie de Mokta el Hadid ouvrait une ligne industrielle reliant Bône à Aïn Mokra ; l'année 1876 voyait les mines de Beni Saff ouvrir à l'autre extrémité de l'Algérie un nouveau tronçon de voie ferrée.

Depuis lors, la longueur exploitée a été portée à 1,381 kilomètres par l'inauguration successive des lignes de Bône au Kroubs, du Tlélat à Sidi Bel Abbès, de la Maison-Carrée à l'Alma, d'Arzeu à Saïda et sur les Hauts-Plateaux, dont la dernière station, Mecheria est à 352 kilomètres de la mer. Une loi du 18 juillet 1879 classe 20 lignes nouvelles dans le réseau d'intérêt général, plusieurs d'entre elles vont aller sur les Hauts Plateaux exploiter l'alfa.

La première création de ce genre qui ait attiré sur l'Algérie l'attention des capitalistes est celle de la

Compagnie Franco-Algérienne ; de magnifiques avantages lui furent accordés, elle obtint une concession de 300,000 hectares (bientôt portée à 700,000 hectares) de terres à alfa.

Ce textile est la véritable plante providentielle de l'Algérie ; l'alfa sera pour ce pays ce qu'est le coton pour l'Amérique et le riz pour l'Asie orientale. « C'est », a dit quelque part un naturaliste distingué, le docteur Bleicher, « une plante conquérante et sociale » ; elle « ne souffre dans son voisinage que de rares plantes « herbacées ou frutescentes ; elle appartient à la fa- « mille des graminées (*stipa* ou *macrochloa tenacissima*) « et se présente en touffes parfaitement isolées ; au « centre est le pied primitif, le noyau, la touffe s'étend « en zones concentriques, de l'intérieur à l'extérieur ; « les jeunes pousses finissent par entourer les anciennes « et par les étouffer. »

L'alfa, plus connu en Europe, où on le rencontre assez abondamment en Espagne et en Portugal sous le nom de *sparte*, couvre d'immenses espaces dans l'Afrique du nord, depuis le golfe de Gabès jusqu'à l'Atlantique on le rencontre partout. Mais le pays qui semble le plus largement doté sous ce rapport est l'Algérie. Il se trouvait encore très répandu dans le Tell il y a quelques années ; d'inintelligentes exploitations l'ont séquestré sur les montagnes les moins fréquentées, et on ne le trouve plus en surfaces considérables que sur les Hauts Plateaux, mais là, il semble que ce soit une richesse inépuisable.

Le voyageur qui franchit la haute chaîne de l'Atlas, long cordon de montagnes qui élève à 1,000 mètres d'altitude cette étrange contrée appelée les Steppes où Hauts Plateaux, rencontre d'abord l'alfa sur les parties les plus désertes des montagnes, puis cette plante devient peu à peu plus abondante et, quand la dernière ascension est terminée, quand il n'a plus derrière lui qu'un chaos de montagnes s'abaissant insensiblement jusqu'à la mer, le touriste se trouve en face d'un des plus singuliers spectacles qu'on puisse rêver. Aussi loin que la vue peut s'étendre, une nappe continue d'alfa se déroule et se perd dans les profondeurs de l'horizon, le vent qui passe sur la steppe fait légèrement onduler cette mer de verdure argentée, comme de légères vagues sur la surface de l'Océan, rien n'arrête le regard, aucun bruit ne frappe l'oreille.

Tous les jours du silence, un silence sans fin.

Parfois, cependant, quelque oiseau venu on ne sait d'où, vole dans l'air échauffé ; une troupe de gazelles passe rapide comme la flèche ; quelque belle antilope ou un mouflon [1] à manchettes venu là par aventure, anime un instant le paysage, puis tout retombe dans

---

[1] Sorte de mouton sauvage particulier au Sahara, et qui s'aventure souvent dans les **steppes**.

ce calme écrasant au milieu duquel l'homme se sent si petit.

Telle est la première impression que l'on reçoit, mais si l'on pénètre plus avant, on découvre quelque *daya* [1] enfoncée dans une dépression du sol et dont l'eau bleue est sillonnée par des oiseaux aquatiques, ou un *redir*, bassin étanche creusé dans le lit d'un torrent (oued), où s'abreuvent les caravanes et qu'ombragent de maigres arbustes, puis les tentes de rares douars nomades venus là pour passer l'été. Mais ce ne sont que des détails qu'on ne distingue pas tout d'abord, l'impression générale est celle de l'immensité.

Au centre des Hauts Plateaux, le terrain, par suite de l'affaissement graduel du sol, se change en de vastes marais, couverts d'une mince couche d'eau qui, en été, fait place à une croûte de sel; ces cuvettes, qui portent le nom générique de « Chott », et dont quelques-unes ont plus de 250 kilomètres de longueur, s'étendent, comme les différentes chaînes de l'Atlas, parallèlement à la mer sur toute la surface des plateaux. Depuis la Sebkha de Tigri, dans le Maroc, jusqu'au Hodna, dans la province de Constantine, on compte six de ces lacs temporaires; ceux de la province d'Oran sont les plus étendus.

Sur leurs rives méridionales, le sol des steppes

[1] Étang temporaire.

s'exhausse de nouveau jusqu'aux montagnes qui, bordant le Sahara, supportent de ce côté les Hauts Plateaux. A partir de cette limite, l'alfa cesse de se montrer en grandes surfaces, on ne le trouve plus que sur le flanc des *gour*[1], ou dans le lit desséché des oueds.

Telle est, à grands traits, la physionomie générale de cette contrée, que les Algériens ont nommée *la mer d'alfa*. Ces steppes, si brûlantes en été, sont, en hiver, couvertes d'une épaisse couche de neige, ce que le Sahara n'a jamais vu. Ce n'est qu'une transition entre les fertiles régions du Tell et les solitudes du désert. Et cependant, ce pays inconnu, sans arbres, sans eau, qui couvre la moitié des provinces du centre et de l'ouest — car, dans celle de Constantine, le Tell se confond presque sans séparation bien tranchée avec le Sahara — est une contrée destinée à devenir un jour un foyer d'immense activité; dans ces solitudes sans fin, la locomotive court déjà sur le sol, traînant à sa suite de longs convois chargés de cette graminée que j'ai bien eu raison d'appeler providentielle : l'alfa.

L'industrie française n'a tiré qu'un faible parti de cette richesse du sol. A part les fabriques de sparterie, qui emploient l'alfa, aucune usine ne l'a encore adopté comme matière première, tandis que l'Angleterre fait entrer ce textile jusque dans la fabrication

---

[1] Pluriel de *gara* (dune).

de ses tissus, et en importe d'immenses quantités pour ses papeteries. La France en laisse aller à l'étranger la presque totalité, et ne reçoit qu'une très petite partie des 65,000 tonnes que l'Algérie, malgré les faibles surfaces exploitées jusqu'à ce jour, exporte chaque année. Les seules fabriques françaises qui travaillent cette plante sont les fabriques de pâte à papier d'Oran, celle, fort importante, que M. de Montebello a créée près de Philippeville, et celle de M. Jus, à Batna.

Le jour où l'on aura ouvert les Hauts Plateaux par un réseau de voies ferrées, ce jour-là, ce sera par millions de tonnes que l'alfa se répandra sur les marchés. Or, la pénurie des matières premières, la cherté du papier font prévoir que la consommation sera à hauteur de la production. Ce sera, pour la colonie, le signal d'une puissante transformation économique, car, pour obvier à la cherté des transports, l'alfa sera sans doute transformé sur place en papier et en pâte, premier pas fait dans l'établissement de grandes manufactures algériennes.

IX

Les forêts algériennes.

Les effets du déboisement. — Ce qui reste de forêts. — Leur aspect. — La forêt d'Ahfir. — La délimitation des massifs boisés. — Un incendie dans les bois. — Anecdotes administratives.

On connaît les désastreux effets du déboisement à outrance, dont notre pays a été victime. Dans notre contrée même on peut constater que les inondations, les érosions ont fait disparaître peu à peu, par suite de la destruction des bois, la terre végétale, et, avec elle, les riches cultures qui faisaient jadis l'orgueil de la vallée du Rhône. Le changement climatérique qui s'en est suivi a causé, comme le dernier chaînon de tous les malheurs amenés par l'imprévoyance humaine, le phylloxéra, détruisant les plus riches vignobles, alors que des forêts, emmagasinant sous le sol les eaux de pluie, eussent repoussé le dangereux insecte de leur voisinage.

Jugez maintenant, par les résultats d'une destruction qui ne remonte pas chez nous à une époque bien reculée, de ce qu'a dû produire le déboisement méthodiquement accompli depuis des siècles dans un pays tel que l'Algérie. Représentez-vous ce pays, presque entièrement montagneux et déclive, recevant des pluies d'automne ou printanières auprès desquelles nos plus fortes averses ne sont que de douces ondées, et figurez-vous le résultat : les montagnes écorchées et le roc mis à nu, les rivières charriant le limon vers la mer, voyant leur embouchure obstruée par le flot qui repoussait le sable qu'elles lui apportaient, et se répandant dans l'intérieur, pour y créer les marais de la Macta, du Hamiz, de l'Harrache et de la Seybouse, qui nous ont emporté plus de soldats et de colons que la guerre la plus meurtrière. Les sources tarissant, les rivières les plus calmes se changeant en torrents ; la plaine, la vallée, la montagne devenant des déserts parsemés de ruines immenses. Voilà l'œuvre du déboisement en Algérie, voilà ce qu'a fait la destruction de ces belles forêts dont les Romains nous ont laissé le souvenir.

Toutes les forêts ne sont pas détruites cependant ; sur le front robuste de l'Atlas, dans les montagnes de la Kabylie, dans l'Ouaransenis, aux sommets déchiquetés comme des tours en ruines, existent encore de vénérables débris de la verte Algérie du passé, de cette Afrique dont un Ancien disait qu'on pouvait aller de Tanger à Carthage sans quitter l'ombre des arbres. Ces bois sont peu connus des Algériens eux-mêmes, et le seul mot de forêt a le don de faire rire le colon à gorge déployée.

Et pourtant l'Algérie est riche en forêts; mais les massifs boisés, situés loin des centres de colonisation, ne sont guère connus. Certains terrains de broussailles, occupés par le service des Forêts, représentent seuls, aux yeux de la masse, les forêts du pays.

Voici des chiffres, pris à bonne source, et qui donneront le peuplement approximatif des forêts algériennes. Je les emprunte à M. Guy, secrétaire principal de la Société d'agriculture d'Alger.

Peuplement par essence des forêts d'Algérie, non compris les bois d'eucalyptus créés sur différents points.

Pins d'Alep................	693.939	hectares
Chênes { verts	551.655	—
lièges...........	433.711	—
zéens...........	96.005	—
Essences diverses et dunes.	397.403	—
Cèdres	34.659	—
Total........	2.257.272	hectares

ainsi répartis dans chaque province : Oran,

687,580 hectares; Alger, 451,915, et Constantine, 1,117,777. Cette dernière province, on le voit, est la mieux partagée; en outre, le peuplement y est plus régulier, et le chêne-liège y est très abondant.

Mais il faut en rabattre un peu et, en réalité, ces chiffres ne sont guère supérieurs à 1,850,000 hectares.

Toutes ces forêts sont, dans la province de l'ouest, situées surtout sur les flancs de la chaîne de montagnes qui borde au nord les Hauts Plateaux. Dans la province d'Alger, elles s'étendent en outre dans toute la Grande-Kabylie, dans celle de Constantine, elles occupent au contraire les côtes et l'intérieur. C'est dans cette dernière province que l'on rencontre les belles forêts de l'Edough, de la Calle, de Djidjelly et des Maadias. La province d'Alger contient la magnifique forêt de cèdres de Teniet el Haad, qui vaut à elle seule un voyage en Algérie, la forêt des Oulad Antheur, près de Boghar, et les immenses forêts de la Grande-Kabylie. La province d'Oran offre principalement la belle forêt d'Ahfir, celle de M'silah, entre la mer et la grande Sebkha, la forêt naissante de Santa-Cruz, qui domine Oran, celle des Sedjerara, les immenses forêts de pins de la Tenira, des environs de Sidi-Bel-Abbès et de Mascara, la forêt de Daya, et enfin celles de Tessera M'ramet et de Titmocren, situées dans le bassin supérieur de la Tafna.

Peut-être conviendrait-il aussi d'appeler forêts les plantations de palmiers qui couvrent les oasis. Dans cet ordre d'idées, le Zab, le Souf, l'Oued R'ir, le Djebel Amour, les Ksour[1] Tlemcéniens, etc., seraient d'immenses forêts, et non pas les moins utiles et les moins précieuses.

Il ne faut pas se figurer les forêts algériennes comme nos forêts françaises, elles en diffèrent beaucoup. En Algérie ce sont des arbres à feuilles persistantes, conifères ou chênes-verts, principalement; les forêts du Var dans les Maures et l'Esterel leur ressemblent assez. Le pays accidenté qu'elles occupent leur donne un aspect de magnificence grandiose que possèdent peu de nos forêts. La forêt d'Ahfir fait partie du grand massif boisé qui s'étend depuis les sources de la Tafna et la grande vallée des Beni Smiel (Oued Chouly) jusqu'à la frontière du Maroc. A l'est, le massif est peuplé de thuyas, de lentisques et de gigantesques genévriers, de pins et de chênes appartenant aux différentes variétés du genre : chênes zéens, ballotes, verts, etc.; sur la rive droite de la Tafna, on ne rencontre plus que des chênes-lièges, et, plus loin, des oliviers sauvages en quantité.

Le touriste qui vient de l'intérieur, attristé par les

---

[1] *Ksour* est le pluriel de *Ksar*. — Un Ksar est un village fortifié ou petite ville du Sahara. Le Sahara oranais, qui comprend plusieurs groupes de population, porte le nom de région des Ksour.

immenses plateaux déboisés qu'il a rencontrés sur sa route, ne contemple pas sans étonnement ce vaste ensemble de bois que rien ne lui faisait prévoir. Les belles et agrestes vallées des Ahl Bel Ghafer, des Ahl Tameksalet, des Oulad Addou, dominées par les pentes boisées des montagnes, avec leurs riches cultures, leurs fontaines murmurantes et leurs roches bizarres, lui causent un enchantement inexprimable; du haut des montagnes les plus escarpées et les plus inconnues telles que le Djorf el Amar, l'œil erre sur une vaste étendue de cimes et de croupes boisées. Au nord, les plaines immenses, les verdoyantes oasis des villes et des villages, les cimes énormes des Trara, les collines robustes des Médiouna, la mer bleue, forment un panorama magnifique et sublime d'immensité. Au sud, une ligne noire de forêts et une grande et profonde fissure où coule une rivière d'azur, la Tafna, entre de grands bois d'oliviers; les jolis villages kabyles de Zahra, de Tleta; la belle maison de mon ami Si Mahommed ben Abdallah, agha des Beni-Snouss, cachée dans de grands térébinthes, au bord de riantes sources et dominée par la masse abrupte du Guern-Zahra. Puis le village escarpé des Beni-Badhel, collé contre le rocher comme une colonie de nids de palombes; enfin la splendide et verdoyante vallée de l'Oued Khemis avec son oued bleu et ses beaux villages roses qui s'échelonnent jusqu'à Mazer, au pied du Djebel-Toumzaït que l'on appelle aussi

Ras-Asfour ou le Cap des Oiseaux, borne titanique entre l'Algérie et le Maroc, qui s'élève à 1,800 mètres d'altitude. Représentez-vous toutes ces montagnes, et, à moitié de leur hauteur, se dressant vers le ciel une haute et sévère ligne de roches rougeâtres, si droites et si minces qu'on les dirait aplanies par le sculpteur. Mettez au-dessus de tout cela le ciel de l'Algérie et vous ne regretterez pas Fontainebleau.

Maintenant, quittons notre observatoire. Nous voici à l'entrée de la forêt, vers la plaine de Terny ; nous suivons une route nouvelle dans le pittoresque vallon d'El Oguiba; de grands chênes-liéges noueux, tordus, brisés par la foudre, s'élèvent partout. Quelques-uns, déjà démasclés, montrent à nu leur aubier rouge et fibreux; les autres, ridés et noirs sous leur épaisse cuirasse, attendent encore la main qui doit les dépouiller de ce vêtement. Ils ont tous les aspects : les uns, droits et forts s'échelonnent sur les pentes, d'autres, tout déformés par les orages, couronnent les sommets. Au fond des ravins, là où les glands ont roulé, ce ne sont plus que des taillis exubérants de sève ; des arbousiers couverts de leurs fruits rouges ou de leurs fleurs d'un blanc verdâtre, remplissent les clairières.

L'aigle plane sur les bois, la perdrix pullule partout, le porc-épic s'enfuit devant le passant, de nonchalantes tortues rêvent au soleil; tous les sauriens d'Algérie, caméléons, lézards, jeckos, etc., courent dans les herbes, le chacal contemple de loin celui qui trouble son domaine. Peu à peu nous descendons : nous voici à la tête d'une gigantesque crevasse parsemée de chênes centenaires et dominée par d'âpres rochers ; tout au fond la Tafna, mugissant sous les lauriers roses et les tamarix, Tefessera avec les ruines de son antique *castrum*, couronnant un mamelon qui protège la vallée ; puis des cimes éloignées, de grandes roches calcaires semblables à de vastes remparts, des villages, des champs d'oliviers, des mosquées, tout cela avec une couleur et un aspect particulier. Tout y a un cachet oriental, hormis la route qui, par ses courbes savantes et ses travaux d'art rappelle l'industrie et l'art européens.

Cette part faite au pittoresque, il reste à parler de l'administration forestière en Algérie, des travaux accomplis et des lacunes que les lenteurs dans le travail de régénération de la colonie par l'entretien des forêts, n'ont pas encore permis de combler.

Lors de la conquête, les forêts algériennes étaient sans doute sur le point de disparaître complètement, car à l'exception de certains massifs propres à fournir des bois de construction de la marine, protégés par une mesure des Turcs qui forçait les tribus chez lesquelles un incendie s'était déclaré à apporter une tête que l'on disait être celle de l'incendiaire, aucun groupe utilement boisé n'était exempt de la dévastation ; au contraire la destruction par le feu était, et est encore, une manière de défrichement opérée par les indigènes ; c'est ce qui explique que les montagnes seules où le terrain est peu propre à la culture ont échappé à cette dénudation systématique du sol. Dès qu'il a été permis de compter sur la tranquillité de notre conquête, le service forestier fut organisé, et la délimitation des forêts entreprise ; celle-ci n'eut jamais lieu que d'une façon fort incomplète, et l'on peut, sans doute, sur les chiffres donnés plus haut, réduire à moitié les massifs réellement utilisables.

Le sénatus-consulte des 13-22 avril 1863, en reconnaissant aux indigènes des droits qu'eux-mêmes n'avaient jamais considérés comme bien sérieux, puisque l'impôt qu'ils payaient aux deys était censé représenter le loyer du sol qu'ils cultivaient, a créé beaucoup de difficultés à la constitution du domaine forestier. Les indigènes avaient sur les forêts des droits d'usage et de parcours pour leurs troupeaux, auxquels ils s'attachèrent avec la ténacité que devait leur donner une question aussi vitale pour eux. Des commissions ont été organisées sur tous les points du territoire où a lieu une délimitation régulière des massifs boisés; elles sont composées de membres du corps forestier et de représentants des autorités locales.

« Cette mesure, a dit le général Chanzy, est relative au travail de reconnaissance et de délimitation des massifs qui ne figurent encore sur les dossiers de notre domaine qu'au moyen d'indications vagues et incomplètes. Ces opérations ont été confiées à des *commissions de délimitation*, malheureusement trop peu nombreuses, formées à l'aide du personnel rendu disponible par la combinaison que je viens d'expliquer. Il ne s'agit point, comme on l'a dit, d'une entreprise nouvelle engageant les finances de l'État sans une sanction préalable, mais bien de continuer l'exécution si en retard jusqu'ici des prescriptions de l'article 2 du décret organique du 27 septembre 1873. Sur les 1,856,070 hectares qui forment le domaine forestier de l'État, 171,000 seulement sont, en effet, régulièrement et complètement reconnus et enregistrés. Le sénatus-consulte a bien été appliqué sur 651,000 hectares, mais la délimitation des massifs sur lesquels il a porté n'a point été exécutée sur le sol et les droits d'usage n'ont point été réglés. Pour le reste, 1,000,000 d'hectares environ, il n'existe que des renseignements vagues ou des croquis à vue, à défaut de plans réguliers, puisque les territoires où ils sont situés n'ont jamais été levés. »

Le personnel forestier de l'Algérie est trop faible pour permettre une surveillance régulière des massifs qui lui sont dévolus; aussi a-t-on, depuis peu, remis à l'autorité militaire la surveillance de 750,000 hectares de bois situés dans une position trop excentrique pour pouvoir être utilement surveillés par les agents du service des Eaux et Forêts. Cette mesure qui, à cette époque, a soulevé beaucoup de protestations dans la presse, était cependant la plus sûre pour arriver à un résultat, car les moyens dont dispose l'autorité militaire sont des plus efficaces pour réprimer les abus. Or, en beaucoup de points où il ne peut encore être question d'aménagements ou d'exploitation, le revolver d'un spahis est plus capable d'empêcher toutes déprédations que le carnet et l'algèbre des élèves de l'école de Nancy.

Le plus grand danger pour ces forêts est l'incendie, qui consume parfois de vastes espaces. Il m'a été donné d'assister en octobre 1876 à la conflagration des massifs des environs de Sidi-Bel-Abès, et je me souviendrai longtemps de ce spectacle.

Le sirocco, ce vent brûlant du désert, qui est un assez vilain vent, durait depuis deux ou trois jours déjà lorsque éclatèrent simultanément des incendies sur tous les points du territoire algérien, depuis les forêts de la Calle, jusqu'à celle du Filhaousen, qui domine Nemours. Je me trouvais alors, avec le personnel du bureau arabe de Tlemcen, campé à Bou-Djebaa, sur les bords du Sig, appelé en cet endroit Oued Mebtoue, et plus haut Mekerra. Vers le soir le sirocco nous apporta des bouffées de chaleur intolérables, puis de longues colonnes de fumée apparurent dans le ciel, et tout notre campement fut couvert de cendres apportées du sud. La nuit vint; sur toutes les montagnes couraient de longs rideaux de flammes; l'essence dominante, le pin d'Alep, s'enflammait avec une rapidité incroyable. Un escadron de spahis envoyé en éclaireurs, (c'était pendant les grandes manœuvres) se vit tout à coup au fond d'un ravin dont toutes les pentes étaient en feu, il se tira néanmoins de ce mauvais pas, non sans avoir vu roussir quelques crinières et quelques moustaches.

Le soir, nous étant mis en route pour gagner les hauteurs, nous fûmes forcés de coucher au milieu de l'incendie, qu'un épouvantable orage semblait accroître; le lendemain, au soleil levant, nous pouvions voir à tous les points de l'horizon, s'élever d'épaisses colonnes de fumée. Tous les massifs boisés de la Tenira et du Daya, plus de 70,000 hectares, étaient eu feu.

Les grandes manœuvres durent être suspendues quand on apprit, en arrivant près de Mascara, que les terrains boisés des environs de cette ville flambaient également. Les troupes se rendirent sur le théâtre du sinistre, et parvinrent, sur beaucoup de points, à circonscrire le fléau.

Ajoutons ici que, tandis que le territoire militaire voyait les efforts de ses administrateurs suivis de succès, le territoire civil, faute d'un personnel suffisant, voyait détruire presque tous ses plus beaux massifs.

Cela vient à l'appui de ce que je disais plus haut.

Cette insuffisance du personnel, jointe à la *suffisance* de quelques-uns de ces messieurs du service forestier, a jeté un certain discrédit sur cette administration. Chaque province conte à ce sujet quelques petites histoires fort curieuses. Oran possède à côté du beau bois de pins dont j'ai parlé tout à l'heure, tout un versant de montagnes couvert de diss, de palmiers nains et d'asphodèles, décoré du nom de forêt domaniale de Santa-Cruz. Dellys a sa forêt sans arbres qui égaie les habitants de cette ville. Enfin voici deux historiettes dont un préfet fut le héros.

Un jour, ce fonctionnaire, à qui l'inspecteur des forêts avait parlé avec feu de l'étendue d'une forêt des environs, se mit en route pour la visiter. A dix heures du matin on avait fait beaucoup de chemin, et le préfet, ami du pittoresque, trouvait encore quelques charmes aux thyrses fleuris de l'asphodèle, aux grands panaches du diss, à la fleur d'or des genêts. A midi le décor changeant peu il trouvait les panaches monotones; vers le soir il avait le genêt et l'asphodèle en horreur.

— Ah ça, dit-il tout à coup à l'inspecteur qui, imperturbable, chevauchait à côté de lui, et cette forêt ?

— Mais, monsieur le préfet, nous la traversons depuis ce matin.

On juge de l'effarement du haut fonctionnaire.

Le même préfet, voyageant accompagné de son chaouch, arriva dans la matinée à une ferme isolée où un colon lui offrit l'hospitalité avec l'empressement qui est le propre des franco-algériens. Après un repas dont le gibier voisin avait fait tous les frais, notre défricheur offrit au préfet de visiter les environs de la ferme. Celle-ci était entièrement construite en bois, chose fort rare en Algérie, et, tout autour, de magnifiques troncs d'arbres attendaient le moment d'être travaillés.

— Oh! dit le préfet à son hôte, voilà du bois qui doit vous revenir bien cher si vous le tirez de Sétif.

— Mais il ne me coûte rien, la forêt est à côté.

— La forêt, reprit le préfet en bondissant, mais il n'y a pas de forêt ici, mon rapport au conseil général n'en parle pas, et la carte n'en indique pas davantage.

Sans répondre, notre colon achevant l'ascension du coteau, montra au préfet abasourdi, une magnifique futaie couvrant toutes les collines des environs.

Le préfet baissa la tête.

Le lendemain, il fit appeler l'agent du service forestier et constata *qu'on ignorait l'existence de la forêt*. Quelques jours après, une contravention en règle était dressée par le service en question contre le malheureux colon, pour avoir coupé du bois dans une forêt de l'État. On lui réclamait une somme folle pour le dommage causé.

Le préfet s'entremit pour obtenir réparation, et voilà pourquoi il racontait la chose à ses collègues du Conseil du Gouvernement d'où l'histoire m'est venue directement dans toute sa saveur.

J'ajouterai que ce ne sont là que des faits isolés. Le service forestier algérien a un effectif trop faible encore pour obtenir de bons résultats, mais la concesssion des forêts de chênes-liége, en laissant aux compagnies l'aménagement des arbres à exploiter, a permis de décharger les agents de l'Etat d'une surveillance difficile, et, dès aujourd'hui, nous sommes entrés dans une phase de rapports pour les forêts. Les liéges algériens ont obtenu la faveur du commerce et ils la méritent. L'industrie des liéges deviendra une des plus importantes de l'Algérie; l'emploi de cette écorce est illimité et devient de plus en plus général. Si l'on ajoute à ces premiers essais d'exploitation de forêts, la fabrication des traverses de chemin de fer, la cueillette de la résine, la fabrication d'huiles essentielles et de goudron, les beaux meubles en thuya, on aura un aperçu des premiers pas faits dans cette voie.

Dès maintenant un grand travail de reboisement se fait sur tous les points du territoire. Alger doit au général Farre une ceinture verdoyante que ne possède aucune autre ville; Oran a vu ses montagnes arides se couvrir d'un manteau de pins d'alep; Orléansville, placé dans la vallée du Chéliff, au milieu du pays le plus chaud et le plus dénudé de l'Algérie, a été entouré d'un beau bois de pins qui a profondément modifié son régime climatérique. Les bords du lac Fetzara ont été complètement assainis par une plantation d'eucalyptus faite sur ses bords; ainsi fait-on aujourd'hui pour les marais de la Macta et pour tous les terrains marécageux.

L'eucalyptus est sans doute appelé à rendre à l'Algérie des services aussi grands que ceux que lui rend déjà l'alfa. Cet arbre, originaire de l'Australie, a une croissance très rapide, possède un bois très dur et propre aux constructions navales. Il a surtout la précieuse faculté d'assainir les pays où il est planté. Au milieu des pays les plus fiévreux de l'Algérie, une plantation de ces arbres a suffi pour chasser le fléau, aussi s'empresse-t-on de le multiplier partout et c'est aujourd'hui par millions de pieds qu'on le compte dans les trois provinces. L'Algérie pourra donc mettre au nombre de ses bienfaiteurs celui qui l'a dotée de cet arbre bienfaisant: j'ai nommé M. Cordier.

Sur tous les points des efforts intelligents sont faits dans le but du reboisement. Je puis encore citer le chef d'escadron de spahis Charpentier lequel, avec de faibles ressources, a reboisé toutes les hauteurs qui dominent le poste d'Ammi Moussa et qui, nommé commandant supérieur du cercle de Marnia, crée aujourd'hui une forêt autour de cette ville naissante une des plus insalubres de l'Algérie et l'effroi de la garnison qui y est envoyée. Le principal obstacle à l'accroissement de Marnia appelée à devenir une des villes de commerce les plus importantes de notre colonie, est la fièvre qui y règne à l'état endémique. Sans aucun doute le reboisement la fera complètement disparaître.

X

Les mines.

Richesse minérale de l'Algérie. — Les minières de la Basse Tafna. — Mésaventure d'un géologue. — Les gîtes minéraux. — L'exploitation des mines.

Il est quelque part à Paris, dans une des ailes du palais de l'Industrie, une exposition permanente de produits de nos colonies, que je voudrais voir plus souvent visitée et surtout devenir moins rétrospective par un apport continuel, lui permettant d'être toujours au courant de la situation économique des pays éloignés où plane le drapeau de la France. Cette exposition si déserte et si inconnue va être supprimée par les Chambres, et pourtant elle devrait être mise à la tête de nos collections nationales. Il reste trop peu de chose de cet empire colonial que nous avons créé pour qu'il soit permis d'ignorer ce qu'est réellement ce que nous en avons conservé.

C'est là qu'avant d'avoir mis le pied sur le sol algérien, j'ai compris pour la première fois sa richesse et son avenir. Le premier coup d'œil jeté sur cette collection bien en retard, bien incomplète pourtant, est toute une révélation et en dit plus qu'un volume.

Ce qui me frappa le plus, ce fut la singulière richesse minérale de ce pays. Dans une visite aux collections de l'École des mines, il me fut encore donné d'admirer de magnifiques échantillons des gisements minéraux de cette contrée.

Plus tard, quand je pus voir par mes yeux les résultats des premières recherches et des premières exploitations, je fus plus surpris encore; pendant les courtes années que je passai en Algérie, j'ai vu faire chaque jour de nouvelles découvertes, et j'ai pu constater combien les recherches ultérieures feront encore découvrir de richesses minérales.

Le service des mines en Algérie a donc beaucoup à faire pour mettre à jour toutes les richesses du sol. De grands travaux ont été exécutés par M. Pomel (aujourd'hui sénateur) à qui la science est redevable de beaux ouvrages sur l'histoire naturelle en Algérie; par M. le docteur Bleicher, un de nos savants les plus aimables et les plus modestes; par M. Ville, ingénieur des mines dont l'œuvre considérable est plus générale que celle des précédents. J'en passe et des meilleurs parmi cette légion de savants dont la géologie est l'étude de prédilection.

Mais sans restreindre en rien la part qui leur revient dans les découvertes minérales qui ont marqué ces dernières années, il est juste de reconnaître que la principale portion du succès revient surtout à l'initiative privée. Le développement inouï de certaines exploitations a donné l'éveil, et aujourd'hui toutes les montages sont parcourues par d'infatigables chercheurs, mettant à découvrir des indices de fer, de cuivre, de zinc, de plomb, et surtout de charbon, la même ardeur que les chercheurs de placers en Californie ou en Australie. Les résultats ont récompensé les efforts de beaucoup d'entre eux. C'est ainsi qu'un M. G..., qui s'était ruiné dans ses recherches, eut la bonne fortune, au moment où il désespérait de l'avenir, de s'apercevoir de la richesse des gisements de fer des Oulhassa, et vendit 200,000 francs la concession qu'il obtint à une compagnie qui l'évaluant aujourd'hui à plusieurs millions, n'a pas craint de créer aussitôt des chemins de fer, des galeries et d'entreprendre à ses frais la construction d'un port d'une superficie de 60 hectares. C'est ce que l'on appelle les mines de Beni-Saff, exploitées par la Compagnie des mines de Soumah et Tafna.

Toute cette région de la Basse Tafna ne semble, du

reste, qu'un vaste gisement métallurgique. L'antique *Portus Cameratœ* vient de renaître de ses cendres sous le nom de Camérata, par suite de la découverte et de l'exploitation des minières qui l'entourent. C'est ainsi qu'à l'est, Bône a vu son port prendre place après Oran, et avant Alger pour l'importance de la navigation, grâce aux immenses gisements d'Aïn Mokra.

On comprend donc l'émulation qui s'est emparée d'un chacun. Les Arabes s'en sont mêlés à leur tour, Mohammed et Kaddour se font forts aussi de vous faire courir de longues lieues pour vous indiquer de l'argent presque pur. Je connais un honorable savant qui s'y est laissé prendre et a fait 20 lieues dans un jour sur le dos d'un mulet hargneux pour trouver le soir quelques parcelles de mica au fond d'une caverne. Tel autre qui, malgré nos avis, voulut courir au Filhaousen, reconnut du granite dans la montagne de cuivre qu'on lui avait indiquée.

Le héros de cette mésaventure n'a rien de commun avec certain ingénieur des mines, très connu des indigènes qui le révèrent à l'égal d'un officier; cependant malgré le respect qu'imposent aux Arabes son marteau de géologue et ses appareils d'analyse, qui lui ont valu à cause de son ardeur à briser les cailloux le titre de Caïd des cailloux (Caïd est le mot arabe qui signifie, chef, commandant), il fut un jour victime d'une fort méchante mystification.

Il avait recueilli sur les rives du Haut-Chéliff une forte cargaison de cailloux et d'échantillons de terre et de minerais, au moyen desquels il voulait étudier la constitution géologique du pays. Sa moisson terminée, il alla prendre le chemin de fer, laissant à un indigène qui lui servait de guide le soin de rejoindre, à petites journées, la gare la plus proche avec les pierres qui furent soigneusement emballées.

Notre porteur, qui répondait au nom de El Habib, devait prendre des mulets pour transporter ce qui ne lui paraissait que des pierres ordinaires, puis renvoyer par un autre indigène, ces animaux à la tribu où on les avait loués, en arrivant à Affreville. Mais après la première journée de marche il se prit à réfléchir qu'un tel fardeau donnait lieu à un transport fort onéreux.

El Habib, frappé de cette idée, jeta donc tous les cailloux dans le Chéliff et s'en vint prendre le chemin de fer en portant les caisses vides sur son dos. Dès son arrivée à Alger, il avise sur le port un tas de pierres à macadam et reconstitue ses ballots, qu'il fit ensuite conduire au domicile du géologue.

Celui-ci, enchanté, lui donne une belle gratification et ne songe plus à ses échantillons que quelques jours après, alors que voulant montrer son butin à un confrère en minéralogie, il fait ouvrir les caisses et tombe évanoui devant l'étonnante métamorphose que leur contenu avait subi.

7

L'Algérie possède presque tous les métaux usuels à l'exception de l'or; les combustibles minéraux y sont malheureusement rares et la houille y fait absolument défaut; jusqu'à ce jour, les recherches n'ont pu en faire découvrir. Cependant, on en a signalé l'existence, en quantité considérable, dit-on, dans un des ravins de la Bouzaréah, dans la montagne des Lions, un des plus beaux sommets de l'Algérie, isolé entre la mer et la plaine de Télamine, et entre Oran et Arzeu, riches en mines de tous genres. On l'a également reconnu au Djabel Murdjadjo et au cap Lindless dans les environs d'Oran. Le lignite a été découvert dans plusieurs parties des trois provinces; à Oran; le long de l'Isser de l'Ouest, affluent de la Tafna; sur le plateau du Méfrouch qui domine Tlemcen, etc. Malheureusement, ces recherches n'ont pas été faites avec assez de persévérance, et l'on n'en a pas obtenu les résultats qu'on avait le droit d'en attendre. Il est à désirer qu'elles soient poursuivies actuellement, car le manque de combustible empêchera pendant longtemps encore la grande industrie de prendre pied en Algérie. Certains bassins de lignite, entr'autres celui de l'Isser, autour de Lamoricière, mériteraient des fouilles attentives. Le lignite peut en beaucoup de cas parfaitement suppléer à la houille, dont il semble qu'il n'existe aucun gisement sérieux.

Dans cette classe de combustibles minéraux, on peut

encore citer la source de pétrole des Béni Zéroual, près de Mostaganem, dont les premiers travaux ont considérablement augmenté le débit. On a également trouvé du pétrole à M'silah et aux Beni Siar (Constantine).

Quant aux métaux, une simple énumération des gisements reconnus jusqu'à ce jour, suffira pour donner une idée des incalculables richesse du sol algérien.

On trouve l'antimoine sur beaucoup de points. La mine d'El Hamimate, près de Guelma, est seule exploitée. L'argent est mêlé au plomb dans presque tous les gîtes de ce dernier métal. L'arsenic encore inexploré a été reconnu en beaucoup d'endroits, et il est recueilli par les indigènes, qui l'emploient dans quelques cas. Le cuivre est en très grande abondance, et cela est fort heureux pour la métropole, où ce métal est si rare, qu'on peut le dire absent. On le trouve presque partout; il est l'objet d'exploitations fructueuses à Mouzaïa; aux environs de Tenez, où on le rencontre dans les mines de l'Oued Allebah, de l'Oued Taffiès; du cap Ténès, à l'Oued Merdja, près de Blidah; aux Gourayas, près de Cherchell, aux Beni Ahil; entre Ténès et les Gourayas; sur les bords de l'Oued Kébir, près de Blidah; à Kef Oum Teboul sur la frontière tunisienne, et près de la Calle; à Gar Rouban, sur la frontière du Maroc, où les mines sont très riches, mais d'une exploitation restreinte à cause de la difficulté du transport. Ces mines ont été déjà exploitées par les Phéniciens, les Romains et les Arabes. Enfin, on a signalé des gisements assez importants dans les montagnes des Trara, vers le cap Lalla Setty (à l'est de Nemours).

On trouve, en outre, des mines de fer très riches, mais inexploitées au Djebel Mansour et au cap Ferrat, à six kilomètres au sud-est d'Arzeu, leur teneur est de 64,50 pour cent; dans la banlieue de Nemours, et près d'Aïn Kebira dans les Beni-Mishel.

Au Djebel Tassa, chez les Beni-Snouss existe un gîte de manganèse oxydé très riche. Les vallées de ces Kabyles semblent, du reste, aussi riches en manganèse qu'en cuivre et en plomb argentifère.

Ces minerais de fer, par leur richesse et la quantité de manganèse qu'ils contiennent, ont appelé sur eux l'attention de l'industrie. Leurs qualités rendent le métal qui en est extrait l'égal des meilleurs fers de Suède; nul doute qu'avec l'achèvement du réseau des chemins de fer algériens, cette industrie ne prenne un essor considérable.

D'après le rapport du général Chanzy, le personnel employé aux mines de l'Algérie en 1876 s'est élevé à 4,311 personnes. La compagnie de Beni Saf, qui n'en était alors qu'à la période de l'organisation, avait cependant exporté le 1er semestre de 1876, de ses trois gîtes de Dra er Rih, Brika et Bahr el Baroud, 22,000 tonnes de minerai, représentant 264,000 francs. L'exploitation totale de l'Algérie, pour ce même 1ᵉʳ semestre de 1876, s'est élevée à 234,000 tonnes de fer, 2,430 tonnes de cuivre, et 727 tonnes de plomb.

Il existe dans les trois provinces, dit le même rapport, 168 gîtes minéraux reconnus, parmi lesquels on compte 14 minières de fer exploitées par les propriétaires du sol, et 25 mines de fer, cuivre, plomb, zinc, antimoine, mercure, concédées régulièrement, qui attendent, pour être mises en exploitation, les facilités que doit offrir la création des voies ferrées, l'amélioration des moyens d'embarquement, et la révision, actuellement à l'étude, de la législation minière.

Si l'on veut bien suivre ce qui précède sur une carte de l'Algérie, on reconnaîtra trois grands groupes miniers : celui des environs de Bône, celui du bassin de Chéliff, et celui de la Tafna. En dehors de ces points, il y a beaucoup de recherches à faire, et l'activité des chercheurs de mines a un beau champ devant elle. Il existe surtout deux zones complètement inconnues sous ce rapport : l'une à l'est, est comprise entre les méridiens de Dellys et de Bougie; l'autre, à l'ouest, entre les méridiens de Mostaganem et d'Ammi Moussa; j'y ajouterai, par expérience personnelle, le sommet du bassin méditerranéen dans la province d'Oran, le *Ras el Ma* des rivières oranaises.

XI

Les carrières et les eaux thermales.

Les salines. — Le lac d'Arzeu. — Le Djebel R'arribou. — Les plâtrières. — Les marbres. — L'onyx. — Les sources thermales.

L'Algérie est particulièrement riche en sel. Tous les Chotts, toutes les Sebkhas ne sont autre chose que d'immenses salines. Sur divers points, des montagnes entières sont composées uniquement de sel. Ce produit, si rare dans le Soudan qu'il s'y vend au poids de l'or, peut devenir une source inépuisable de revenus pour la colonie lorsque des communications directes lui seront assurées avec l'Afrique centrale.

Le lac d'Arzeu, situé au sud-est de cette ville, est considéré comme la saline la plus importante. Il est situé sur un plateau, à environ 15 mètres au-dessus du niveau de la mer, entre la plaine de Télamine à l'ouest (laquelle renferme aussi deux lacs salés entre Mefessour, Saint-Leu et Saint-Louis) et les marais de la Macta, à l'est. Ce lac a 12 kilomètres de longueur et 2,500 mètres de largeur. Il ne possède d'eau que l'hiver. A la suite des grandes pluies d'automne, les collines riveraines, qui contiennent beaucoup de sel, envoient leurs eaux fortement saturées dans ce vaste bassin. Dès les premières chaleurs, cette eau s'évapore et ne laisse sur le sol qu'une croûte éblouissante de blancheur et du plus curieux aspect.

Cette immense nappe de sel est exploitée par une Compagnie qui paie à l'Etat 25 centimes par tonne de sel extrait avec minimum de perception de 3,000 fr. Sur les lieux, le sel se vend un franc le mètre cube, à condition toutefois que l'acquéreur en fera l'extraction. La Compagnie exploite en outre le sel en lui faisant subir une exposition à l'air libre, et l'envoie à Arzeu, où viennent le prendre des navires espagnols. En 1879, la production a été de 101,119 tonnes. Tout autour du lac le pays est imprégné de sel, et l'on ne parvient qu'à la longue à s'habituer à l'eau des sources et des puits des villages voisins. Un chemin de fer va relier la saline au port d'Arzeu.

Le même département possède encore la saline de Sidi Bou Zian ou Ben Zian, sur la ligne du chemin de fer d'Alger et près de la station des salines. Elle a donné en 1879, 3,032 tonnes de sel.

Je citerai encore pour mémoire la grande Sebkha d'Oran et les lagunes qui l'avoisinent; les Chotts el Chergui et el R'arbi. Dans le département d'Alger, les deux Zahrez [1]. Dans celui de Constantine, les nombreux lacs salés qui s'étendent au sud-est de cette ville et dont le lac de Tarf est le plus important; enfin le chott Melrir et le chott el Djerid.

Les gîtes de sel gemme ne sont pas moins importants. Aux environs d'Aïn-Témouchent s'exploite une colline de sel, dont le produit, tel qu'il sort de la carrière, se vend moyennant 30 à 40 centimes la charge d'un âne. Ce sel gagnerait à être purifié par l'évaporation. Aux environs coule le Rio Salado, le *Flumen salsum* et l'*Oued Melah* des Arabes, noms qui indiquent suffisamment la nature saline de ses eaux.

Tout à fait dans le sud de cette province, à 240 kilomètres au sud de Tlemcen et 20 kilomètres de Tyout (Sahara), on signale un rocher de sel sur lequel on n'a que peu de détails; il est exploité par les nomades qui viennent s'y approvisionner.

Dans la province d'Alger se trouve le Djebel Sahari, situé à 208 kilomètres d'Alger et à 120 kilomètres au nord de Djelfa. C'est une montagne de 4 kilomètres de tour et de 200 mètres de hauteur. Elle est d'un abord très difficile à cause de l'escarpement de ses

---

[1] Autre nom de ces lacs, synonyme de chott.

flancs. Sur tous les points jaillissent des sources salées; on y trouve des puits naturels d'une étonnante profondeur et d'une largeur de quatre à cinq mètres.

La province de Constantine a rangé au nombre de ses merveilles naturelles le Djebel R'arribou, montagne de sel d'une longueur de 3 kilomètres sur 1,500 mètres de large. « C'est par le versant sud, dit M. l'ingénieur
« Ville, le meilleur juge en ces matières, que le Dje-
« bel R'arribou est plus facilement abordable. Le
« pied de la montagne est découpé par de petits ravins
« qui vont se jeter dans l'Outaïa. Ce sont les voies
« que suivent les Arabes pour pénétrer dans le cœur
« du rocher. Ils se contentent d'exploiter les blocs de
« sel qui se détachent naturellement et roulent jus-
« qu'au bas de la montagne, ou bien les masses qui se
« dénudent sous l'action des vents et de la pluie; ils
« vont ensuite échanger sur les marchés du Zab une
« charge de sel pour une charge égale de dattes. La
« montagne tout entière offre l'image d'un véritable
« chaos. Elle est ravinée et déchirée en tous sens, le
« sol y résonne sous les pas de l'explorateur, des puits
« verticaux d'une profondeur inconnue ouvrent aux
« eaux de pluie un passage souterrain à travers la
« masse de sel gemme. La nature y est presque morte;
« cependant quelques plantes grasses desséchées faute
« d'eau, et des traces de mouflons à manchettes et de
« gazelles rappellent au géologue que la vie n'a pas

« perdu tous ses droits au milieu de ces solitudes
« désolées. »

Mais le règne minéral ne se distingue pas seulement par toutes les richesses que nous venons d'énumérer. Les matériaux de construction, même les plus riches et les plus précieux, abondent en Algérie. Le plâtre se rencontre à peu près partout en couches profondes. Il y a à Fleurus de vastes carrières de gypse d'excellente qualité. Ce gisement est l'objet d'importantes exploitations, et produit annuellement 4,500 tonnes de plâtre. Près de Beni Saff, une colline porte le nom de la Plâtrière.

Le calcaire abonde partout; les Espagnols et les indigènes fabriquent la chaux à très bas prix. Dellys possède des carrières de pierres de taille qui servent aux constructions d'Alger, Oran tire de la montagne qui la domine toutes celles qui lui sont nécessaires. Entre Alger et Dellys on trouve d'importants gisements de pierre meulières. L'île de Rachgoun et toute la région volcanique d'Aïn-Témouchent, de la Basse Tafna et de Nemours abondent en pouzzolane naturelle, qui est d'une grande ressource pour les travaux publics. On trouve des ardoises dans la montagne qui domine Oran, et à Abla dans les Beni-Snouss. La terre à poterie se rencontre un peu partout. Les Kabyles fabriquent des cruches et des ustensiles de ménage surchargés d'ornements qui ne manquent pas d'originalité. Nédroma fabrique avec une argile rouge des environs, des vases très recherchés au Maroc. Près d'Oran, à Saint-André, il y a d'importantes fabriques d'alcarazas, vases poreux qu'on appelle ici « *gargoulettes* ». La tuilerie et la briqueterie ont pris un grand essor dans tout le pays.

Mais c'est surtout par ses marbres que l'Algérie doit attirer l'attention des architectes et des entrepreneurs.

Au cap Filfila, près de Philippeville, existent de magnifiques carrières, jadis exploitées par les Romains, et qui sont comparables pour les produits aux marbres de Carrare. Au fort Génois, près de Bône, existent des carrières de marbres qui donnent lieu à une exploitation fructueuse. Dans la Grande Kabylie, autour de de Nemours, et partout du reste, le marbre est en extrême abondance. Dans la Montagne des Lions, que j'ai déjà citée pour ses richesses métalliques, on exploite, à Aïn Ouinkel, un marbre veiné de rouge acajou d'un grain très fin. Dans la montagne de Santa-Cruz, qui domine Oran, on trouve le marbre porte-or, à l'Oued Madagre, au sud-ouest d'Oran, s'exploite une belle roche éruptive désignée improprement sous le nom de serpentine. Enfin la montagne d'Aïn Takbalète renferme les carrières d'onyx qui, à elles seules, ont fait la réputation des carrières algériennes. L'onyx était très en faveur chez les Romains sous le nom d'albâtre translucide. Cette belle roche n'était guère connue que par des objets antiques, lorsque, après la conquête, on en découvrit le gîte dans la montagne des Médiouna. Cependant, les Arabes en tiraient un grand parti. Dans les ruines de Mansourah, à Tlemcen, on a trouvé de splendides colonnes d'onyx; on peut encore en voir de magnifiques spécimens dans l'antique Kaïsaria (quartier des chrétiens) de cette ville. Sous la forme de colonnes, on le trouve dans presque tous les monuments musulmans de cette antique cité.

Ce marbre est exploité dans plusieurs carrières situées entre les villages du Pont de l'Isser et d'Aïn Takbalète, sur la route d'Oran à Tlemcen, en un point où l'on découvre un des plus beaux panoramas qui se puisse imaginer. Mais la vogue qu'il eut un moment semble s'être arrêtée tout à coup, et l'exploitation en est presque abandonnée.

On trouve encore de l'onyx à Aïn-Tolba et Sidi-Brahim, près de Nemours; ce dernier endroit, célèbre par la défaite que fit subir Abd-el-Kader à la colonne du colonel de Montagnac. Cet onyx est moins beau que celui de Takbalète.

Je n'en ai pas fini avec les richesses minérales de l'Algérie; il me reste à parler des eaux minérales et thermales qui y sont si nombreuses et dont un grand nombre possèdent les vertus curatives des plus renommées parmi les eaux européennes. On ne s'attend pas ici à un tableau des 140 sources thermo-minérales découvertes jusqu'à ce jour. Mais j'aurais tort de ne pas signaler les fameuses eaux thermales de Hammam [1] Meskoutine, situées près de Guelma, dont la description a été faite très souvent. Hammam Meskoutine possède un hôpital militaire et un établissement thermal civil appelé à un grand avenir lorsque l'Algérie sera mieux connue. Ces eaux se prêtent, dit M. Fillias, aux applications les plus larges de la médication thermale; elles sont indiquées dans les cas suivants : hémiplégies, cachexies palustres, affections cutanées, névralgies sciatiques, douleurs rhumatismales, etc.

Tout près de Constantine, au-dessous de cette ville, et sur la rive droite du Rummel, sourdent les belles eaux de Sidi Mcid. Il existe sur ce point un établissement peu important encore, où l'on traite les mêmes maladies qu'aux Hammam Meskoutine.

Les Hammam es Safhin, à six kilomètres de Biskra, sont très favorables pour le traitement des affections cutanées et rhumatismales, et des engorgements viscéraux consécutifs aux fièvres intermittentes. Ces eaux sont très fréquentées par les indigènes des oasis. On y a créé un hôpital militaire.

[1] Le mot arabe « *Hammam* » signifie *eaux thermales* ; c'est ce qui explique la multiplicité des lieux qui portent ce nom. On a donc tort de dire : *Eaux thermales de Hammam*, etc., puisque cela revient à dire : *les eaux thermales des eaux thermales*. Mais je me conforme à l'usage.

La province d'Alger est également très riche en sources thermales. Deux d'entre elles semblent surtout appelées à devenir d'importants établissements balnéaires. Ce sont les Hammam Melouan, près Rovigo (30°) très efficaces contre les maladies cutanées et les rhumatismes, et les Hammam R'ira entre Vesoul-Benian (chemin de fer d'Alger-Oran) et Milianah. On y a créé un établissement thermal incendié en 1871 par les insurgés et aujourd'hui rétabli. Leur emploi est le même que celui des précédentes eaux, et elles sont en outre très propres à la guérison des contusions, entorses, foulures, luxations et les plaies d'armes à feu. Les Hammam R'ira sont très fréquentées. On y a créé un hôpital militaire.

La province d'Oran n'est pas moins bien partagée. On y trouve un établissement thermal complet, à 3 kilomètres à l'ouest du chef-lieu, sur le bord de la mer. Ces sources sont célèbres depuis fort longtemps. Au temps de la domination espagnole, le cardinal Ximénès les ayant employées, elles devinrent le rendez-vous de la noblesse. L'infante Jeanne, fille d'Isabelle la Catholique en fit usage; en mémoire d'elle ces eaux ont conservé le nom de *Bains de la Reine*. Situés dans le voisinage d'une grande ville, ces bains sont placés dans une position pittoresque et sont très fréquentés.

A l'extrémité ouest de la Sebkha d'Oran, on trouve

les Hammam bou Hadjar (mot à mot : l'eau chaude qui fait des pierres). Ces sources, au nombre de six, peuvent être citées parmi les curiosités de l'Algérie. Elles déposent beaucoup de travertin et ont créé ainsi des roches artificielles, des cônes, des cuves, qui seraient déjà un grand attrait pour les voyageurs, si les vertus curatives de leurs eaux ne suffisaient pas à attirer l'attention. On y crée en ce moment une ville d'eaux et un établissement thermal. Ces eaux sont d'une grande efficacité pour les rhumatismes, leur température est de 53° à 61 degrés.

Le bassin de la Tafna est également riche en sources thermales. Sur les bords de l'Isser on trouve les Hammam Sidi Abdelli, déjà connus des Romains qui y ont laissé des vestiges d'un établissement. Ces eaux, d'une température de 40°, sont très renommées chez les indigènes, qui sont presque seuls à les fréquenter. Cependant les habitants de Tlemcen s'y rendent quelquefois. Elles sont situées dans une vallée dont la fertilité est proverbiale, mais qui n'est pas encore colonisée.

Trois sources très fréquentées se trouvent autour de Marnia; la plus importante est celle de Hammam bou Ghara, source sulfureuse d'une température de 48°. On y trouve un petit établissement. Les deux autres sont : Hammam-Bel-Kheir (36°, sulfureuse) et Hammam-Sidi-Cheikh (34°, saline). Cette dernière dépose beaucoup de travertin, elle a formé sur la berge de la Mouïlah une nappe calcaire d'une éclatante blancheur et qui est d'un curieux effet. Ses eaux sont aménagées dans de petites cabines et dans un grand bassin construit par le Génie militaire. Elles sont assez abondantes pour faire tourner la roue d'un moulin.

Une particularité remarquable de toutes les sources thermales est l'affection que le palmier paraît éprouver pour elles. Sur toutes les sources qui ne possèdent pas encore d'établissements importants, on trouve de charmants bouquets de cet arbre.

XII

La colonisation et l'agriculture.

Les facultés colonisatrices de la France. — Marche de la colonisation en Algérie. — Ce qu'il reste à faire. — Caractère définitif de l'œuvre entreprise. — La pénurie des terres. — Transformation de l'outillage et des procédés agricoles des indigènes. — La puissance de production de l'Algérie. — Les vignobles.

« Le Français n'est pas un peuple colonisateur. » Voilà une phrase qui a servi bien des fois. Appliquée à l'Algérie, elle a fait son chemin et acquis droit de cité.

Ce n'est pourtant qu'une erreur grossière. Aucun pays plus que la France n'a su, au contraire, tirer un parti plus utile des terres lointaines qu'elle a pu acquérir. Par la France, nous entendons le colon, le négociant, l'industriel. Si tous les gouvernements qui se sont succédé chez nous avaient déployé la vingtième partie du courage et de la persévérance de nos nationaux, notre pays balancerait l'Angleterre pour le développement de la puissance coloniale et la dépasserait certainement comme résultat acquis dans le développement matériel de chacune de ses colonies.

Mais grâce à l'incurie de ceux qui avaient pour mission de nous conserver les possessions françaises, l'Inde nous a échappé, le Canada nous a été pris; ces deux pays sont aujourd'hui les plus beaux joyaux de la couronne coloniale de l'Angleterre. Le bassin du Mississipi, cet immense domaine que notre race commençait à exploiter et qui, avec le Canada, nous faisait les maîtres du Nouveau-Monde, qui permettait de créer une Amérique française en face de l'Amérique anglo-saxonne, a été abandonné lui aussi. A son tour Saint-Domingue a été perdue.

Le domaine colonial de la France, avant ces pertes, n'avait de rival que dans les colonies espagnoles. Ce que nous avons conservé est une infime fraction de cet admirable empire que les chefs de la France monarchique ont livré ou vendu.

Mais ce qui nous reste de colonies est un témoignage vivant de nos facultés colonisatrices. Les deux plus belles colonies de l'Afrique entière, la Réunion et Maurice (cette dernière perdue hélas!) ne sont-elles pas françaises? Parmi les Antilles en est-il de plus riches, de plus belles, de plus peuplées relativement à leur étendue que les Antilles françaises? Nos possessions du Sénégal ne sont-elles pas plus florissantes que les territoires voisins qu'occupent les Anglais? La Cochinchine n'a-t-elle pas pris, dès le début, un essor immense, n'apporte-t-elle pas aujourd'hui un appoint au budget de la mère-patrie, alors que le budget de l'Inde anglaise est en déficit?

Dans l'Océanie même, où nos îles sont imperceptibles en regard des immenses colonies anglaises, la population française ne lutte-t-elle pas avec un courage digne d'un meilleur sort contre les inconvénients du militarisme?

Pour tout esprit impartial ce sont là des vérités incontestables que seuls les étrangers reconnaissent. Mais il semble que nous n'évitons aucune occasion de nous calomnier nous-mêmes.

L'exemple le plus frappant est incontestablement l'Algérie. De 1830 à 1848, c'est-à-dire pendant les années de la conquête, l'idée de colonisation n'était qu'au second plan; mais depuis cette époque on s'est résolûment mis à l'œuvre. Les tableaux publiés par le gouvernement général et qui se divisent en périodes de dix années sont, à ce point de vue, fort intéressants à consulter.

En 1870, il n'existait en Algérie que de rares villes ou villages, presque tous situés sur la côte. Au fur et à mesure que l'occupation française se consolidait, les hameaux, les villages et les villes sortaient du sol.

De 1830 à 1840, on ne créait que 4 centres, tous dans la province d'Alger.

De 1841 à 1851, il y avait déjà progrès ; on ne crée pas moins de 127 centres, 56 dans la province d'Alger, 45 dans celle d'Oran, 26 dans celle de Constantine.

De 1851 à 1861 on compte 85 créations nouvelles dont 39 pour la province d'Alger, 19 pour Oran, 27 pour Constantine.

De 1861 à 1871, il y a un brusque arrêt dans la colonisation. Les rêves malsains de Napoléon III pour la constitution d'un royaume arabe, la famine, la guerre de France, l'insurrection de Kabylie, entravent l'œuvre si bien commencée. Pendant ces 10 années, il n'est créé que 23 centres : 5 à Alger, 13 à Oran, 5 à Constantine.

Mais depuis 1871 jusqu'au moment où M. Albert Grévy arrive au pouvoir, il y a un effort immense. L'amiral de Gueydon et le général Chanzy qui lui succède, entament vigoureusement la campagne de la colonisation. Jusqu'à la fin de 1879 on ne crée pas moins de 184 centres : 59 à Alger, 52 à Oran, 73 à Constantine.

Les années 1880 et 1881 sont beaucoup plus faibles. L'inexpérience et la nonchalance du nouveau gouverneur, l'insurrection du Sud Oranais arrêtent brusquement l'essor. Il s'est créé peu de centres pendant ces deux années. Par contre, plusieurs sont agrandis.

En somme, de 1830 à 1881, il a été créé en Algérie 423 villages agricoles peuplés à la fin de 1877 de 159,152 colons, tous d'origine française.

Voilà semble-t-il des chiffres éloquents. En continuant l'œuvre de ces dernières années sur les mêmes bases, on pourrait, en cinquante ans, créer plus de 1,000 nouveaux centres et introduire en Algérie une population de plus de 300,000 colons. C'est-à-dire que, dans cinquante ans d'ici, par l'accroissement des naissances sur les décès, par l'arrivée des colons agricoles et des ouvriers des villes dont le chiffre est aussi considérable, l'Algérie aura une population française de plus d'un million d'âmes.

Voilà la vérité sur ce que nous avons fait en Algérie; avec ces créations de centres nous allons en réalité, sur une étendue de territoire infiniment plus restreinte, vers une prospérité bien supérieure à celle du Canada et de l'Australie.

Ce n'est pas seulement la somme de résultats acquis qui est remarquable. Dans les détails, l'exécution de cette grande œuvre est parfaite. Les villages sortent de terre sans retouches nécessaires. Les édifices sont complets. Les maisons, construites en pierres, couvertes en tuiles, n'ont rien de l'aspect primitif des huttes de pionniers du Nouveau-Monde. Les rues sont des boulevards plantés d'arbres, les routes qui relient les centres aux centres voisins sont bien entretenues, les chemins de fer qui sont construits avec le soin qu'on y apporte en France, sont loin de ressembler aux voies ferrées de tant d'autres colonies. Tout est fait sur le moule de la métropole. Peut-être pourrait-on trouver que ce jeune pays ressemble trop à la mère-patrie.

Nous sommes donc un peuple colonisateur, et cela à un si haut degré que ce ne sont pas les colons qui manquent à l'Algérie, mais la terre qui manque aux colons. Depuis quelques années, en effet, depuis surtout le malencontreux sénatus-consulte qui, contrairement aux prescriptions du Coran, reconnaît aux musulmans la possession du sol, alors qu'ils n'en sont en réalité que des usufruitiers, depuis ce moment-là on n'arrive qu'à grand'peine à grouper une étendue de terre suffisante pour installer un noyau d'immigrants. Il faut acheter la terre aux indigènes au lieu de découper le territoire en carrés réguliers comme aux Etats-Unis, au Canada ou en Australie.

Et voilà où la supériorité du génie colonisateur de la France éclate surabondamment. Dans ces pays, la terre n'est pas occupée par un peuple nombreux, à demi-civilisé, pour qui la terre cultivable est une nécessité. Les Peaux-Rouges de l'Amérique du Nord, les nègres Australiens sont en nombre infime sur un territoire immense, la culture leur est inconnue. La terre productive s'étend dans ces pays sur des espaces sans fin. En Algérie, au contraire, il y a une population sédentaire de plus de deux millions d'indigènes, cultivant le sol relativement peu étendu de la colonie, avec des procédés si rudimentaires qu'il faut à un Arabe, pour assurer son existence, dix fois plus de terrain qu'à un colon français. Il y a donc là un facteur avec lequel il faut compter.

Tout le terrain actuellement superflu pour les Arabes une fois distribué aux colons, on ne pourra attendre de ressources nouvelles que du changement que la présence des Européens amènera chez les indigènes. En effet, ceux-ci, resserrés lentement dans des limites plus étroites, privés de la pâture pour leurs bestiaux dans les forêts que l'Etat veut sauvegarder, tentés d'autre part, par un prix jusqu'alors inconnu du terrain, cédant volontiers celui-ci, se trouveront bientôt dans l'obligation de changer leur mode de culture et de vivre sur un terrain aussi restreint que celui qui suffit aux colons. Cette époque semble peut-être éloignée, mais les Arabes ne sauraient se soustraire à cette loi inéluctable; si réfractaires qu'ils soient à la civilisation, ils devront en arriver là. Du reste, il y a déjà progrès dans cette voie. Dans les grandes plaines de la province d'Oran, nombreux sont ceux qui abandonnent les bêtes de somme pour employer le char-àbancs ou la charrette. Celui qui achète une voiture n'est pas loin d'acheter une charrue puissante et de chercher à décupler le rendement de son champ[1]. Ce progrès si lent passe trop inaperçu au milieu des méthodes importées par nos colons et incessamment modifiées et améliorées par l'expérience.

Il est un tableau, parmi ceux que publie le gouvernement général, qui est, à cet égard, d'un très grand intérêt. C'est le nombre de machines et d'ustensiles agricoles employés par les indigènes comparativement à ceux que possèdent les Européens. Nous laissons de côté les charrues primitives des Arabes dix fois plus nombreuses que les nôtres; de ce côté, les indigènes n'ont rien ou presque rien innové. Mais voici les semoirs, herses et rouleaux — outils nouveaux pour eux qui ne connaissaient pour semer, herser et aplanir le sol que des branchages surchargés de pierres — dont ils possèdent 1,566 sur les 22,692 employés dans la colonie. Ils ont 5 faucheuses, moissonneuses ou rateaux à cheval sur 665; 5 machines à battre sur 646; 64 tarares, égrenoirs, hache-pailles ou coupe-racines sur 3,467; 352 appareils à égrapper ou presser le rai-

---

[1] Nous revenons trop souvent dans le cours de cet ouvrage sur cette question de la colonisation pour nous y appesantir davantage ici. Nous renvoyons surtout le lecteur à la 3ᵉ partie, au chapitre traitant de l'émigration espagnole, où nous exposons tout un mode d'emploi de celles des terres domaniales dont l'étendue ne saurait suffire à la création de hameaux ou de grandes fermes.

sin sur 1,118; enfin ils emploient 265 machines à égrener le coton, à broyer et teiller le lin, contre 411 que possèdent les Européens.

Ces chiffres ne sont-ils pas éloquents? Et au lieu de parler de l'esprit de routine des Arabes, de leur haine du progrès, ne pourrait-on, au contraire, s'émerveiller de ce qu'il y ait pu se trouver parmi eux autant de cultivateurs intelligents, alors que tout dans leurs mœurs et dans leur religion semble les condamner à l'immobilité. Etant donné que le nombre de cultivateurs arabes est de vingt pour un agriculteur français, ces chiffres sont bien faibles, mais ils sont énormes si l'on considère quelle brèche il a fallu faire aux préjugés, pour qu'un indigène en vienne à acheter une herse ou un tarare. Quand des individualités se rencontrent pour rompre ainsi en visière avec les usages, on peut prévoir que l'exemple ne tardera pas à être suivi.

Le progrès est plus frappant encore par la nature des cultures. Quand nous sommes arrivés en Algérie, les indigènes ne cultivaient guère, en dehors des céréales, qu'un peu de coton, de tabac et quelques légumes, tels que piments, concombres, tomates, aubergines, pastèques et oignons. Aujourd'hui ils commencent à planter des pommes de terre, qu'ils ont cultivées sur 2,251 hectares en 1879, alors que les Européens en plantaient 5,322. On voit que là le progrès est plus considérable que dans la transformation du matériel agricole. Ils cultivent aussi les plantes fourragères, et leurs prairies artificielles ne couvrent pas moins de 24,653 hectares. Les racines destinées à la nourriture des animaux étaient récoltées, à la même période, sur 35,788 hectares, dont plus de 30,000 pour les Arabes.

Mais quel plus éclatant témoignage de l'aptitude des indigènes à modifier leurs habitudes que le progrès constaté chez eux dans la culture de la vigne. Au début de la conquête, ils ne soignaient cet arbuste que pour son fruit. Aujourd'hui, témoins de l'aisance que la fabrication du vin procure à nos colons, ils commencent à suivre leur exemple. Si ceux-ci cultivent 17,737 hectares de vignobles ayant donné, en 1879, 346,000 hectolitres de vin, ceux-là ont 2,257 hectares ayant rapporté 5,525 hectolitres. Certes la proportion, eu égard à la population, est infime; mais une telle transformation est merveilleuse, si l'on considère que, pour les musulmans, boire du vin est un crime, et que le fabriquer c'est participer au péché.

Il en est de même pour les autres cultures industrielles. Ainsi pour le lin, nous trouvons que 68 indigènes suivent l'exemple des 328 colons qui se livrent à cette récolte. C'est évidemment peu de chose et leurs 112 hectares font piètre figure près des 2,585 des

Européens, mais c'est encore un exemple qui sera suivi. De même pour les cotons[1], sur les 5 planteurs qui restent des nombreux cultivateurs qui se livraient à cette production à l'époque de la guerre d'Amérique, 2 sont indigènes et cultivent 12 hectares contre 24 appartenant aux Européens. Nul doute que si jamais on revient au coton, les indigènes ne suivent l'exemple de leurs voisins. Ils n'ont aucune part dans la culture nouvellement introduite de la ramie qui ne s'étend du reste que sur 10 hectares ayant donné 6,500 kilos; mais ils se livrent à la production des graines oléagineuses (colza, ricin, arachides) dont ils ont produit 400 quintaux métriques contre 844 aux Européens.

Il y a donc chez les indigènes, si on examine les choses de près, une tendance vers l'amélioration de leurs procédés et de leur genre de culture. Mais on n'arrivera qu'à la longue à rendre cette amélioration générale et rien n'y fera mieux que le temps. Ce peuple est trop réfractaire à toute idée de réforme spontanée pour qu'on puisse d'un seul coup modifier ses habitudes. Ainsi, malgré tous les efforts, on n'a jamais pu encore lui faire faire des provisions de fourrages. Je me souviens que, dans une année où les herbages étaient abondants, vers 1876, si j'ai bonne mémoire,

---

[1] Voir, à la 3ᵉ partie de ce livre, la lettre sur la culture du coton dans la province d'Oran. (*De Sidi-Bel-Abbès à Saïda.*)

on a voulu essayer de faire récolter par eux les herbes surabondantes. Des primes consistant en fusils et en montres, objets des convoitises des Arabes, furent promises. Dans toute la vallée de la Tafna un seul indigène, un caïd, se présenta pour réclamer la récompense. Il avait deux méchantes meules. Il obtint le prix. Je ne crois pas que l'année suivante, il ait renouvelé son essai.

Mais ce que les primes et les conseils ne peuvent faire, la nécessité le fera, et l'exemple des colons aidant, nous verrons peut-être un jour les indigènes faire provision des fourrages qui se perdent sans profit pour personne dans tout le Tell, où la moindre pluie suffit à faire naître une végétation luxuriante.

Si les chiffres que l'on vient de lire indiquent chez les indigènes une tendance vers le progrès agricole, combien ne sont-ils pas plus éloquents, quand il s'agit de reconnaître la puissance productive de l'Algérie. C'est surtout la culture des céréales qui est remarquable. Pour la campagne 1878-1879, le produit total a été de 13,961,301 quintaux métriques, dont plus de 11 millions pour les indigènes. Sur ce chiffre le blé tendre compte pour 1,213,058; le blé dur pour 4,347,616; le seigle pour 5,398; l'orge pour 7,297,720; l'avoine, qui est une culture presque exclusivement européenne, a donné 269,819 quintaux; le maïs, 89,741.

Ces récoltes ont été produites sur une étendue de

2,771,976 hectares dont 341,679 pour les Européens. Les blés et les orges algériens sont de qualité supérieure et se vendent en Europe à des prix plus élevés que ceux des céréales d'autres provenances.

Il est à regretter que la culture des arbres ne soit pas plus en faveur en Algérie. Le pays tout entier ne possède guère que 15 millions de pieds d'arbres dans les plantations, dont 8 millions et demi pour les Européens. Sur ces chiffres, les Européens ont plus de 5 millions d'arbres forestiers ou d'agrément, les indigènes, au contraire, ont près des deux tiers de leurs plantations en arbres à fruits. Les oliviers sont les plus nombreux, puis les figuiers et les grenadiers, et enfin les bananiers, orangers et citronniers dont la culture, qui donne des produits avantageux, est en grande faveur. Il serait à désirer que l'arboriculture eut plus d'importance dans l'industrie agricole, un grand nombre de villages algériens y gagneraient en salubrité et en agrément.

Une culture importante est celle du tabac, qui, en 1879, couvrait 9,754 hectares dont 3,180 appartenant aux Européens.

Par ce rapide examen des branches de l'industrie agricole exploitée en Algérie, on voit combien nos colons ont su déjà tirer parti du sol. Ce n'est là qu'un début. Au fur et à mesure que le bien-être se répandra, quand les bénéfices permettront d'entreprendre sur une plus vaste échelle les cultures industrielles et les plantations d'arbres fruitiers, nous verrons ce pays né d'hier, atteindre une prospérité sans égale. On peut le constater dès aujourd'hui par le rapide essor de la culture de la vigne qui couvre déjà 20,000 hectares, donne 351,000 hectolitres de vin et fournit au commerce d'exportation près de 11,000 hectolitres, alors que les importations, jadis si considérables, n'atteignent plus que 280,000 hectolitres.

Le temps n'est pas éloigné où l'Algérie fournira l'Europe d'une immense quantité de vin. Ce sera alors la grande réserve de la France en attendant que notre pays ait reconstitué ses vignobles détruits par le phylloxera. L'Algérie deviendra aussi pour nous le grand fournisseur du coton, le jour où nous comprendrons que l'abandon de cette culture est une faute et et où on lui donnera tous les encouragements auxquels elle a droit. Cela est facile. Il suffira d'aménager pour l'irrigation tous les terrains propices à cette culture, terrains fort étendus dans les plaines du littoral, et surtout dans nos oasis sahariennes.

XIII

Le commerce de l'Algérie.

Les importations et les exportations. — Leur marche. — Le rôle du commerce de l'Algérie dans le commerce général de la France.

Si après toutes les preuves, tous les détails, tous les chiffres que j'ai réunis dans les chapitres précédents, il restait quelque doute sur les avantages et les profits que la France recueille de la possession de l'Algérie, l'examen attentif du mouvement commercial de la colonie prouverait que ce prétendu gouffre est le placement le plus sûr et le plus fructueux que la France ait pu faire de ses épargnes.

Le mouvement d'affaires qui s'est produit dès les débuts de la conquête entre la Métropole et la colonie n'a pas cessé de s'accroître. D'année en année la prospérité du pays s'affirme dans des proportions vraiment étonnantes. Aujourd'hui le montant des importations et des exportations réunies s'élève à près de 500 millions.

En 1831, le total des exportations n'était que de 1 million 479,600 francs; en 1840, il s'élevait à 3,788,834 francs; en 1850, à 19 millions; en 1860, à 47 millions; en 1870, à 124 millions; en 1879, à 151 millions.

L'importation a suivi une marche semblable; en 1831, elle atteignait 6,504,000; en 1840, 54 millions; en 1850, 72 millions; en 1860, 109 millions; en 1870, 172 millions; en 1879, 272 millions.

On remarquera que, sauf dans la dernière période, l'accroissement des exportations a de beaucoup dépassé celui des importations.

L'élévation considérable des importations de 1871 à 1879 ne saurait être considérée comme une cause d'infériorité. C'est, en effet, l'essor même pris par la colonie qui a motivé cet accroissement. Cette période est celle des grands travaux publics, celle de l'ouverture du réseau des chemins de fer, de la création d'usines, de l'installation de nombreux colons. Pour répondre à tous les besoins, il a fallu des machines, des wagons, des rails, des traverses, de la houille, etc. Dans la seule année 1879, qui est la dernière en date, il ne faut pas compter de ce chef moins de 30 millions de francs pour les objets importés. Ce sont là des dépenses productives, non seulement pour la métropole qui a fourni les marchandises et retire en grande partie le revenu des chemins de fer, mais surtout pour la colonie qui peut transporter ses produits à la côte.

Depuis 1830 jusqu'à la fin de 1879, le commerce de l'Algérie a atteint 8 milliards 545 millions de francs. Les importations figurent dans ce chiffre pour 5 milliards 949 millions, et les exportations pour 2 milliards 595 millions. La plus grande partie de ce commerce a eu lieu avec la métropole, les deux tiers au moins. C'est-à-dire que, pendant ces cinquante années, la France a livré à sa colonie pour près de 4 milliards de francs de marchandises et en a reçu pour 2 milliards. Qu'on calcule maintenant combien l'Algérie laissée aux Turcs ou exploitée peut-être par l'Angleterre et l'Espagne, aurait manqué à notre pays. Si nos ports méditerranéens peuvent rivaliser encore avec leurs concurrents de Gênes, de Brindisi et de Trieste, c'est qu'ils ont dans le commerce avec l'Algérie un emploi continuel de leurs navires et de leurs marins. Supprimons l'Algérie et c'en est fini pour nous de la prépondérance commerciale dans ce « lac français. »

Ainsi l'Algérie, avec les 4,046 navires entrés dans ses ports pendant l'année 1879, représente le septième du mouvement maritime de la France. Au point de vue du tonnage, cette proportion est encore plus considérable. A l'entrée, elle fait un sixième de notre mouvement maritime. Or la population de l'Algérie n'étant que du treizième de celle de la France, il s'en suit que, eu égard à la population, le chiffre du commerce maritime de l'Algérie est double de celui de la métropole.

Ce sont là des chiffres indiscutables et contre lesquels les déclamations ne prévaudront pas. Que l'on accumule toutes les dépenses faites pour l'Algérie depuis l'expédition de 1830 et l'on reconnaîtra qu'elles ne sont rien en présence des ressources que la colonie procure à notre commerce et à notre marine. Et à peine commençons-nous à recueillir ce que nous avons semé.

Le commerce algérien est encore susceptible du plus grand développement, non seulement au point de vue de son importance en chiffres d'importations et d'exportations, mais encore au point de vue des ressources inexploitées, des richesses que nul n'a songé à recueillir. Ainsi l'exportation des animaux de boucherie, qui atteint aujourd'hui le chiffre déjà respectable de 25 millions, pourrait être décuplée par une sage exploitation des immenses pâturages du sud. Les peaux et les laines, qui dépassent 23 millions, suivraient la même proportion; la soie qui y donne de beaux résultats est à peine exploitée et ne figure que pour 600,000 francs. Les côtes, poissonneuses, surtout en espèces de conservation facile, ne donnent que 1,200,000 francs de poisson. Le corail brut dont la pêche atteint 1 million par an, est manufacturé en Italie. Les céréales donnent 10 millions aujourd'hui ; mais ce n'est qu'un faible chiffre auprès de ce que l'on obtiendra au fur et à mesure que la colonisation s'étendra. Le commerce de fruits et primeurs, malgré les 3 millions pour lesquels il figure est en enfance. Les 2 millions de francs de tabacs sont un chiffre dérisoire auprès de ce que le pays peut fournir. L'alfa, qui pourrait rapporter 250 millions n'en produit que 10 ; enfin le coton, qui jadis figurait pour des centaines de mille francs, est tombé à 15,000, et cependant il réussit admirablement dans le pays.

La liste des exportations mérite une attention particulière. Nous venons de voir quelques chiffres mais il en est d'autres non moins considérables. Ainsi les liéges algériens donnent lieu à un mouvement d'affaires de plus de 6 millions. Le crin végétal, fabriqué avec les fibres du palmier nain, se chiffre par près de 2 millions ; les écorces à tan dépassent 3 millions ; le tabac fabriqué, 1 million ; enfin les minerais s'élèvent à 7 millions 500,000 francs, dont 6 millions pour les seuls minerais de fer.

Qu'on remarque que tous ces produits, avant de pouvoir être exportés, ont nécessité la création d'outillages agricoles ou industriels. Il est difficile de ne pas être frappé de l'énorme activité de ce pays, dont la mise en valeur, en somme, ne date pas de trente ans.

Quant aux importations dont le chiffre considérable tient surtout aux raisons que nous avons données plus haut, elles portent principalement sur les objets manufacturés et les denrées que ne donne pas le sol algérien. Sur le chiffre de 236 millions pour l'année 1879, plus du quart est pour les tissus, surtout les cotonnades qui, à elles seules, atteignent 46 millions. Les sucres figurent pour plus du vingtième, soit 12 millions. Les spiritueux, 10 millions; les savons, 3 millions; les bougies, 4 millions et demi. Les effets d'habillement 8 millions 700 mille francs. Je passe des chiffres importants qui tous représentent un débouché considérable pour la plupart de nos industries.

On a quelquefois relevé, comme en contradiction avec la prospérité, le chiffre considérable de farines importées en Algérie (3,573,134 francs en 1879). Cela tient à deux causes; d'abord à ce que la minoterie locale est parfois insuffisante pour tous les besoins, ensuite à ce que les blés d'Algérie, tuzelles et blés durs, réputés de première qualité, atteignent, en France et à l'étranger, des prix élevés. Les colons ont donc tout intérêt à vendre leur blé et à faire venir d'Europe des farines de moindre qualité. De là ce chiffre qui étonne dans les relevés de douanes.

Le commerce maritime de l'Algérie se fait par quatre

ports principaux, qui sont par ordre d'importance : Oran, Alger, Bône et Philippeville. Le premier, qui n'a pas dix ans d'existence, fait 33 p. 0/0 du commerce général de la colonie, et paraît destiné à grandir encore.

La France tient naturellement le premier rang dans ce commerce ; elle fait 75 1/2 p. 0/0 des importations, et reçoit 69,86 0/0 des exportations. L'Angleterre vont ensuite avec 6,61 et 11,45 0/0 ; les Etats barbaresques avec 3,62 et 1,88 ; l'Espagne avec 2,72 et 7,62. A la suite, les pays avec lesquels l'Algérie fait le plus d'affaires sont la Belgique, les Etats-Unis, l'Italie et la Turquie.

Quant à la part respective de chaque pavillon dans la navigation, elle est de 63,79 p. 0/0 pour la France ; de 20,41 pour l'Angleterre ; de 6,30 pour l'Espagne ; 4,16 pour l'Italie ; 1,30 pour la Norwège et 1,11 pour l'Autriche.

A côté de ce commerce, qui emprunte surtout la voie maritime, il en est un autre assez considérable qui se fait, surtout avec le Maroc, par les frontières de terre et auquel je consacre un chapitre particulier, car il est beaucoup moins connu que le commerce maritime.

XIV

Le commerce avec le Maroc.

Évidemment, le commerce de l'Algérie n'a pas encore atteint tout le développement dont il est susceptible. Ainsi la colonie possède, à ses portes, un champ immense à exploiter : le Maroc. Mais c'est à peine si nous commençons à en profiter.

Les relations commerciales de notre colonie avec l'Empire des Chérifs peuvent se diviser en trois catégories :

Le *commerce maritime;*

Le *commerce des marchés frontières;*

Les *caravanes.*

Le commerce maritime a lieu entre Oran et Tanger par les vapeurs de deux compagnies : la Compagnie de navigation mixte (Touache) et la Compagnie transatlantique qui fait le service postal entre Tanger et Oran par Gibraltar et Malaga.

Nemours et Adjeroud (rade à l'embouchure de l'Oued-Kiss) sont les ports par où s'exportent les orges du Riff et des Angad.

Les marchés frontières sont : Adjeroud, Nedroma, Marnia, le Khemis et Sebdou. En arrière : Tlemcen et Aïn-Témouchent.

Quant aux caravanes, les deux grandes peuplades algériennes des Trafi et des Hamyan, font de fréquents voyages au Gourara, en revanche les caravanes du Gourara et du Tafilalet viennent fréquemment à Tlemcen et Sebdou.

Le Maroc fournit à l'Algérie, des bœufs, des chevaux, de l'orge, des laines, des moutons, des peaux, du cuir filali (maroquin), du henné, du takhaout (matière tannante), des dattes, des haïks, flidjs, burnous, tellis et autres tissus indigènes, des poteries marocaines, etc.

Le commerce du bétail destiné à la consommation, se fait surtout entre Tanger et Oran, et sur le marché de Marnia ; sur ce dernier, il s'est vendu quelquefois pour plus de 100,000 francs de bétail en un seul jour. Les autres marchandises se dirigent sur Tlemcen et Sebdou par les caravanes du Gourara (Hamyan et Sahariens marocains) ; les Trafis ont pour point de ralliement Géryville ; cette dernière place paraît appelée, lorsque le chemin de fer d'Arzeu à Saïda et El-Maÿ sera terminé, à attirer sur elle une grande partie du commerce des oasis marocaines. En échange, nous envoyons au Maroc des cotonnades, des armes, de la quincaillerie, des bougies et des draps pour burnous de prix; chaque jour, du reste, les produits de notre industrie pénètrent davantage dans ce pays, le sud est le plus en progrès sous ce rapport. J'ai vu un des hommes les plus influents de ces régions, Si Mohammed ben Adhallah, chef de la secte religieuse des Kenadsa, acheter, à Tlemcen, un carosse dans lequel il se promène sous les palmiers de ses oasis!

Examinons maintenant les différents marchés où nous nous rencontrons avec nos voisins :

Tanger est, pour le commerce maritime, le seul port marocain avec lequel nous ayons des rapports bien suivis. Malheureusement, les communications avec cette place sont trop rares, un seul navire par semaine ne saurait nous donner une prépondérance bien grande sur le marché du détroit. Les Anglais ont sur nous l'avantage de leur position : Gibraltar est le grand entrepôt qui peut, le même jour, fournir au port marocain toutes les marchandises qu'il demande. Cadix et Malaga ont aussi, mais à un degré moindre, cet avantage de la proximité.

Est-ce à dire que nous ne pourrions pas conquérir une place plus brillante dans le commerce maritime?

Je ne le pense pas. L'Algérie, par suite de la facilité des communications entre tous les points de son territoire et la conformité d'usages et de besoins de la grande majorité de sa population et de la population marocaine, pourrait fournir à cette dernière une grande partie des objets qui sont nécessaires à sa consommation. Un moyen simple et pratique, me semble-t-il, d'arriver à se faire une plus grande place sur les marchés marocains, serait, pour les négociants d'Algérie ou de la métropole, de placer dans les différents centres commerciaux du Maroc, des agents pris parmi nos indigènes. Aujourd'hui, grâce aux écoles arabes-françaises, un assez grand nombre de jeunes musulmans doués d'une instruction relativement bonne, pourraient, après un stage dans les maisons de commerce d'Oran et d'Alger, être placés au Maroc à la tête de succursales et de comptoirs. Leur qualité de musulmans serait une garantie de sécurité pour eux dans des villes où nul Européen ne serait toléré, leur titre de sujets français forcerait les autorités marocaines à leur assurer une protection dont elles sont fort avares en faveur de leurs propres administrés. Je suppose une maison de commerce d'Oran, ayant à fonder une entreprise de ce genre : elle devrait mettre à Tanger un comptoir central chargé de la correspondance avec le siège de la maison ; à Tanger la sécurité des Européens étant à peu près complète, un de nos nationaux pourrait y être placé, mais sur les autres points, une résidence habituelle est interdite aux chrétiens, c'est alors que de jeunes arabes algériens deviendraient utiles.

Sur la côte de la Méditerranée, Melilla est le port le plus favorable à l'importation de nos produits, il est vrai qu'il est aux mains des Espagnols ; mais on pourrait placer un comptoir à Selouan pour faire le commerce du Riff ; un autre à Thaza desservirait le bassin de la Malouïa ; le comptoir de Fez serait placé dans le pays le plus commerçant de l'Empire. Les ports de l'Atlantique et Maroc compléteraient un réseau de comptoirs dans le Tell, il resterait alors à s'assurer du commerce du Sud par des représentants à Kenadsa et dans un des ksour de l'Oued-Guir. Chacun de ces comptoirs prendrait ses instructions auprès de celui de Tanger avec lequel il pourrait facilement avoir des relations.

Les produits destinés à l'exportation dans le Tell seraient acheminés par la voie maritime, quant à ceux à destination ou en provenance des oasis, la route serait celle des caravanes ; jusqu'à (ou depuis) la lisière de notre Tell, d'où nos moyens de transports plus économiques nous permettraient de les diriger sur Oran.

Ce projet, en apparence grandiose, ne nécessiterait pas un grand déplacement de capitaux, et il serait facile de trouver des agents fidèles et intelligents parmi nos jeunes indigènes. Une association de commerçants opérant sur ces bases, d'abord dans un ou deux points tels que Fez et Thaza, pourrait atteindre ce but. Je suis certain que les résultats seraient de nature à encourager les promoteurs de cette entreprise et ne pourraient que lui donner une plus grande extension. Par ce moyen, le marché du Maroc est entre nos mains et la marque française est certaine de primer celle des fabriques étrangères, d'autant plus *que nous seuls* pouvons trouver les agents nécessaires à la direction des comptoirs. Mais où est l'homme qui prendra l'initiative d'une pareille entreprise en donnant ainsi au commerce français et algérien une puissante impulsion?

J'ai laissé de côté, dans mon projet de comptoirs commerciaux, les points voisins de notre frontière, tels que Figuig et Oudjda ; cet oubli était prémédité.

Là, il n'est plus question d'aller faire le commerce chez nos voisins; il s'agit, au contraire, de l'attirer chez nous. Les tribus marocaines sont de ce côté trop turbulentes pour offrir une sécurité complète aux comptoirs que l'on y pourrait fonder; Marnia et Sebdou ou El-Aricha sont, par leur proximité, appelés à attirer tout le commerce d'une grande partie du Maroc. Depuis 1871, l'amalat d'Oudjda qui les avoisine, n'a cessé d'être en proie à la plus grande anarchie. Cependant, en 1875, ce marché a encore fait pour 5,037,698 francs d'affaires.

Sur ce chiffre :

Les laines ont participé pour	240,767	francs.
» bœufs —	1,743,847	»
» moutons —	699,225	»
» chevaux —	1,011,638	»
» chèvres —	125,615	»
» mulets —	498,460	»
» chameaux —	181,771	»
» ânes —	140,776	»
» céréales —	117,577	»

Le reste a été partagé entre diverses marchandises dont les plus demandées ont été les peaux brutes.

En outre, cinq petites caravanes venant du Maroc ont amené à Marnia :

2 quintaux de sel.
26 kilogrammes de thé indigène.
35 quintaux de peaux brutes.
3 à 4 quintaux d'huile d'olive.

Quant aux marchandises que nous avons données en échange, je ne possède aucun chiffre qui puisse me satisfaire par son exactitude, mais il doit y avoir balance, puisque, jusqu'à ce jour, aucune disette de numéraire n'a été constatée de l'un ou de l'autre côté de la frontière, ce qui n'aurait pas manqué de se produire si les achats de l'un des deux pays avaient dépassé les ventes de l'autre, surtout entre commerçants pour lesquels le crédit est chose inconnue.

Si le gouvernement d'Oudjda était pacifié, ce commerce serait au moins une fois plus actif qu'il ne l'a jamais été. Malgré les entraves apportées aux relations entre les *roumis* et les musulmans (l'amel d'Oudjda, aujourd'hui chef des Beni-Snassen, a été jusqu'à interdire à ses administrés de paraître sur nos marchés) il y a lieu d'espérer que le marché de Marnia sera un jour un des grands entrepôts du commerce de l'Algérie, une sorte de dock pour Tlemcen, la souveraine incontestée du commerce de cette région. Malheureusement, Marnia est trop isolée; son port, Nemours, en est à 59 kilomètres et n'offre dans l'état actuel que peu de ressources au commerce maritime. La route nationale la place à 60 kilomètres de Tlemcen et à 200 d'Oran; ce point de transit ne sera réellement d'une grande importance que le jour où, par un chemin de fer, il aura des communications assurées avec le reste de l'Algérie et la mer.

A Adjeroud se tient un marché où se sont traitées de grandes affaires en orge; des balancelles chargées de cette céréale, en ont transporté des quantités importantes à Gibraltar d'où elles ont été importées dans les brasseries anglaises. Nemours, bien qu'ayant chargé des quantités assez fortes, n'a pourtant qu'une faible part dans ce commerce. Les orges, algériennes surtout, font l'objet des transactions. Il est difficile de donner des chiffres exacts sur ce commerce; cependant, à Nemours, un patron de barque m'a dit faire en moyenne une dizaine de voyages par an d'Adjeroud à Gibraltar, avec une balancelle portant 40 tonnes d'orge. (La tonne vaut en moyenne 140 fr.). D'autres embarcations espagnoles, naviguant sous pavillon français, sont allées prendre les grains dans les criques des Beni-Snassen et aux îles Zaffarines.

Le marché de Nedroma est d'influence purement locale, les affaires qui s'y traitent chaque semaine peuvent s'évaluer à 10,000 francs, dont le quart, peut-être, de commerce international; l'orge, le bétail, les haïks et la poterie sont les principaux objets du trafic.

Enfin viennent les marchés du Khemis ou des Beni-Snouss et celui de Sebdou.

Le premier de ces marchés est loin d'avoir l'importance des précédents, bien qu'une industrie locale très active y donne lieu à un assez grand mouvement d'affaires; je veux parler de la fabrication des nattes de palmier, dont quelques-unes, artistement travaillées, atteignent un prix assez élevé. Les indigènes des Beni-Snouss fabriquent également des haïks, des flidjs, des tellis, préparent les plumes et les œufs d'autruche, objets qui, en temps de tranquillité au Maroc, ont un écoulement assuré dans ce pays. Pendant les trois derniers trimestres de 1875, les objets de fabrication locale, vendus sur le marché, ont compris 759 nattes et 200 burnous; mais ce n'est là qu'une faible partie de la production, le reste se vend à Tlemcen et Oudjda et sur les marchés voisins.

Le marché de Sebdou est la dernière étape des caravanes se dirigeant vers Tlemcen. Sebdou est dans le sud, pour cette ville, ce qu'est Marnia pour le Tell marocain, c'est-à-dire, un entrepôt. Le chemin de fer projeté des Hauts-Plateaux à la mer lui donnera une importance beaucoup plus grande.

Pendant l'année 1875, ce marché a donné lieu à des transactions s'élevant à 264,206 francs, où

les bœufs ont figuré pour	25,665 francs.
» moutons —	80,000 »
» chèvres —	10,976 »
» laines —	107,250 »
» céréales —	5,000 »
» le beurre —	15,076 »

Un cinquième de ces chiffres peut être attribué aux transactions avec le Maroc.

Quant aux caravanes, celle des Hamyan et des Trafi, quoique très considérables, n'ont pas beaucoup d'influence sur le commerce du Tell; celles formées par les oasis marocaines, par contre, donnent lieu à un mouvement d'affaires assez important.

En 1875, il est venu à Tlemcen ou à Sebdou une dizaine de caravanes apportant pour 850,00 francs environ de marchandises parmi lesquelles figurent :

Les laines	pour	117,370	francs.
Le filali	—	60,000	»
Le tahkaout	—	7,950	»
Le henné	—	600	»
Les dattes	—	20,280	»
Les étoffes	—	126,000	»
Les chevaux	—	37,200	»
Les moutons	—	455,345	»

Elles ont rapporté à leur point de départ pour une somme à peu près égale de marchandises consistant surtout en bougies, sucres, café, belgra (sorte de chaussures en cuir jaune fabriquées à Tlemcen), tissus d'Europe et objets et ustensiles d'usage général.

En dehors de ces marchés, ceux de Tlemcen et d'Aïn-Témouchent donnent lieu à un puissant mouvement d'affaires avec le Maroc. Il est malheureusement impossible de hasarder des chiffres à ce sujet, car aucune statistique particulière, faisant connaître le montant des transactions internationales, n'a été publiée; on peut cependant, pour la première de ces villes, évaluer les échanges à 3,000,000 de francs et rester, sans doute, bien au-dessous de la vérité.

Les marchandises que Tlemcen expédie au Maroc

peuvent se classer selon leur importance, comme celles emportées par les caravanes : bougies, sucre et café, tissus d'Europe, armes, objets et ustensiles d'usage général.

Quant au commerce que nos nomades font avec les oasis du Sud, voici comment il s'opère. Une caravane formée à la fin de 1875 servira d'exemple :

Cette caravane s'est réunie vers les puits de Ben-Khelil ; elle se composait d'environ 3,000 chameaux et 800 fantassins et emportait :

12,570 toisons (au prix moyen de 2 fr. 50 l'une) valant. . . .	31,425 fr.
489 moutons (au prix moyen de 28 fr. l'un) valant.	13,692
410 peaux de bouc, remplies de beurre, à 87 fr. 50 l'une. . .	35,875
36 charges 1/2 de bechiche (viande séchée) à 240 fr.	8,760
48 charges 1/2 de kelila (sorte de fromage) à 200 fr.	7,770
Soit pour.	99,522 fr.

de marchandises ; auxquelles il faut ajouter, pour mémoire, 210 charges de blé valant 25 francs l'une. J'ai réduit en argent la valeur de ces marchandises, qui presque toutes ont été livrées par voie d'échange contre des dattes et des haïks; j'opérerai de la même façon pour les marchandises importées en Algérie.

La caravane s'est grossie des contingents fournis par les populations des ksour et les Trafi; elle se composait alors de près de 10,000 chameaux. La quantité de marchandises qu'elle transportait doit être à peu près exactement en rapport avec l'accroissement des convoyeurs, de même pour le retour. Je ne m'occuperai donc que des Hamyan; il sera facile de faire par comparaison la valeur totale des échanges opérés.

La route suivie par les Hamyan est celle de l'Oued Namous, cours d'eau assez important dans le massif des ksour sous le nom d'Oued Thyout et d'Oued Sellem large thalweg desséché à partir des ksour de Mor'ar. La route, dans cet oued, se prolonge pendant environ 180 kilomètres avant d'atteindre la région des dunes (El Areg), cette seconde partie de la route est de beaucoup la plus difficile, car cette contrée inhospitalière s'étend sur une longueur d'environ 150 kilomètres, avec une largeur égale. Sur toute la ligne suivie par les caravanes s'échelonnent de nombreuses « dayas » (mares) où l'on trouve fréquemment une eau saumâtre qui est d'une grande ressource. Au pied de ces dunes s'étend le Gourara.

L'ensemble de ce pays est une vaste plaine de sable qui s'abaisse vers son centre en un grand marais salin nommé Sebkha du Gourara: le long de ce lac, où les caravanes recueillent de grandes quantités de sel, sont situées les oasis dont la réunion forme le pays de ce nom. Arrivées au ksar des Ouled Aïça, les caravanes se scindent en fractions qui se rendent dans toutes les parties du pays. Les oasis d'El-Heïra ou El-Haïha et Charouïn, situés à l'est de la Sebkha, sont visitées par une partie de ces groupes; la majeure partie va parcourir les riches pays de Timimoun, des Zouas, et pousse jusqu'au Der'amcha; ces points sont rarement dépassés, car la durée du séjour de nos nomades n'est guère que d'une vingtaine de jours.

Les transactions ne se font que par voie d'échange; tous les produits sont échangés contre des dattes et des haïks; le blé se troque contre des dattes de qualité inférieure (*el-atef*) destinées à la nourriture des chameaux pendant leur séjour au Gourara.

La quantité de dattes rapportées par les caravanes s'élève à 2,126 charges, qui, au prix moyen de 27 francs la charge (les prix varient, suivant la qualité, de 10 à 43 francs) fait un chiffre de. . . . . 57,382 fr.

Ces dattes se revendent en Algérie, à raison de 42 francs) prix moyen); soit, pour 2,126 charges. 82,292

Les Hamyan ont donc réalisé un bénéfice de. . . . . 24,910 fr.

Ils ont, en outre, rapporté 344 haïks valant, en

moyenne 37 francs (prix 25, 35 et 50 fr.); soit pour une valeur de 32,628 francs de ces tissus indigènes, quelques marchandises et une certaine quantité de numéraire s'élevant en chiffres ronds à 5,000 francs.

Le temps nécessaire à toutes ces transactions est d'une vingtaine de jours; le trajet demande un laps de temps égal; ce n'est donc guère qu'au bout de deux mois que les Hamyan sont de retour à leur point de départ qui est à environ 450 kilomètres du Gourara.

Dans l'examen de la mercuriale, une chose frappe tout d'abord, c'est la nature exclusivement locale des objets échangés; cela tient à ce que les Hamyan, en véritables nomades, ne cherchent nullement à faire un réel commerce : ils se débarrassent simplement des denrées surabondantes et prennent en remplacement des objets que leur manque d'industrie les oblige de demander en dehors de chez eux, tels que les vêtements ou les objets de consommation que ne fournissent pas les Hauts-Plateaux oranais, les dattes qu'ils trouvent à revendre avantageusement à Tlemcen.

De ce fait il résulte la certitude que si des commerçants européens s'abouchaient avec les caïds des tribus des Trafi et des Hamyan, ceux-ci se chargeraient volontiers de certains produits de l'industrie européenne, lesquels, aujourd'hui, n'arrivent au Gourara que par la voie de Tanger-Fez, et grevés d'énormes frais de transport.

XV

L'industrie.

La genèse de l'industrie algérienne. — Causes qui empêchent la grande industrie. — Les industries actuelles. — L'alfa et le crin végétal. — **La fabrication des parfums.** — L'industrie indigène.

J'ai entendu plusieurs fois exprimer un vif étonnement par les gens qui voyaient l'industrie algérienne si peu développée, du moins en apparence. Il est vrai que dans ce pays on ne rencontre guère les hautes cheminées d'usines et les maisons noires des villes de fabrique, mais l'industrie algérienne n'en est pas moins sortie de l'enfance et affirme chaque jour sa vitalité.

Évidemment il ne faut pas chercher dans la colonie les grandes usines à fer, les vastes manufactures de tissus qui font la fortune des villes ouvrières de la métropole. Mais il n'y a pas lieu de s'étonner de leur absence.

Outre qu'on ne peut pas, du jour au lendemain, implanter de toutes pièces des industries de ce genre dans une colonie nouvelle, il faut bien reconnaître que les débouchés leur feraient défaut. L'Algérie n'est en somme qu'une étroite bande de terre, allongée sur un millier de kilomètres au bord de la mer, à moins de deux jours de Marseille ou de Cette, et ses ports sont plus rapprochés de la métropole qu'ils ne le sont entre eux. On va plus facilement d'Oran ou de Philippeville en France qu'on ne va de Philippeville à Oran; dès lors toute grande industrie algérienne ayant des similaires en France se trouve dans un complet état d'infériorité vis-à-vis les industries françaises.

Les frais de transport interdiraient tout débouché, le manque de main-d'œuvre, l'absence d'ouvriers habiles, les conditions particulières du climat entraveraient dans les premiers temps toute entreprise de ce genre. L'Algérie a donc tout avantage à s'approvisionner en France des produits qui ne se font économiquement que dans les grandes manufactures.

Par contre, un avenir brillant s'annonce pour elle dans l'exploitation des produits de son sol. Sur tous les points du pays, partout où une chute d'eau peut être utilisée, des moulins ont été construits; quelques-uns même sont devenus des usines considérables. Dans certaines régions, principalement autour d'Oran, tous les sommets de coteaux sont couronnés de moulins à vent. En Kabylie, autour de Tlemcen, les moulins à huile sont nombreux et produisent une huile renommée. Mais ce sont là des industries qui répondent aux besoins particuliers du pays, comme les nombreuses manufactures de tabac répandues un peu partout, les poteries, les briqueteries, les plâtreries, les fours à chaux, les fabriques de pâtes alimentaires, etc., et on ne saurait guère les faire entrer en ligne de compte.

Il n'en est pas de même pour les autres industries exploitant les produits du sol et les transformant presque exclusivement pour l'exportation. Au premier rang figure l'alfa dont la cueillette, le transport, la mise en balles pressées, font vivre une population considérable. L'alfa a fait naître une industrie qui semble appelée à un grand avenir, celle de la fabrication des pâtes à papier devenue importante à Oran, à Batna et aux Oulad-Rahmoun, dans la remarquable usine de M. de Montebello.

A côté de l'alfa, le crin végétal tient une grande place. C'est le palmier nain, cette plante tant maudite par les colons à cause de la difficulté qu'elle oppose au défrichement, qui est la base de cette industrie. Les feuilles coupées, sans leurs tiges, sont soumises à un bain de vapeur prolongé, débarrassées de la matière gommeuse qui recouvre leurs fibres, et finalement préparées sous forme de cordes très lâches et très grossières qui viennent ensuite dans nos ateliers de tapissiers où on emploie le crin végétal pour la literie et pour rembourrer les meubles. Les principales usines où se prépare le crin végétal sont à Oran et dans sa banlieue, et aux environs d'Alger, à Crescia, El-Affroun et Saoula.

Le palmier nain, si longtemps décrié, et qui couvre encore des centaines de milliers d'hectares, rend donc de réels services au pays, à tel point que si jadis on aurait volontiers donné des primes à celui qui aurait trouvé un moyen facile et rapide d'extirper le *chamerops humilis*, nous voyons aujourd'hui quelques communes des environs d'Alger promettre des récompenses à qui pourra ramener cette plante sur les terrains peu propres à la culture, d'où une main imprévoyante l'a chassée.

Les papeteries ont même commencé à s'introduire en Algérie, sous la forme modeste de fabriques de papiers de pliage et de carton, aux Hamma et aux Oulad-Rahmoun (département de Constantine). A Akbou, dans la même province, on a même abordé les produits chimiques, il y a là une fabrique de sulfure de carbone. Autour de Bône, de Bougie, de Djidjelli, l'exploitation du liége et les fabriques de bouchons ont pris un grand essor. A Stora, Philippeville, la Calle, Oran, des sardineries, de fabriques de conserves d'anchois et de thons s'accroissent chaque jour dans des proportions considérables. Dans la plupart des villes on trouve des brasseries, des distilleries, des fabriques d'eau de seltz. On trouve en beaucoup d'endroits de belles exploitations de marbres et de mines. Dans la province d'Oran on a capté une source de pétrole qui coule au pied du Dahra, au bord du Chélif, et dont les produits sont traités dans une usine à Saint-Aimé. Il y a d'assez nombreuses tanneries.

Il faut signaler aussi des imprimeries considérables à Alger, Blidah, Oran et Constantine. Du reste on trouve des typographies dans toutes les villes, et des journaux partout où il y a des imprimeries.

Il est une autre industrie algérienne qui pourra avec le temps atteindre un grand développement, c'est celle de la fabrication des parfums et la culture des plantes aromatiques. Boufarik, Alger, Staouéli et Chéraga dans la province d'Alger, Mostaganem dans la province d'Oran, sont à la tête de cette production dont on pourra apprécier l'importance quand on saura que cinq cents hectares sont couverts de géraniums rosats, dont la feuille sert exclusivement à fabriquer une eau de rose très appréciée.

Enfin la pêche du corail est une industrie très importante dont le siège principal est à la Calle. On estime son revenu brut à près de trois millions.

Il me reste à dire un mot de l'industrie indigène. Cette industrie, très rudimentaire, paraît avoir perdu de son importance depuis notre arrivée. Nos manufactures françaises fournissent à bas prix aux indigènes beaucoup d'objets qu'ils fabriquaient jadis eux-mêmes.

Cependant, en Kabylie on se livre encore activement au travail des métaux. Dans toutes les villes indigènes les tisserands fabriquent des burnous, des haïks, des étoffes grossières pour faire des *zeroual* (pantalons). Tlemcen est le centre d'une fabrication immense de *belgra*, sorte de babouches jaunes qui se vendent en grandes quantités au Maroc, en Algérie et dans le Sahara. Les tribus des zones à alfa produisent des nattes. Les couvertures, la sellerie, la maroquinerie emploient beaucoup de bras, mais, en somme, l'industrie française vient aujourd'hui lutter sur ce terrain et la plupart des burnous que les touristes achètent dans les bazars d'Alger, viennent en droite ligne de Lyon ou de Tarare. Il n'y a que la foi qui sauve.

En résumé, l'industrie algérienne est déjà douée d'une forte vitalité, et un vaste champ est ouvert dans ce pays aux capitaux de la Métropole.

XVI

Le transsaharien.

Le projet de M. Duponchel. — Il est inexécutable comme il le comprend. — Le tracé par l'ouest. — Les oasis marocaines. — Le Maroc et le transsaharien.

C'est vers 1875 que M. Duponchel a commencé à mettre en circulation le projet de chemin de fer qui, depuis longtemps, soulève dans la presse spéciale de si ardentes polémiques.

M. Duponchel avait alors son siège fait. Il voulait aller au Soudan par Biskra et Touggourt, puis par Alger et Laghouat, routes impraticables s'il en fut jamais. La preuve lui en a été fournie maintes fois, mais il tient à son idée si peu justifiée soit-elle. C'est malgré lui qu'on est arrivé à reconnaître que le seul tracé possible au point de vue des facilités de l'exécution, de la longueur du trajet, et du trafic doit passer sur la frontière occidentale de l'Algérie.

Dès que M. Duponchel eut lancé son projet, ces graves défauts étaient mis en lumière. « Pour quiconque n'est pas prévenu en faveur de l'une ou de l'autre partie de la colonie, écrivais-je à ce sujet à l'*Echo d'Oran* au mois de septembre 1875, il est une chose qui frappe les yeux au seul examen d'une carte. La ligne directe de l'Algérie et de l'Europe à Tombouctou est celle qui, partant d'Oran, passerait par Tlemcen et El-Aricha, et, pénétrant dans la partie du Maroc qui appartient physiquement à l'Algérie, c'est-à-dire, le pays de la rive gauche de l'oued Guir, toucherait les ksour oranais pour suivre l'oued en-Namous et l'oued Guir, traverserait les populeuses oasis du Touat et du Tidikelt et se dirigerait sur Tombouctou en empruntant le tracé de M. Duponchel (oued Miah).

« Ce tracé, qui abrégerait le trajet d'au moins 500 kilomètres, offre les avantages suivants :

« 1° Économie de temps entre Paris et l'Algérie. Paris n'étant plus qu'à quelques heures d'Oran par les railways espagnols, et le bras de mer qui sépare cette dernière ville de Carthagène pouvant être rapidement franchi.

« 2° Route pourvue d'eau à travers presque tout le pays entre Oran et In-Salah.

« 3° Notre influence pénétrant à travers toute la partie du Maroc traversée par la voie ferrée, depuis Figuig jusqu'au Hoggar, ce qui serait le meilleur moyen d'obtenir les limites assignées à l'Algérie par la nature, c'est-à-dire la Malouïa et l'oued Guir.

« Le premier tronçon du chemin à exécuter serait celui qui, d'Oran, atteindrait la frontière marocaine. Il ne saurait être question, dans une pareille entreprise, de chercher des économies et de viser à un bon marché ridicule. Il faut une ligne à deux voies sur tout le parcours, allant directement au but que l'on veut atteindre. Ce tronçon est indiqué par deux points extrêmes : Oran et El-Aricha, et un point intermédiaire : Tlemcen.

« Le trafic de la ligne serait important, on n'en saurait douter ; les laines, les alfas et les bestiaux offriraient déjà des ressources suffisantes à une voie ferrée qui n'aurait pas d'autre objectif. A ces principaux articles de transport pourraient se joindre les produits des forêts du massif tlemcénien (thuyas et liéges) les marbres d'Aïn-Tekbalet, une partie des minerais de fer du bassin du Rio Salado, et enfin les minerais de cuivre et de plomb argentifère qui affleurent partout dans la région montagneuse des Beni-Snouss, et que de nouvelles recherches ne peuvent que faire connaître en plus grandes quantités.

« A partir d'El-Aricha, qui serait pour les Hauts-Plateaux un point de transit très important, le chemin de fer pourrait, ou passer par les ksour, ou suivre l'oued M'ta el Baadj jusqu'au milieu de son cours, pour se diriger sur l'oued En-Namous qu'elle longerait quelque temps, et atteindre l'oued Guir à une centaine de kilomètres de sa source. On connaît l'abondance remarquable de ce fleuve saharien; il porte loin dans le sud ses eaux fertilisantes. A partir de ce point on entrerait dans les grandes oasis marocaines dont on n'ignore pas la richesse et la fertilité.

« Un homme qui a magnifiquement parlé du Sahara, M. le capitaine de Colomb (aujourd'hui général de division), a ainsi décrit, dans un livre que j'ai sous les yeux, l'aspect général de la région où s'enfoncerait la voie ferrée [1].

« *L'oued Messaoura* tourne la digue [2] et sa vallée,
« parsemée depuis *Figuig* jusqu'à *El-Guessabi*, de fraî-
« ches oasis, et s'enfonce parallèlement à celle de
« *Touat*, dans les plaines crayeuses de Tanzerouft.

« Au sud, à quelques lieues au-delà des dernières
« dunes, commence, à *Sidi-Mansour*, cette admirable
« forêt de palmiers qui couvre de son ombre une vallée
« longue de *cent lieues* et qui nourrit de ses dattes la
« population de près de *trois cents villages*.

« Le *Gourara, Tabelkouza, Teganet, Charouïn,*
« *Talmin, Tsabit, Timmi, Tamest, Ouoguerout, Touat,*
« *Tidikelt,* îles de verdure au milieu d'un océan de feu,
« *splendide trait d'union tiré par la Providence entre les*
« *peuples inquiets et chercheurs du Nord et les noirs en-*

---

[1] *Exploration des Ksour et du Sahara de la province d'Oran.* — Alger, Dubois frères, 1857.
[2] Bande de dunes ou *aregs*.

« *fants des riches contrées du Soudan qu'il lui a plu de
« couvrir si longtemps du voile de l'inconnu.* »

« Ce que M. de Colomb paraissait prévoir en parlant de ce *trait d'union* entre nous et les Soudaniens peut devenir une réalité; il indique la voie : cette longue rivière de palmiers, pour me servir d'une expression pittoresque, est le chemin que doit suivre toute voie ferrée se dirigeant de la Méditerranée au Niger, car elle permet d'atteindre l'extrémité occidentale du Hoggar à travers un pays riche, fertile et industrieux. De cette chaîne centrale, véritable épine dorsale du Sahara, on est assez proche de Tombouctou pour que les difficultés qui restent à vaincre soient relativement peu de chose. Le trajet entre le Hoggar et Tombouctou ne peut-il, du reste, rencontrer des conditions favorables? Une ligne d'oasis existe peut-être au point où la chaîne se termine et où passe le tracé ; en tous cas, si l'eau manquait on pourrait la conduire du Niger par un canal qui donnerait une nouvelle vie à cette région.

« Selon le tracé fourni par M. Duponchel, au contraire, les eaux sont rares, sinon absentes, depuis *Touggourt* jusqu'à In-Salah, et, en arrivant dans cette dernière oasis, les difficultés seraient les mêmes que pour la ligne du Touat, puisque de ce point la direction suivie serait la même.

« En traversant le Djebel-Hoggar à son centre pour

atteindre le coude de Bouroum, il n'y a, par contre, aucune ressource pour l'alimentation en eau, et le projet de conduites en fonte se présente seul à l'esprit avec tout son gigantesque et peut-être son inefficacité.

« Il y a, dira-t-on, des raisons fort probantes en faveur de l'existence de peuplades commerçantes dans les solitudes du djebel Hoggar ; soit, mais où sont-elles ? Est-ce à l'est, à l'ouest ou au centre ? M. Duponchel l'ignore et beaucoup d'autres comme lui. Ce n'est pas en faisant un chemin de fer droit devant soi, comme la charrue dessine un sillon sur le sol, qu'on les découvrira et qu'on les traversera ; la charrue se dirige sur un terrain connu, mais un tel chemin de fer se prolongerait à l'aventure, à travers des solitudes que nul européen n'a encore explorées, où le désert avec tout son mystère et ses épouvantes ne s'est pas encore laissé arracher un seul de ses secrets.

« On veut traverser le Hoggar ! Mais la constitution géologique en est moins bien connue, qu'on ne l'oublie pas, que celle des montagnes de la lune que les astronomes nous ont dépeintes sous tous leurs aspects. A travers ce mystérieux Djebel il faudra peut-être percer des tunnels coûteux, non tant par l'argent que leur construction engloutirait que par le temps passé à les creuser. N'oublions pas dans une pareille question le fameux proverbe anglais : *Time is money*.

« On m'opposera peut-être que le fameux *rail-road*

du Pacifique n'a pas de tunnels et qu'il traverse des régions affreusement désertes, que les Montagnes-Rocheuses ont leur ligne de faîte plus élevée que celle du Hoggar ; soit, mais la pente a été assez douce pour permettre des rampes d'un accès relativement faciles. A qui connaît ces squelettes qu'on nomme les montagnes sahariennes, il est permis de penser que les pentes de cette chaîne inconnue ne se prêteront peut-être pas à tous les caprices des ingénieurs. »

Depuis que ces lignes ont été publiées, après avoir beaucoup écrit, beaucoup discuté sur le Transsaharien, on en est revenu à ce tracé de l'ouest ; c'est celui qui, aujourd'hui, semble avoir toute les chances d'être adopté. Une seule objection subsiste encore : l'opposition possible du Maroc.

Le Maroc, géographiquement, est la vaste région, comprise entre l'Océan, la Méditerranée, l'Algérie et le Sahara central.

Politiquement, il comprend un certain nombre de provinces ou *amalats*, gouvernées par des chefs nommés *amels*, dont l'autorité est d'autant plus grande que leur amalat est plus rapproché de la capitale de l'empire.

Cette décroissance « concentrique » de l'autorité èst telle que l'amel d'Oujda, notre voisin, en dehors de la ville chef-lieu de sa circonscription, n'a qu'une autorité absolument nominale et qui se résume en ceci :

Recevoir l'impôt de ses administrés, quand il a avec lui des forces suffisantes pour l'exiger.

A partir de certaines limites, plus d'amels. L'autotorité du souverain n'est que nominale. Au delà des Hauts-Plateaux on ne paie l'impôt que sous forme d'offrande, et encore, pour l'obtenir, le souverain doit-il souvent se mettre en personne à la tête d'une armée. Certains massifs montagneux du Tell marocain, le pays des Beni Snassen et le Riff, pour ne citer que ceux-là, situés cependant en plein Maroc méditerranéen, jouissent d'une sorte d'indépendance qui n'a de borne que le bon vouloir de leurs habitants.

La limite extrême de l'autorité du Chérif peut être indiquée du point où, de fictive déjà, elle devient conventionnelle, vers la ligne des Chotts. Au delà, on se trouve en présence de communautés sans lien entre elles, qui sont comme un chaînon de petites républiques théocratiques dont le fanatisme religieux se trouve contrebalancé par l'instinct commercial des indigènes; résultat logique de l'organisation sociale et de la climatologie du pays qui rendent les habitants de ces régions tributaires de l'étranger pour une foule de produits de première nécessité.

Des ksour de Figuig à In-Salah, et aux extrêmes limites du Touat, la situation est la même, et là on peut dire qu'on s'inquiète du gouvernement marocain comme chez nous du grand Turc. Un chemin de fer traversant ces régions ne touche donc guère la cour de Fez; et, d'ailleurs, pour répondre catégoriquement à M. Duponchel, s'il est si convaincu que le Maroc doit prendre ombrage de la création d'un chemin de fer, pourquoi a-t-il fait lui-même son tracé sur ces pays qu'il prétend être sous la dépendance du Chérif? Car à hauteur de Tabelkouza, la plus septentrionale des oasis du Gourara où il passe, on entre dans ces fameux pays marocains!

XV

La frontière marocaine.

Le traité de 1845. — Le tracé de la frontière. — Les limites historiques. — Comment a été conçue la délimitation actuelle. — La population de la rive droite de la Malouïa. — La Malouïa frontière naturelle. — Le Maroc.

Il est beaucoup question du Maroc et de l'empire marocain depuis quelque temps au sujet du Figuig[1]. Quelle est la valeur de la délimitation fixée par le traité de 1845 ? C'est une question toute d'actualité.

Ce traité de 1845, qui délimite la frontière entre le Maroc et notre colonie, fut une véritable faute. Nous avions le droit à cette époque, après l'éclatant succès d'Isly, d'imposer des conditions. Nous pouvions oc-

[1] Les Arabes disent : *Blad Figuig*, c'est-à-dire pays de Figuig. En effet, il y a une dizaine de ksour dans cette oasis. Ils sont partagés en trois groupes. Les journaux qui parlent du ksar de Figuig se trompent donc ; il n'y a pas de village portant ce nom, qu'il faut réserver pour l'ensemble du pays.

cuper alors le pays des Beni Snassen et celui des Angad. Le seul tracé indiqué pour la frontière était la Malouïa jusqu'à l'oued Za, et, à la formation de ce dernier cours d'eau, le cours de l'oued Mta el Baadj, jusqu'à Kreneg el Adda ; là, la frontière se serait dirigée, par l'isthme qui coupe le chott el R'arbi, et selon son tracé actuel, jusqu'au djebel el Guettar ; elle aurait longé ensuite la chaîne du djebel Rekem el Hallouf jusqu'au Teniet El Ksob pour descendre au sud, par les crêtes qui séparent le bassin de l'oued Saoura de celui de l'oued Guir, et qui, sur les cartes, portent successivement les noms de djebel Khialète, djebel el Meleh et djebel Anter. La frontière aurait alors rejoint l'oued bou Khaïs au confluent de l'oued Guir, point le plus méridional où pouvait s'arrêter notre domination.

Nous eussions ainsi soumis plus sûrement à notre autorité le ksar d'Yiche qui nous a échappé, et englobé dans nos possessions le pays de Figuig, les Doui Menia et les Oulad Djerir. Cela était facile, mais on s'est empressé de tracer des limites parfaitement contestables et dérisoires. L'oued Kiss, seul point bien délimité, est un ruisseau sans importance qui ne peut, en aucune façon, aider à la défense du pays. Nous allons examiner cette frontière en détail.

Au fond de la baie d'Adjeroud se jette un torrent connu sous le nom d'oued Kiss, l'embouchure de ce ruisseau est à 15 kilomètres seulement de celle de la

Malouïa. Pendant près de vingt kilomètres, il forme la frontière, à partir du point où il prend naissance, par la jonction d'un ravin qui sort du Draa ed Doum, de l'Aïn Ar'bal qui vient des Beni Drar (Beni Snassen), et de l'oued el Malah, ruisseau qui commence chez notre tribu des Achache et traverse le pays des Msirda. Ce lieu se nomme Ras el Aïoun (la tête des sources).

La rive droite du Kiss est bordée de coteaux peu élevés; la rive gauche est séparée de la vaste plaine de Trifa par un bourrelet de hauteurs de peu d'importance. De Ras El Aïoun, la frontière suit la droite du ravin de ce nom en occupant la crête de hauteurs qui ont environ 500 mètres d'altitude absolue. A Draa ed Doum (plateau des palmiers nains), elle occupe pendant près de trois kilomètres la ligne de partage des eaux entre l'oued Malah et un petit affluent de la Mouïlah.

A partir de là le tracé est de pure fantaisie, c'est une ligne droite qui se dirige vers le sud-est jusqu'à Kerkour Sidi Hamza (colline pierreuse), en traversant successivement l'oued Mouïlah et l'oued bou Naïm (Isly), à trois mille mètres de Ras Mouïlah, où ces deux rivières se réunissent. Inclinant légèrement à droite, la frontière traverse l'oued bou Chettout, pour se diriger sur le coteau de Toumiat, en suivant, à un kilomètre de distance, la rive gauche de l'oued bou Erda. Si on examine la carte gravée en 1845, on se demandera vainement les raisons qui ont dicté le choix de cette limite toute de convention.

De Kerkour Sidi Hamza à Toumiat, il y a environ 14 kilomètres. A partir de Toumiat la frontière coupe, pendant 6 à 7 kilomètres, les dernières ondulations de la chaîne de hauteurs projetée entre l'oued Zouïa (partie supérieure de l'oued bou Erda) et l'oued Rouban, puis remonte ce dernier cours d'eau jusqu'au djebel Toumzaït (Ras Asfour, le cap des Oiseaux); elle suit alors exactement jusqu'à Mechamich la crête des hauteurs qui séparent les Angad des Beni Snouss. De Mechamich jusqu'à Teniet Saci, c'est une ligne brisée dont les sommets des angles sont Sidi Aïssa, Coudiat el Debagr et R'eneg Adda; là, on s'est fort peu occupé des thalwegs ou des lignes de faîte ; on a tiré des lignes droites qui coupent les vallées, les ravins et les croupes avec une admirable désinvolture.

De Teniet Saci, la frontière suit encore cette direction jusqu'à R'eneg el Adda sur l'oued Mta el Baadj, non loin du Ras el Aïn des Beni-Matar, point stratégique très important situé sur la marge des Hauts-Plateaux, à la réunion de l'oued Charef, rivière marocaine, et de l'oued Mta el Baadj dont le thalweg sillonne le plateau d'El Aricha. Ces deux rivières forment, après leur jonction, l'oued Za, principal affluent de la Malouïa ; de ce point, on commande trois longues vallées d'une grande importance.

Au lieu de comprendre dans le territoire algérien Yiche, le Figuig, etc., la frontière dessine ensuite un arc de cercle pour aller rejoindre l'oued bou Sem-r'oun et suivre, jusqu'au 32° parallèle, l'oued Benout, appelé ensuite oued Krebig, puis oued Foumm el Erg.

Telle est la démarcation dont nous nous sommes contentés après Isly, lorsqu'il n'y avait qu'à étudier la question dans l'histoire du pays pour la résoudre autrement. En effet, depuis les temps les plus reculés, la Malouïa a servi de frontière.

Cette partie de l'Afrique était, sous la domination romaine, appelée *Mauritanie* et se divisait en deux grandes provinces ; la *Mauritanie Tingitane* qui avait *Tingis* (Tanger) pour capitale, et la *Mauritanie césa-sarienne* dont le chef-lieu était *Césarée* ou *Julia Cæsarea* (Cherchell). Ces divisions correspondent exactement : la première au royaume de Fez et de Maroc tels qu'ils étaient constitués au moyen âge, la seconde au royaume de Tlemcen.

D'après Ptolémée, la limite entre les deux provinces de l'Afrique romaine était la Malouïa. Cette rivière était connue alors sous le nom de *Malva*, les Berbères l'appelaient *Malucha*, et les voyageurs grecs *Malocah*. Toutes ces appellations, qui ont entre elles une grande consonnance, indiquent à n'en pas douter la Malouïa ou Moulouïa de nos jours.

Comme l'occupation romaine ne s'est jamais bien

étendue au sud, la Malouïa ne dut être considérée comme limite entre les deux provinces que jusqu'à l'oued Za, dont le nom latin n'est même pas parvenu jusqu'à nous. Les postes romains les plus méridionaux dans la Mauritanie césarienne furent Sebdou (*Atou ?*) Tefessera (*Villa ?*), Sour (*Marnia*) et Galapha, aujourd'hui Tabrida, sur la Malouïa.

Sur la côte, et à égale distance de l'embouchure du fleuve, s'élevaient deux villes importantes : *Siga*, qui fut la capitale du pays et dont les ruines cachées dans les lauriers roses de la Tafna, gisent sous le nom de Takembrit, à 6 kilomètres de Rachgoun, et *Rusadir*, qui est aujourd'hui la colonie espagnole de Melilla.

Quand les Vandales eurent effacé du sol jusqu'aux vestiges des florissantes cités romaines, et que le drapeau de Mahomet eut à son tour chassé les derniers conquérants, il se forma, des débris de ces empires, un nouveau colosse, le Calife. Celui-ci écroulé, naquirent les royaumes de Fez, de Maroc et de Tlemcen.

Léon l'Africain, le premier voyageur qui ait écrit avec autorité sur cette contrée, disait au XIIe siècle : « Le royaume de Tlemcen de la partie du Ponant (ouest) se termine à la Malouïa et au fleuve Za. » Un autre auteur, Marmol, écrivant un ouvrage que l'on peut encore consulter avec fruit de nos jours, donnait comme limite aux deux pays, au sud, une rivière qu'il appelle Ziz et qu'il dit naître dans le pays des Zénègues. Cette description paraît s'appliquer exactement au grand oued du Tafilalet qui prend sa source au pays des Aït Asdeg, nom qui a pu créer celui de Zénègues, chez un auteur qui a fait *Marsa-Qui-Vir* de *Mers el Kebir*. Selon Marmol, cette rivière se termine dans un grand lac, probablement une sebkha non signalée aujourd'hui, car ce pays est bien moins connu qu'au moyen âge. Un ksar nommé Ziz est situé sur un affluent du Tafilala qui porte le même nom. Le reste de la frontière était formé par la *Muluye*; incontestablement la Malouïa, bien que l'auteur, dans sa description, la fasse se jeter dans la mer près d'*One* (Onéin), ville aujourd'hui ruinée qui gît entre Nemours (Djemaa R'azaouat, et Rachgoun (Harschgol).

Comme on le voit, la frontière à cette époque était plus reculée encore que je ne le propose, puisqu'au lieu de s'arrêter à l'Oued Guir, parfaitement reconnaissable chez notre auteur sous le nom de *Ghirus*, elle s'étendait jusqu'au Tafilalet, laissant cependant en dehors de l'action directe du souverain de Tlemcen les grands oasis du Touat.

Ce ne sont pas là des assertions hasardées; une carte publiée en 1667 et qui fait partie de la traduction de Marmol, par d'Ablancourt, donne, sous des noms bizarres, l'emplacement des oasis. Il est facile de reconnaître dans *Tegorarin*, le Gourara, Tsabit dans *Tesébit*, le Touat dans *Tuat*, etc.; le Figuig, bien que placé trop au sud-ouest, est Feghiga, dénomination suivie de « *Castra 3* » c'est-à-dire les trois châteaux de Figuig auxquels se rapportent les principaux ksour ou groupes de ksour existant sur ce point.

Je laisse du reste ici la parole à l'écrivain espagnol :

« Le royaume de Tlemcen est le troisième de la Barbarie, nommée par les anciens la Mauritanie césarienne. Il a, au couchant, le royaume de Fez dont il est séparé par deux rivières, l'une que l'on appelle Ziz et qui naît des montagnes des Zénègues, et passant par la ville de Garcyluin (Guers?) et par les états de Quinessa, de Metagara (*Médakra*), et de Reteb, se va rendre à Sulgumesse (*dans le Tafilalet?*) et, de là, dans les déserts où elle se convertit en un lac. L'autre rivière est nommée Muluye, elle descend du grand Atlas, et, courant vers le septentrion, se va rendre dans la Méditerranée près de la ville d'One. Ce royaume a (*pour limites*) au levant..... etc.

« Au midi, il a le désert de la Numidie (Sahara), au quartier des Maurabitains. (Mzabites.) »

Comme on le voit, au temps où écrivait Marmol (vers 1550), la frontière n'était autre que la Malouïa; depuis lors elle a subi quelques vicissitudes sans que le territoire se soit bien longtemps étendu sur la rive droite de ce fleuve. Il a fallu la défaite subie par le Chérif à Isly pour lui donner quelque autorité sur ce pays, autorité bien fictive, nous le voyons chaque jour, mais qui cependant existe en principe.

Sous les rois de Tlemcen, les changements de frontière eurent lieu suivant le résultat des luttes entre les deux pays; mais, chose à remarquer, chaque fois que la frontière fut ramenée à la Tafna, les peuplades situées entre ce fleuve et la Malouïa vécurent à peu près indépendantes; jamais le Maroc ne put avoir une autorité entière sur les populations de ce pays. Aujourd'hui, après des siècles de combats incessants, la situation en est encore au même point. Mais, presque toujours, le pays des Beni-Snassen fut considéré comme relevant de Tlemcen. Après la chute des sultans de cette ville, les deys d'Alger, qui s'étaient substitués à eux, se regardèrent comme les possesseurs du pays. En 1553, le pacha d'Alger, Salah Reïs, voulant punir les incursions des Marocains sur la rive droite de la Malouïa, les attaquait, remportait sur eux deux victoires et entrait dans Fez. Le pacha Ben Chaban punissait également le Maroc de nouvelles violations de territoire, et battait complètement Moulaÿ Ismaël sous les murs de Fez. En 1701, le souverain marocain ayant cru l'heure propice pour prendre sa revanche, s'avança jusqu'auprès d'Alger; il fut battu, et son cheval fut envoyé par le dey en présent à Louis XIV. A la suite de cette affaire qui eut lieu sur l'Oued Djer, Moulaÿ Ismaël s'enfuyait presque seul dans son empire, et le vainqueur lui imposait un traité qui limitait définitivement les deux contrées par la Malouïa.

Jusqu'au malencontreux traité de 1845, celui de 1701 fit seul autorité.

Je ne referai pas ici l'histoire des pays situés entre la Malouïa et le Tafna pendant le XVIIIe siècle ; on trouvera dans les nombreux ouvrages publiés sur l'Algérie le récit des luttes incessantes et sans intérêt qui eurent lieu entre les Marocains et les Turcs de Tlemcen.

Ces derniers, affaiblis par leur éloignement d'Alger, abandonnèrent peu à peu le terrain. Les Marocains occupèrent Oudjda, mais toutes les tribus situées sur le territoire contesté vécurent indépendantes, et l'on finit par considérer le pays comme appartenant aux deux nations. Le Kiss, point le plus éloigné où s'aventurassent les troupes des Turcs et des Marocains, fut regardé comme la frontière commune, premier avantage remporté par la politique marocaine.

Après la prise d'Alger en 1830, la province d'Oran, commandée par le bey Hassan, homme vieux et peu énergique, fut dans une complète désorganisation. Les populations, affolées par les succès des Chrétiens, cherchèrent à s'abriter sous un pouvoir fort et puissant. Le chancelant empire des Chérifs avait conservé son prestige aux yeux des Musulmans ; pour eux le sultan était toujours le vainqueur d'Alcazar : ce fut vers la cour de Fez qu'ils jetèrent leurs regards. L'empereur du Maroc, averti des dispositions des tribus kabyles et arabes, occupa temporairement Tlemcen. Malgré les représentations de la France, il réunit tout le bassin de la Tafna à son empire, mais il dut se borner à y exercer une autorité purement nominale, et, en 1836, il ne put s'opposer à l'occupation du Méchouar (citadelle de Tlemcen) par Clauzel. Le cabinet de Fez eut alors recours à la ruse pour obtenir au moins une partie du pays; il éleva bien haut des prétentions sur la Tafna, espérant que la France, pour assurer sa tranquilité, trancherait la question en partageant en deux parties le territoire qu'il convoitait; nous tombâmes dans le piège. En 1845, les signataires français du traité crurent faire une acquisition magnifique pour la France, alors qu'en réalité nous abandonnions la partie la plus riche et la plus populeuse de toute la région.

De tout ceci il découle qu'après les victoires remportées par Bugeaud et le prince de Joinville, nous avons signé un acte qu'une défaite n'eut pas rendu moins avantageux.

Les populations que nous avons abandonnées au Maroc sont-elles du moins séparées des nôtres par des habitudes et des mœurs bien tranchées ?

Non. Entre la Tafna et la Malouïa, tout le long de

la côte, et dans la chaîne de montagnes qui la borde, habitent des tribus kabyles appartenant à deux groupes principaux : Les Trara et les Beni Snassen. Les premiers sont divisés en plusieurs fractions composant presque toute la commune mixte de Nédroma. Les seconds sont également partagés en plusieurs tribus ; deux d'entre elles, les Athia et les Beni-Mengouch, *sont établis sur le territoire algérien et reconnaissent l'autorité française.*

Entre la chaîne côtière et la ligne de partage des eaux maritimes et sahariennes habitent différentes tribus arabes désignées sous le nom générique d'Angad. En Algérie, se sont les Oulad Riah, les Doui Yahia, les Djouidat, les Maaziz, etc. Dans l'amalat d'Oudjda : les Zekkara, les Oulad Ahmed ben Brahim, les Mezaouir, les Beni bou Zeggou, etc., etc. Toutes ces populations unies entre elles par des liens de consanguinité sont ainsi séparées par une limite fictive qui n'a, en aucune façon, annihilé les points de contact. De là, entre ces tribus, de grandes affinités et une remarquable conformité de mœurs qui ne permettent pas de donner la moindre valeur au tracé de la frontière.

Donc : au point de vue des *races* la frontière est erronée, au point de vue de l'*histoire* elle est fausse, au point de vue *géographique* elle n'a aucune valeur.

Cette dernière assertion est confirmée par l'examen

du pays contesté : sur la rive gauche de la Tafna s'élève un massif montagneux fort confus d'aspect, mais présentant cependant une chaîne partagée en trois rameaux différents : le premier, qui commence à Rachgoun, ne se compose d'abord que de plateaux tourmentés auxquels les Indigènes donnent le nom de « Drah »; ces plateaux entourent une montagne assez élevée, facile à reconnaître de Tlemcen, nommée Sidi Sfyian, à laquelle se rattache le Djebel Tadjera (montagne carrée). Après ces deux grandes intumescences du sol, la chaîne se change en collines dont l'ensemble se nomme Dard et Diss. Elle se redresse ensuite en un rameau plus élevé et plus régulier; c'est celui du Djebel Filhaousen qui se termine au Djebel Gaïs et se continue par des montagnes plus basses jusqu'à Draa ed Doum. A partir de ce point la chaîne se relève de nouveau et forme les montagnes des Beni Snassen, lesquelles viennent mourir à Sidi bou Beker au bord de la Malouïa. La chaîne va donc de la Tafna à la Malouïa.

Au nord de ce dernier rameau s'étend jusqu'à la mer la vaste et riche plaine de Trifa habitée par les Oulad Mansour, peuplade à laquelle appartiennent nos Athia de la rive droite du Kiss. Au sud s'étend, dans le bassin de la Tafna, la plaine d'Angad, que certains géographes qualifient de *Désert*, et dans laquelle au milieu d'une forêt d'oliviers, s'étend la ville d'Oudjda peuplée d'environ 8,000 âmes. Sur le versant de la Malouïa s'étend la plaine de Sejaah qui se continue sur les deux rives du fleuve et dont le centre est à peu près indiqué par l'embouchure de l'oued Za.

Enfin, au pied du djebel Toumzaït, dernière cime de la chaîne des Beni Snouss, à Ras Asfour, commence, au col de Sidi Djabeur, une chaîne qui, courant tout le long de la rive droite de l'oued Za, se relève à partir de la Kasbah de Muley Ismaël jusqu'au nord d'Oudjda, laissant au centre du massif la large vallée de l'Isly, laquelle forme le territoire des Zekkara, des Mehaya et des Beni Bou Zeggou (Angad marocains). L'oued Za sépare cette chaîne d'un autre rameau qui aboutit sur la Malouïa à Guersif.

Comme on le voit et comme l'a déjà montré l'étude topographique de la frontière, il n'y a aucune limite naturelle dans le pays ; toute la contrée située entre la Malouïa et la Tafna appartient au même système orographique et hydrographique, de même que sous le rapport ethnographique, les deux races qui l'habitent sont scindées chacune en deux fractions : l'une algérienne, l'autre marocaine.

Au contraire, sur la rive gauche de la Malouïa s'étendent des contrées fort différentes quant à leur aspect physique, et habitées par des populations qui n'ont pas la même origine que celles de l'amalat d'Oudjda et de la subdivision de Tlemcen. Les mœurs des Riffains, par exemple, sont fort différentes de celles des Beni Snassen. Les puissantes tribus du Souss, de Fez et de Maroc ne ressemblent en rien aux nôtres. Elles n'ont que de faibles rapports avec les Angad qui, par contre, fréquentent assidûment nos marchés.

La tranquillité est-elle possible sur la frontière de l'ouest dans son état actuel ? A cela on peut répondre hardiment par la négative. Depuis le traité de 1845, il ne s'est pas, pour ainsi dire, passé d'année où le territoire algérien n'ait été violé à différentes reprises. En 1859 une expédition fut jugée nécessaire, et le général de Martimprey, alors gouverneur général, fut chargé du commandement. Il fallut une campagne en règle, laquelle se termina par la défaite complète des Beni Snassen.

On pourrait croire que ce châtiment infligé à nos turbulents voisins a mis un terme à leurs incursions; il n'en est rien, il ne se passe presque pas de mois où quelque violation de territoire ne se produise. Les troubles de l'amalat d'Oudjda donnent lieu à de fréquentes luttes entre les Angad et les Beni Snassen; le voisinage de la frontière offre un abri aux plus faibles des goums engagés et les assaillants se précipitent derrière eux sur le territoire algérien pour y continuer la poursuite. Ces faits que nous ne saurions supporter en France sont ici impossibles à empêcher par suite de l'absence d'un pouvoir fort dans le Maroc, et de l'indépendance presque absolue dans laquelle vivent les tribus voisines de la frontière. Il n'en saurait être autrement dans un pays musulman. L'islanisme est entré dans une telle période de décrépitude et d'affaissement que tous les efforts de la civilisation moderne ne pourront le relever. Le nom seul de cette religion est aujourd'hui l'antithèse de la civilisation. L'unique chance de régénération chez les populations musulmanes est dans leur mise en tutelle sous un pouvoir européen.

Le Maroc n'a jamais fait la moindre concession au progrès. Tandis que peu à peu les idées du siècle pénètrent dans les pays moribonds de l'Orient, l'empire de Fez se renferme chaque jour dans ses idées d'un autre âge et dans un fanatisme inconscient de ses fautes. L'heure est proche où ce dernier débris de l'empire des Califes s'écroulera; peut-être alors verrons-nous l'Angleterre, l'Espagne et l'Allemagne se ruer à la curée, tandis que nous, qui avons arrosé ce pays de notre sang, nous assisterons l'arme au bras à l'établissement d'une nation européenne sur une frontière aujourd'hui trop faible pour nous protéger contre une poignée de bandits. Alors sans doute nous regretterons de n'avoir pas pris la Malouïa en 1845, nous regretterons le sang inutilement versé en 1859, nous regretterons d'avoir laissé s'établir, à trois lieues du Kiss, les citadelles espagnoles des îles Zaffarines.

Pour l'avenir et la sécurité de l'Algérie, il importe que dans un court délai la question de délimitation soit vidée. Le jour où nous serons abrités derrière le fossé profond de la Malouïa, nous pourrons canaliser ce fleuve et poursuivre la construction de nos voies ferrées jusqu'auprès de Thaza, c'est-à-dire au cœur de l'Atlantide. Par l'occupation de Figuig nous serons au point de ralliement des caravanes et nous possèderons le premier jalon du chemin de fer transsaharien. Cette occupation de la rive droite de la Malouïa ne saurait être considérée comme une question de temps; si nous tardons, une autre nation s'emparera du Maroc et nous resterons en face d'un adversaire plus sérieux que le fantôme d'empereur qui règne à Fez.

En résumé :

La France a été trompée quant à ses droits sur le pays des Angad et des Beni Snassen. La véritable limite de l'Algérie occidentale est la Malouïa au nord, l'oued Guir ou l'oued Ziz ou sud.

Le Maroc est complètement incapable de tenir dans l'obéissance les Beni Snassen, race remuante et félonne que nous pouvons faire plier comme ont plié les Kabyles de l'Est, l'expérience nous l'a prouvé. Les haines séculaires qui les séparent des tribus du Sud de l'amalat d'Oudja peuvent cesser sous un pouvoir fort et résolu comme le serait celui de la France, elles ne peuvent que s'éterniser sous une domination byzantine comme celle de la cour de Fez. Celle-ci ne s'appuie que sur ces mêmes haines, sachant que le jour où elles cesseraient, une coalition des tribus emporterait dans une révolte tout le méprisable édifice du gouvernement marocain.

Au point de vue des difficultés internationales, il n'y a pas de craintes à éprouver. La portion de littoral à occuper ne serait que de quinze kilomètres. Les territoires intérieurs sont fort vastes, il est vrai, mais le Maroc n'a sur ces contrées qu'une autorité illusoire et la nôtre y serait vite reconnue.

Jusqu'à l'Oued Za, la Malouïa peut être rendue navigable pour de forts bateaux, nous ouvririons donc au commerce de riches contrées aujourd'hui abandonnées, et le réseau des chemins de fer algériens s'étendrait de ce côté jusqu'à Guersif, c'est-à-dire à moins de cinquante lieues de Fez. Notre commerce tirerait un énorme accroissement de cette rectification de limites; par là nous sommes maîtres du marché du Maroc, par les sources de la Malouïa nous pénétrons le secret mystérieux du mont Atlas, et enfin, par la voie des oasis, le commerce de l'Afrique central est à nous et la route du Soudan nous est ouverte.

Voilà de grands avantages pour de faibles inconvénients. Il n'y a rien à espérer du Maroc, quant au rétablissement de la tranquillité sur la rive droite de la Malouïa, il y a tout à craindre de la continuation des hostilités. Qui nous dit qu'un jour un illuminé ne profitera pas de ces troubles pour prêcher la guerre sainte et ne poussera pas ces populations habituées aux luttes et aux trahisons à s'unir entre elles pour se ruer sur les chrétiens, quitte à se déchirer plus tard?

Il faut donc qu'un fossé infranchissable comme la Malouïa nous serve de borne. Au delà de cette limite il n'y a que des tribus sans lien avec celles dont nous demandons l'annexion. Ces tribus sont écrasées d'impôts, d'amendes et d'exactions de toutes sortes, ruinées et réduites à la plus affreuse misère; elles compareront leur sort à celui des Indigènes soumis à nos lois, peut-être que cette comparaison les jettera dans nos bras, et ces peuples se détacheront de leur inepte gouvernement comme les fruits tombent d'un arbre malade.

Ainsi, s'étendra insensiblement vers l'ouest et jusqu'à l'Atlantique, l'influence du drapeau français. Le commerce de l'Algérie et celui de la Métropole sont appelés alors à un brillant avenir. Dans ces régions qui nous sont aujourd'hui fermées, nos idées, nos mœurs et nos habitudes seront plus sympathiques aux Musulmans que la morgue anglaise ou le fanatique prosélytisme espagnol. Roumi pour roumi, l'Arabe préfèrera toujours le Français à tout autre peuple.

DEUXIÈME PARTIE

A TRAVERS LA PROVINCE D'ORAN.

I

La province d'Oran[1].

Il y a deux ans, j'avais à entreprendre, dans un journal d'Oran, une campagne en faveur de l'achèvement du port de cette ville. Au cours de mes articles, je fis ressortir le mouvement commercial de ce port, qui compte pour 37 0/0 dans le mouvement maritime de la colonie, et le comparai à celui des autres ports français. D'après les chiffres que me donna la direction du port, je pus faire ressortir qu'Oran venait au quatrième rang des cités maritimes de la France. Immédiatement après Bordeaux, et avant Dunkerque.

Cette affirmation surprit tout le monde, voire même quelques membres de la Chambre de commerce d'Oran, et il fallut un examen attentif des documents statistiques pour les convaincre entièrement.

Ce que les Oranais eux-mêmes ignorent, il peut être

[1] Conférence faite à la Société de géographie cemmerciale de Bordeaux.

permis aux habitants de la métropole de ne le point connaître. Mais il importe qu'on se fasse une idée exacte de ce qu'est ce vaste et riche pays qu'on appelle l'Algérie. Je ne veux point parler de ces connaissances générales qu'il est interdit de ne pas posséder. Tout le monde sait que la caractéristique de notre colonie est cette disposition, parallèle à la mer, de trois zones bien distinctes : le Tell, qui borde la mer et s'élève jusqu'aux sommets d'une longue chaine intérieure ; celle-ci supportant elle-même une seconde région, appelée les Hauts-Plateaux, succession de monticules ou de fortes ondulations qui se prolongent encore jusqu'à une autre ligne de hauteurs, point de départ de la troisième zone qui va mourir au bord des vastes dépressions sahariennes.

Mais ce que nous pouvons faire, c'est étudier les détails de cette contrée sur laquelle nous n'avons que des données générales, des notions confuses mêlées à une foule de légendes.

A ce titre, l'étude de la province d'Oran peut présenter un vif intérêt.

Cette province s'étend entre la limite occidentale de la province d'Alger et la baie d'Adjeroud qui borne nos possessions à l'Ouest, et déploie sur la Méditerranée une longueur de 380 kilomètres des côtes, malheureusement inhospitalières. Sur cette étendue, en effet, on ne trouve que deux ports naturel : Mers el

Kebir et Arzeu, lesquels, par la disposition du rivage ou le manque d'eau potable, sont fort peu propres à la création de grandes villes ; aussi le commerce a-t-il vite donné la préférence aux ports artificiels créés à Oran et à Beni Saff. Ce sont les seules tentatives ayant produit de bons résultats, et les ports de Mostaganem et de Nemours ne sont encore qu'à l'état rudimentaire. Ces différentes causes ont fait que la vie de la province s'est concentrée surtout au chef-lieu.

La province d'Oran occupe une étendue immense : 11 à 12 millions d'hectares, dont il n'y a malheureusement qu'un tiers, 3 millions 820,000 hectares, qui soit susceptible de cultures importantes. Cette surface comprend tout le Tell et une faible partie des Hauts-Plateaux.

Sur ce territoire ne vivent que 638,040 individus, dont 120,000 Européens, 12,000 Israélites et le reste indigènes, Arabes ou Kabyles. La population française, chose triste à dire, est noyée elle-même dans la grande masse des étrangers. Ceux-ci sont au nombre de plus de 71,000, dont 54,650 Espagnols, alors que les Français ne sont que 45,000.

Il s'en faut de beaucoup que cette faible population soit tout entière livrée à la culture du sol. Un grand nombre de nos émigrants se sont installés dans les villes pour s'y livrer aux affaires. Aussi ne faut-il pas faire entièrement honneur à l'élément français du merveilleux développement pris par la colonisation dans cette province, développement qui ne se présente nulle part au même degré dans les autres parties de l'Algérie. Ce résultat est dû en grande partie à l'abondance de la main-d'œuvre et à son bas prix relatif, obtenu grâce à l'immigration espagnole et marocaine.

La colonisation ne s'est pas répandue d'abord d'une façon uniforme sur toute la surface du territoire. Elle s'est groupée, au début, autour des principales villes que nous avions occupées ou créées. Il s'est constitué ainsi sept ou huit grands centres de colonisation qui pourraient se classer suivant leur importance : Oran, Mostaganem, Sidi-Bel-Abbès, Aïn Témouchent, Tlemcen, Mascara, Saint-Denis du Sig et Relizane.

Autour de ces villes se sont élevés de nombreux villages, qui, isolés d'abord, se rejoignent peu à peu, à mesure que s'étendent les défrichements et que disparaissent les terres incultes. La banlieue d'Oran et celle de Mostaganem, complètement désertes lors de la conquête, sont aujourd'hui plus peuplées et mieux cultivées que beaucoup de pays de France, même parmi les plus prospères.

En dehors de ces territoires agricoles créés par nous, il en existe d'autres occupés par les indigènes et qui sont comparables en prospérité à ceux que nous venons de citer. Mais ce n'est point à la race arabe qu'en revient l'honneur. Ces oasis, perdues au milieu de la désolation du territoire indigène, se trouvent surtout dans les régions montagneuses, isolées, pour ainsi dire, du reste du pays, où s'est maintenue la race autochtone, celle des Berbères ou Kabyles.

C'est ainsi qu'à l'Est, vers l'embouchure du Chéliff, entre la rive droite du fleuve et la Méditerranée, on rencontre le pays si pittoresque et si peu connu appelé le Dahra. A l'Ouest, entre l'embouchure de la Tafna, le Maroc et la mer, une région plus étendue, plus riche et plus belle encore pourrait s'appeler, de sa principale peuplade : pays des Trara. Plus au Sud, vers le cours supérieur de la Tafna, la vallée de ce fleuve est un immense jardin habité par une autre tribu de race kabyle, celle des Beni Snouss.

Ces contrées kabyles, dont je viens de parler, possèdent une population fort nombreuse comparativement au reste du pays. Ce fait explique comment nous les connaissons si peu, car la colonisation, si ce n'est peut-être dans le Dahra, n'y aurait pas trouvé l'étendue de terrains qui lui est nécessaire. Il a donc fallu installer les colons français dans les régions où la population, moins dense, laissait les terres plus nombreuses, c'est-à-dire en pays arabe.

Et à ce propos, je ne saurais laisser passer l'occasion

de protester contre le reproche trop souvent et banalement formulé, que les Français ne savent pas coloniser. En regard des résultats que nous avons obtenus, on place toujours l'exemple des colonies anglaises de l'Australie et de la Nouvelle-Zélande. Malheureusement on oublie trop que la situation est loin d'être la même. Dans les régions australes, le colon n'a eu qu'à prendre possession d'un sol où vivait une race inférieure et peu nombreuse. En Algérie, au contraire, il a fallu une guerre longue et acharnée. Une fois la conquête accomplie, on s'est trouvé en face d'une race noble et fière, vivant du sol et par le sol, qu'on n'aurait pu songer à exproprier sans commettre une épouvantable injustice. En outre, il n'y a pas à comparer la surface de l'Algérie aux immenses étendues des possessions anglaises, et, par suite, les terres cultivables qui pouvaient être livrées à la colonisation, s'y trouvent en quantités infiniment moins grandes.

L'Australie qui, aujourd'hui encore, est économiquement moins bien outillée que l'Algérie, a cependant mis un siècle pour atteindre le point où elle en est maintenant. En Algérie, où il faut presque toujours acheter les terres aux indigènes pour installer les colons, on a tout créé de toutes pièces en moins de trente ans. Villes, ports, routes, voies ferrées, canaux d'irrigation, tout cela est sorti comme par enchantement de ce même génie colonisateur qu'on persiste à nous refuser. Le colon, à son arrivée en Algérie, trouve tout ce dont il était habitué à jouir dans son pays natal. Il y rencontre toutes nos institutions et retrouve sa vie civile au même degré. On n'en saurait dire autant de beaucoup de colonies qu'on nous cite comme exemples.

Nos colons ne sont pas restés en arrière, au point de vue agricole, de ces magnifiques progrès. Le travail qu'ils ont accompli est réellement gigantesque. Le défrichement des terrains couverts de broussailles et de palmiers nains, n'est pas loin d'atteindre le chiffre de 200,000 hectares pour la seule province d'Oran.

Certes il y a eu bien des fluctuations dans les progrès accomplis, et l'on n'a pas encore su demander au sol tout ce qu'il est capable de produire.

C'est ainsi que, pendant la guerre d'Amérique, les plaines de l'Habra et de la Mina s'étaient couvertes de cultures de coton qui avaient donné de fort beaux résultats. Malheureusement on s'endormit sur ce succès, et quand les cotons d'Amérique revinrent sur le marché, les planteurs oranais, qui n'avaient qu'un outillage incomplet; qui, par exemple, au lieu de nettoyer eux-mêmes leur coton, étaient obligés de l'envoyer à Alger pour le rendre marchand, ne purent supporter la concurrence. Au lieu de s'unir pour créer l'outillage qui leur manquait, au lieu de profiter de leur merveilleuse situation commerciale, ils abandonnèrent le coton qui les avait si rapidement enrichis. Aujourd'hui, on compte à peine vingt hectares de plantations de coton, là où on les comptait jadis par centaines.

La même cause d'infériorité peut être signalée pour le lin. Ce textile vient admirablement dans toutes les parties du pays. Les difficultés du rouissage ont rebuté les cultivateurs, qui ne le plantent que pour en récolter la graine. Or, la province d'Oran donne à elle seule, bon an, mal an, près de 500,000 kilos de graines. On peut juger par là de la somme que représente la filasse perdue.

Ces critiques pourraient porter également sur l'exploitation des vignobles. En effet, le choix des cépages et la fabrication du vin laissent quelque peu à désirer. Mais ici, les merveilleux résultats obtenus font oublier en partie ces côtés de la question. Si les céréales forment la plus grande richesse de la province d'Oran, si, pendant la seule année 1878, qui n'a pas été la plus favorisée, les cultures européennes ont donne 40,000 tonnes de blé, la vigne s'étendait pendant la même période sur 7,400 hectares et produisait 108,000 hectolitres de vins, dont quelques-uns jouissent déjà d'une grande réputation.

La viticulture est aujourd'hui assurée d'un brillant avenir dans la province. On peut dire hardiment que la moitié des défrichements opérés chaque année ont pour but la plantation de vignobles. La plaine d'Oran tout entière, jadis réputée pour son aridité, se couvre de vastes étendues de vignes. Il en est de même autour de Mostaganem et de Mascara.

Mais tous ces résultats n'ont pas été accomplis sans peine. Des sécheresses persistantes ont souvent mis à l'épreuve le courage de nos colons, et il a fallu aménager les eaux de la plupart des rivières pour permettre de donner aux cultures pendant l'été l'arrosage qui leur faisait défaut. On a d'abord aménagé les eaux de la Mékerra ou Sig, et créé, à sa sortie des montagnes, un véritable lac de 4 kilomètres de longueur, qui, pendant longtemps, a fait la prospérité de la ville de Saint-Denis du Sig. D'autres barrages ont été créés sur la Djidiouïa, sur la Mina, sur le Tlélat, sur la Mouïlah ; mais le plus remarquable des travaux de ce genre est celui qui arrête l'Oued-el-Hammam à l'endroit où cette rivière reçoit l'Oued-Fergoum et prend le nom de l'Habra. Ce barrage, de 478 mètres de longueur sur 40 de hauteur, forme un lac de 7 kilomètres de longueur, qui contient 14 millions de mètres cubes d'eau. Grâce à ce gigantesque travail, la ville naissante de Perrégaux devient le centre d'un de ces groupes de colonisation dont nous expliquions la formation [1].

---

[1] Le barrage de Perrégaux est celui qu'une inondation a récemment renversé. La ville a été en partie détruite, mais elle se relève de ses ruines.

Les sécheresses qui ont nécessité de pareils travaux sont dues, comme partout, à la disparition des forêts. Malgré le déboisement causé par l'incurie des indigènes, il reste encore dans la province des groupes forestiers assez importants, et qui recouvrent une surface approximative de 600,000 hectares. Quelques-unes de ces forêts, comme celle d'Ahfir, plantée de chênes-lièges, sont réellement magnifiques, tant par leur peuplement que par les sites qu'elles renferment. Sur beaucoup de points on s'est mis au reboisement; c'est ainsi qu'on a créé, sur les flancs arides de la montagne de Santa-Cruz à Oran, une forêt de pins qui a beaucoup modifié à la fois le paysage et le climat de la ville.

Mais c'est surtout l'eucalyptus qui est devenu la base du reboisement. Cet arbre, véritablement providentiel, possède de précieuses qualités d'assainissement; il donne au bout de cinq ans un tronc qu'on emploie comme poteau télégraphique, et, à sa quinzième année, il offre de magnifique bois de charpente.

Nous pourrions plus longtemps nous étendre sur cette question des produits végétaux, mais il ne faudrait pas pour cela oublier les autres richesses naturelles du pays, et surtout les richesses minérales.

Ces dernières donneraient lieu à une longue énumération, aussi ne pouvons-nous les examiner toutes dans ce rapide aperçu.

Les mines de fer de Beni Saff, situées à l'est de l'embouchure de la Tafna, sont devenues une grande affaire industrielle. Pendant 60 kilomètres de côtes, on rencontre une longue suite d'amas de minerai. A Beni Saff, centre le plus important de ces gîtes, on voit de véritables collines formées presque entièrement de fer. Ce gisement découvert, il y a quatre ou cinq ans à peine par un habitant de Tlemcen, a été vendu par lui pour 200,000 fr. Depuis lors, il a été acheté plusieurs millions. Actuellement le port créé à la Mersa Si Ahmed, au centre du gîte, peut recevoir des bâtiments de 2,000 tonneaux. Une ville, des usines et plusieurs kilomètres de chemin de fer ont été construits. En 1878, époque où le port n'était pas encore ouvert, Beni Saff a exporté 61,446 tonnes de minerai. La minière de Camerata, sa voisine, en exportait 15,000 [1].

A l'ouest, se trouvent de nombreux gisements de zinc, de cuivre et de plomb argentifère. Gar-Rouban, sur la frontière du Maroc, et le massif du Filhaousen qui domine Nemours, sont les seuls endroits où l'exploitation soit encore organisée.

Dans le Dahra, on a découvert une source de pétrole qu'une compagnie a mise en exploitation. Elle traite les produits recueillis dans une usine créée par elle à Saint-Aimé, sur le chemin de fer d'Alger à Oran.

Jusqu'à présent, on n'a pas trouvé de houille, mais

---

[1] En 1879, le produit total des deux minières a été de 100.000 tonnes.

on a reconnu quelques gisements d'anthracite et de lignite.

Les carrières sont fort riches et offrent des roches très variées, il suffira de citer les carrières d'onyx d'Aïn-Tekbalète et le marbre porte-or de la montagne des Lions.

Les eaux thermales, — en particulier celles de Hammam bou-Hadjar, près du Grand-Lac-Salé, — et les salines sont une autre source de richesses. La principale de ces dernières, la saline d'Arzeu, est un lac salé de 12 kilomètres de longueur sur 5 de largeur, où, pendant l'été, les eaux de pluie disparaissent pour faire place à une épaisse couche de sel.

J'allais oublier le plus important produit de la province d'Oran, l'alfa, un véritable agent de civilisation.

L'alfa est une graminée répandue sur toute la surface du pays, mais qui affectionne surtout la région des Hauts-Plateaux. Cette zone, glaciale en hiver, brûlante en été, est couverte de cette plante devenue précieuse aujourd'hui par son application à la papeterie; elle donne en ce moment plus de 60,000 tonnes par an de matières textiles, et on peut dire que l'exploitation régulière en est à peine commencée.

Jusqu'à présent on n'avait exploité l'alfa que dans le Tell ou sur la marge des Hauts-Plateaux. Aujourd'hui un chemin de fer a été construit spécialement pour le transporter, et va bien loin sur les Hauts-Plateaux, au delà de Saïda, prendre l'alfa recueilli. Au milieu même de cette contrée si étrange d'aspect, à Aïn el Hadjar, la Compagnie Franco-Algérienne a créé de vastes usines où l'alfa, apporté sur les wagons, est trié et mis en balles pressées, puis chargées de nouveau et conduit à Arzeu ou Oran, où les navires anglais viennent le chercher. Quand le chemin de fer couvrira tous les Hauts-Plateaux de ses ramifications — et cette heure est près de nous — l'industrie française aura conquis ces millions d'hectares qu'on déclarait rebelles à toute colonisation.

L'alfa, on le voit, est une des plus grandes ressources du pays ; il n'entre cependant que pour une assez faible part dans le commerce de la province. Celui-ci est fort important et présente, d'exercice en exercice, une augmentation considérable des exportations et une diminution sensible des importations. C'est ainsi qu'en 1878 les importations ont été de 73,808,926 fr., présentant une diminution de 4,483,818 fr. sur l'année précédente ; alors que les exportations s'élevaient à 44,410,989 fr., soit 6,671,000 fr. de plus qu'en 1877.

L'écart entre les importations et les exportations est en réalité moins considérable, car une grande partie de celles-ci, qui se font par les frontières de terre, échappe à tout contrôle sérieux.

Nous n'avons rien dit encore de l'organisation administrative de la province. Comme les autres, elle comprend : un territoire militaire presque exclusivement peuplé d'indigènes ; situé sur les limites du Maroc et dans le sud, et un territoire civil appelé département et divisé en arrondissements.

Le chef-lieu du département est Oran ; des sous-préfectures sont installées à Tlemcen, Sidi-Bel-Abbès, Mascara et Mostaganem.

Oran est une vaste cité de 50 à 60,000 âmes, qui a rapidement dépassé les limites de l'ancienne ville espagnole. C'est le centre commercial le plus actif et la ville la plus animée de toute l'Algérie. Nous avons déjà vu ce qu'est son port.

Mostaganem, une jolie ville de 10,000 âmes, ne vit que par sa situation au milieu d'une riche banlieue, et l'énergie avec laquelle ses habitants luttent contre l'isolement auquel les a condamnés la création du chemin de fer d'Alger à Oran, lequel passe à dix lieues de leur ville.

Mascara s'enrichit, grâce à ses magnifiques vignobles et au développement de la colonisation dans l'immense plaine d'Eghris, au bord de laquelle elle est située.

Saint-Denis-du-Sig, Relizane, Aïn-Témouchent, Marnia, Tiaret et Saïda sont également des villes florissantes.

Mais les deux plus importantes cités de la province, après Oran, sont Sidi-Bel-Abbès et Tlemcen.

Il y a quarante ans, au milieu des vastes plaines de la Mékerra, dans un marécage, on voyait un marabout portant le nom d'un personnage révéré des Musulmans, Sidi-Bel-Abbès. Quand il fallut s'assurer la possession du pays, on créa sur ce point un camp retranché qui ne tarda pas à devenir une ville. L'heureuse situation du nouveau centre, sur l'unique route entre Mascara et Tlemcen, entre Oran et la vallée de la Haute-Mékerra, dans une plaine fertile, ne tarda pas à attirer les émigrants. On dut enceindre la villle de rempart; mais bientôt la population, débordant au delà des murailles, créa de vastes faubourgs, et, aujourd'hui, 4,000 habitants vivent dans l'enceinte trouée de larges boulevards, tandis que 11,000 se sont installés au delà, dans des faubourgs, sur les routes qui rayonnent vers la cité. Cette prospérité ne fait que s'accroître.

L'antique cité de Tlemcen a moins progressé, mais c'est une ville plus riche encore. Sa population, de 25,000 habitants, est en grande partie adonnée à l'industrie et au commerce avec le Maroc. Quand un chemin de fer fera cesser son isolement, nul ne peut prédire où s'arrêtera sa prospérité.

Depuis quelques années, les villes de l'Algérie tendent à s'accroître; la construction de voies ferrées y est pour beaucoup. La province d'Oran, en cela comme pour ce qui concerne les autres progrès, et bien qu'elle soit la moins étendue, possèdent les quatre dixièmes des chemins de fer exploités de la colonie, c'est-à-dire 583 kilomètres sur 1,357.

Ces 583 kilomètres se décomposent ainsi :

Partie de la ligne d'Alger à Oran.	179
Ligne du Tlélat à Sidi-Bel-Abbès.	52
Arzeu à Saïda et Mecheria [1].	352
Total.	583

On pourrait y joindre une ou deux lieues de chemin de fer industriel dans les mines de Beni Saff, et un embranchement de quelques kilomètres de Mosbah à Marhoum (ligne des Hauts-Plateaux).

En outre, plusieurs lignes sont en construction ou en projet. Citons-les en passant :

De Mostaganem à Tiaret, par Relizane;
D'Aïn Tizi à Mascara;
De Sidi-Bel-Abbès à Ras el Ma;
De Sidi-Bel-Abbès à Tlemcen;
D'Oran à Tlemcen;
De cette dernière ligne à Beni Saff;
De Tlemcen à Marnia et à la frontière du Maroc;
De cette ligne à Sebdou et El Aricha;
De Tlemcen à Rachgoun.

Ce qui ajoutera près de 650 kilomètres de voies ferrées aux lignes actuellement ouvertes.

[1] Le prolongement sur Mecheria a été ouvert en avril 1882; la première partie de ce livre était déjà tirée. Ces chiffres rectifient ceux du chapitre VIII.

II

Ascension du Djebel Filhaousen et du Tadjera

(Conférence faite au Club-Alpin de Lyon.)

La montagne a toujours eu pour moi un indéfinissable attrait. Tout jeune j'éprouvais déjà une vague émotion à la vue des grands sommets alpestres au pied desquels je suis né. Aussi loin que remontent mes souvenirs, j'ai présentes à la mémoire les roches du Villard de Lans qui bordent le Drac, la belle pyramide du Taillefer et la cime énorme de Chanrousse. Cet amour des montagnes m'a suivi partout; je n'ai jamais visité un pays sans en gravir les hauteurs. Il y a pour l'âme, pour les yeux, pour l'oreille mille beautés fugitives, mille mélodies insaisissables, que l'on ne découvre ou n'entend bien que des hautes montagnes.

En même temps que l'on se sent écrasé par l'immensité, l'esprit semble s'ouvrir de nouveaux horizons. La voix qui résonne à ces grandes altitudes prend un étrange caractère de gravité, les pensées y atteignent je ne sais quelle puissante profondeur qui nous transforme en entier.

Je parle à des alpinistes; il serait inutile de chercher à analyser ou reproduire des sensations que vous avez tous éprouvées. J'interromps donc ici cette hymne à la montagne.

Dès que j'eus mis le pied en Algérie, dans cette terre si peu connue encore aujourd'hui, je voulus faire connaissance avec les hauteurs. L'Atlas est une de ces chaînes que, de tout temps, on a paré d'un charme mystérieux. Nulle poésie ne lui a manqué. Ni la poésie fabuleusement héroïque de l'antiquité païenne, ni la poésie grave du catholicisme à l'époque des Augustin et des Tertullien, ni la poésie sauvage de l'Islam; ni enfin, pendant la conquête, la poésie chevaleresque et guerrière. Aussi est-ce avec des impressions bien diverses que le voyageur, qui sait voir, parcourt cette contrée et en étudie tous les aspects.

J'ai habité pendant près de deux ans la ville la plus splendide de l'Algérie sous le rapport du paysage. C'est Tlemcen.

Qu'on se figure, sur la marge d'une plaine immense, un rideau de montagnes, couronnées d'un diadème de roches rougeâtres, abruptes, admirables de couleurs.

Du haut de ces roches, des cascatelles riantes traçant sur les flancs dénudés de la montagne un délicieux sillon de lauriers roses et de grandes herbes. Plus bas une succession de vignes, de champs, de vergers entourant ou dominant des roches isolées qui semblent surveiller le paysage. Plus bas encore, pendant près de deux lieues dans tous les sens, s'étend une forêt d'oliviers, de grenadiers, de figuiers, de thérébinthes au milieu de laquelle la ville se dresse dans sa ceinture de remparts un peu gris, blanche comme la neige de nos glaciers. Tout autour les villages, les fermes, les koubbas, les mosquées trouent la nappe de verdure. Quand on a parcouru les autres parties de l'Algérie, ce paysage éblouissant, si différent des plaines monotones et des montagnes pelées du reste du pays, se grave dans la pensée avec toute sa splendeur et son coloris.

Au midi de Tlemcen, à l'endroit où les eaux de la montagne font mouvoir de nombreux moulins, s'étend un paysage gracieux où paraissent confondues deux natures différentes. Les peupliers d'Italie balancent leur verte pyramide qui semble la colonnade de quelque temple aérien. Les saules abritent les sources couvertes de cresson. Des prairies grasses et parfumées sont ombragées par des poiriers et des pommiers. On dirait un coin de la Normandie. Mais dans les haies les grands cactus, les aloës, les rosiers du Bengale, les lauriers se mêlent à l'aubépine; les grenadiers étalent leurs fleurs purpurines et rappellent l'Afrique.

Au-dessus se dresse, comme un éperon du Djebel-Attar, une masse abrupte de travertin couronnée de figuiers et d'amandiers; de cette roche j'avais fait ma promenade favorite.

Tout ce que le regard peut désirer, je l'avais de ce point. A mes pieds, la forêt d'oliviers allait s'arrêter au milieu de la plaine, là où un palmier isolé, amaigri, déchiqueté par le vent et les enfants arabes se dresse fier encore sur un mamelon isolé. Plus loin une plaine immense formée des grandes vagues d'un terrain couvert de palmiers nains et de lentisques. Au fond, à droite, une chaîne de collines arides habitées par la tribu des Médiouna, une trouée lumineuse à travers laquelle on aperçoit la mer bleue et calme comme un miroir. A gauche les sommets du Filhaousen et des Trara.

Ces deux chaînes de montagnes avec leurs pieds noyés dans cette brume veloutée qui couvre presque toujours le plateau, leurs cîmes bleuâtres, rondes comme les ballons des Vosges au Filhaousen, hardiment taillées avec de vives arêtes dans les Trara, avaient pour moi un charme étrange. A deux reprises différentes j'avais exploré les vallées des Trara mais jamais encore je n'en avais escaladé les cîmes. Enfin, un jour, cédant aux sollicitations d'un vieil ami, Si

Hamza ben Rahhal, caïd des caïds de Nedroma, je me mis en route pour aller visiter sa ville.

C'était en juin, à l'époque où les dernières fleurs s'en vont des oliviers, où l'acanthe se dresse au bord des chemins, où les landes sont parfumées d'une infinité de fleurs. Si Hamza m'avait donné deux ou trois cavaliers d'escorte. J'étais en outre accompagné de quelques amis que je possédais dans les tribus des Oulad Riah dont je devais traverser le territoire.

Suivant l'habitude des Arabes, nous allions par des sentiers à peine tracés. Quelques jeunes gens galopaient devant nous, faisant valoir leur grâce et leur habileté de cavaliers. Les autres venaient ensuite, quant à moi, j'aimais à chevaucher sur les flancs de la cavalcade, à travers les touffes épaisses de lentisques où se réfugient les perdrix. A cette heure matinale, le pays un peu grisâtre que nous traversions se parait de mille beautés. La brume roulait dans la plaine qui s'étendait au-dessous de nous comme un tapis de neige mouvantes, çà et là troué par un térébinthe ou un tremble. Peu à peu le soleil se leva et nous vîmes la brume monter lentement jusqu'à nous, puis nous dépasser, s'accrocher sur le flanc des montagnes des Ahl Tameksalet et enfin se disperser dans le ciel. Le soleil devint intense, le calme complet, à peine si, de temps en temps, le silence était troublé par le hennissement d'un de nos chevaux, humant l'air pour deviner dans les douars voisins la présence d'une cavale.

Le paysage, si riant le matin, avait, sous les ardents rayons du soleil de midi, pris un caractère de majesté placide. Nous traversions de vastes plateaux solitaires, puis tout à coup se présentait une vallée profonde, aux pentes couvertes de moissons, et dont le thalweg était dessiné par un long ruban de lauriers roses et de tamarix. Rien n'est plus beau que cette double haie qui borde les rivières algériennes ; aussi loin que la vue peut s'étendre ce sont d'adorables festons. Les massifs de lauriers-roses en fleur, se contournent, se tordent, suivent en un mot toutes les sinuosités de l'oued. Cette fleur, plus pure de couleur que la rose de Bengale, croît en quantité infinie, ce n'est plus un arbuste que l'on a sous les yeux, c'est une corbeille d'un coloris éclatant.

On traverse le ruisseau, des myriades de poissons blancs s'enfuient sous les pieds des chevaux. Les tortues d'eau s'enfoncent dans la vase. Les nérions, secoués par une brise lointaine, jettent sur l'onde leurs étoiles rosées. Le dôme de verdure est si épais, le silence si profond, l'onde qui s'en va sous ces voûtes coule avec tant de tranquillité, les lauriers-roses ont des senteurs si étranges, qu'à voir passer ainsi les fleurs sur cette eau sombre où ne miroitent que de rares rayons de soleil qui ont percé le feuillage comme autant de mouches d'or, on se croit en face d'un de ces fleuves fabuleux que les anciens plaçaient dans la partie heureuse des Champs-Elysées, ou sur les rives entre lesquelles Ophélie descend inanimée et pâle.

Ce n'est qu'une apparition. Les chevaux ont plongé dans l'eau claire leurs naseaux fumants et lavé leurs jambes souillées de poussière. Prise d'une sorte de furia, toute la cavalcade se met à remonter au galop la pente opposée de la vallée, par les rocs, les buissons, les ravins, nous voici arrivés sur un plateau où chacun s'égaye à son aise, tournant son chapelet entre ses doigts ou chantant une de ces chansons gutturales chères aux indigènes.

Il est deux heures de l'après-midi, nous venons de traverser la Tafna à Barka. Un pont a été jeté sur la rivière, mais nous préférons la passer à gué ; elle est en ce point large et rapide et c'est plaisir de fendre cette eau transparente, où les tamarix mirent leur branchage grêle, tandis que les roseaux gigantesques tremblent d'un frisson aigu qui rappelle le sifflement de la brise dans les pinadas.

Nous voici à Marnia en style officiel, ou Lalla Maghrnia en arabe, ou la Magrinia en ce sabir pittoresque cher au cœur des zouaves.

Nous ne visiterons pas ce poste qui n'a rien de bien curieux si ce n'est sa situation sur la frontière du Maroc. Après avoir pris un *kaoua* dans un café maure et donné l'orge à nos chevaux, nous repartons. Cinquante kilomètres ont déjà été franchis, il nous en reste encore une dizaine à faire avant d'atteindre le caravansérail d'Aïn-Tolba sur le flanc méridional du Filhaousen où nous devons passer la nuit.

Nous gravissons la colline grisâtre qui domine Marnia au nord. Du sommet nous distinguons le pays que nous venons de parcourir : la longue chaîne de l'Atlas tlemcénien, avec ses roches droites, ses oasis de verdure et Tlemcen perdu au fond de ses oliviers. Puis c'est la vallée de la Tafna aux montagnes splendides couronnées de roches rougeâtres du plus imposant effet. La masse imposante du Ras Asfour, ou cap des Oiseaux, qui se dresse sur la frontière comme une borne colossale. La plaine d'Angad, d'un jaune noirâtre, livide par plaque, avec une grande tache sombre qui est la forêt d'oliviers au milieu de laquelle se trouve la ville marocaine d'Oudjda. A l'ouest, les montagnes bizarrement taillées des Beni Snassen se dessinent sur le fond clair du ciel.

Des vallons d'un vert tendre, entrecoupés de moissons jaunissantes et de massifs de figuiers, indiquent le voisinage des ruisseaux et des sources. A mi-hauteur de la montagne, sur une saillie entourée de grands arbres, s'élève le caravansérail d'Aïn-Tolba.

Quand nous arrivâmes au caravansérail, la nuit tombait, un calme profond s'était fait sur la montagne.

On n'entendait d'autre bruit que l'eau de la fontaine des Tolba, tombant dans sa vasque de ciment ; par instant la brise de mer, rampant sur le sol, venait jusqu'à nous et, prenant le murmure de la fontaine, l'apportait aux échos voisins. Alors c'était comme un immense soupir qui semblait s'élever des rochers. Plainte et murmure profonds pleins d'une sauvage poésie.

Le caravansérail est une vaste construction entourée d'un verger luxuriant qui forme un adorable fouillis de fleurs et de verdure. Il est habité par une brave femme, la mère Sahut, dont le mari a été victime d'une insurrection. Son hôtellerie est la meilleure qu'on puisse rencontrer en pays arabe, le voyageur y est admirablement reçu par l'hôtesse et ses fils ; je dois ici me joindre à tous ceux qui ont rendu cet hommage à la veuve de Sahut et à son fils ainé, mon bon ami Auguste, un vrai type de planteur.

Ce soir-là, nous ne logeâmes point à Aïn-Tolba. Au sommet du Donmaï est un autre caravansérail situé sur le col de Bab Thaza, dont il porte le nom, à l'endroit où la route abandonne le versant sud de la montagne pour descendre au nord. De ce point on jouit d'un panorama merveilleux. Sur ma demande la caravane repartit afin d'assister le lendemain au lever du soleil.

Au sommet, nous trouvâmes un campement organisé par le cheikh d'une tribu voisine. J'étais en excellents

14

rapports avec ce chef indigène, aussi n'hésitai-je pas à accepter l'hospitalité qu'il m'offrait sous sa tente.

L'hospitalité arabe n'est point un mythe ; moins célèbre que l'hospitalité écossaise, qui a eu un Boieldieu pour la chanter, elle a au moins l'avantage d'exister. Vous avez tous lu, car les descriptions commencent à devenir nombreuses, le récit d'un repas algérien ; vous connaissez les énormes plats de couscouss, les moutons rôtis en entier sur une broche primitive arrachée à un arbre voisin, les galettes fades, les beignets au beurre rance trempés dans le miel, les outres de peau de bouc servant de vases. Dès lors il serait inutile de revenir, moi centième, sur un sujet trop connu et trop rebattu aujourd'hui.

Mais, laissant de côté toute idée culinaire représentez-vous par la pensée notre campement, à 3,500 pieds au-dessus de la mer, sur la croupe mince et aiguë d'une montagne calcaire aux profils fantastiques. Sous ce beau ciel d'un azur profond, tout scintillant d'étoiles, au fond, tout au fond, si bas que l'œil ne peut rien deviner du paysage, les feux des douars ; plus loin, une ligne pâle, d'une phosphorescence étrange, tranchant sur le noir de l'abîme : la mer, la mer immense dont, malgré l'éloignement, le bruit monotone nous était apporté parfois par le vent nocturne. Le feu du phare de Nemours faisait miroiter de brillantes lueurs sur la surface de la Méditerranée;

tandis que les étoiles, en s'y réfléchissant, la faisait ressembler à une voie lactée plus profonde et plus mystérieuse que celle du ciel.

Autour du feu où nous étions assis, car l'air est toujours vif à cette hauteur, mes compagnons causaient gravement. Leurs belles têtes énergiques, à demi-cachées dans le capuchon de leur burnous, s'éclairaient parfois d'une façon singulière. Un nègre chantait, en s'accompagnant de la gouzla, un de ces airs monotones, d'un rythme régulier et sans élan que les arabes affectionnent. Dans toute l'immensité de la montagne, on n'entendait pas d'autre bruit que cette voix. Cependant il montait quelquefois jusqu'à nous des cris bizarres, comme le vagissement d'un enfant ou une sorte de gronderie féline ; c'étaient les chacals qui criaient ou l'hyène en quête de quelque proie.

Le feu s'éteignait peu à peu, le silence se faisait profond, on devinait dans les vallées des brumes épaisses qui se formaient au-dessus des *aïoun* abrités de lauriers roses : les lumières de campement s'éteignaient une à une dans les douars. Le chanteur s'était tu et le conteur l'avait remplacé. Je prêtais une oreille distraite aux aventures de la belle Fathma ou du vaillant coursier Simoun. Mais peu à peu je m'intéressai à la légende. Le narrateur racontait comment les montagnes de l'Algérie se sont formées et d'où vient cette étrange constitution orographique qui, au lieu de chaînes régulières, présente presque partout un chaos de montagnes jetées sans ordre sur le sol.

— A la création, disait notre conteur, Allah choisit, parmi ses Génies, ceux qui étaient les plus forts pour créer les montagnes, pendant que d'autres creusaient le lit des fleuves ou plantaient les forêts. Quelques-uns des génies firent de grandes montagnes, disposées en files régulières, ballonnées comme la croupe d'une jument du Sahel; d'autres faisaient des éminences comme la bosse du dromadaire. Quelques-uns les effilaient ainsi que des lances et leur donnaient une éternelle parure de neiges et de frimas.

Allah avait choisi un des plus fidèles parmi ses plus fidèles serviteurs, Chemess, c'est-à-dire le soleil, pour semer les montagnes au bord de la mer bleue, dans le Mar'reb. Chemess était parti un matin du paradis, chargé d'un vaste sac dans lequel il avait enfermé et les grands rochers, et les collines vertes, et les montagnes dont les nues devaient toujours entourer le front. Il s'en allait tranquillement, entassant ses plus belles montagnes au bord du Cheliff où il les appela Ouaransenis. Vers le soir, fatigué, il s'était endormi aux Sebaïn Aïoun, là où le fleuve se forme. Au milieu de la nuit, il fut réveillé par une voix si douce, si profonde, si suave, que jamais, même dans le paradis, il n'avait entendu la pareille. S'étant levé sur son coude, il aperçut une merveilleuse apparition. Une fée grande, svelte, brune comme le coheul, avec des vêtements resplendissants et une figure pâle ainsi que la fleur de l'oranger planait sur le fleuve.

Suis-moi, disait la fée, suis-moi, je suis la force, je suis la gloire, je suis plus puissante qu'Allah, plus glorieuse que tout ce qu'il a créé, celui qui pourra m'atteindre aura en partage toute la puissance du ciel. Il commandera à la mer furieuse peuplée de monstres difformes, au vent qui soulève le sable dans le désert et la vague sur le flot. Celui qui m'atteindra sera Dieu à son tour et je serai lui et il sera moi.

Chemess sentit s'éveiller en lui comme une ardeur inconnue. D'essence divine il connut soudain toutes les ardeurs humaines. Il se leva, reprit son fardeau et s'élança à la poursuite de la fée. Celle-ci planait lentement sur la campagne, ses longs vêtements blancs faisaient pencher les palmiers comme la brise fait pencher les moissons, sa chevelure parsemée d'étoiles dessinait dans le ciel une traînée pareille à la queue de la comète. Chemess courut longtemps sans songer à sa mission. — C'est ainsi que se formèrent les plaines.

Mais son fardeau devenait plus lourd à mesure que la route parcourue était plus longue, et la fée allait, allait toujours, si légère qu'on eût dit une plume emportée par le vent, si rapide que nulle gazelle n'aurait pu l'atteindre.

Chemess se fatiguait, le sac pesait davantage à son épaule. Alors il sema à mesure sur son passage les rochers, les collines et les grands monts brumeux. Il les jetait tantôt en file ondulée, tantôt, quand la fatigue était grande, il les répandait à foison et les énormes masses s'entassaient jusqu'au ciel. Un moment vint où il ne lui resta plus qu'une montagne mais immense celle-là; la fée se promenait alors avec une vitesse vertigineuse dans une plaine grisâtre; sa marche était si rapide que jamais Chemess ne put se débarrasser de son fardeau tant il se sentait entraîné vivement à sa poursuite. Tout à coup la blanche figure se dressa et monta au ciel. Le génie voulut la suivre mais il resta sur le sol. Dans ses efforts pour approcher la merveilleuse apparition, le sac où la dernière montagne était enfermée se rompit et la masse énorme se dressa au-dessus des montagnes ses sœurs comme une reine. Au matin, on aurait pu voir sur le rocher, deux colombes se becqueter tendrement. Elles y sont encore aujourd'hui et c'est depuis lors que la montagne a pris le nom de Ras Asfour — le cap des oiseaux.

Je m'étais endormi à l'entrée de la tente, roulé dans mon manteau. Quand je rouvris les yeux c'est à peine si une ligne blanche se dessinait au-dessus des montagnes. Peu à peu le jour se fit. Sur le ciel d'une pâleur mate, les monts profilaient nettement leurs crêtes.

A mes pieds rien encore, c'était comme une mer mouvante de nuées blanches et cotonneuses, roulant au fond de la plaine et dans les vallées, agitées par places comme par un frisson intérieur. De loin en loin s'élançaient de cette nappe ondulée des collines verdoyantes qui dessinaient leurs arêtes avec une étrange vigueur de lignes. Le pic du Sendal, avec ses formes rigoureusement côniques, sa pointe aiguë et ses pentes d'une couleur violacée semblait, à l'ouest, dominer tout le tableau. A l'est le Filhaousen dressait sa croupe robuste à 1,200 mètres d'altitude. Mais la plus belle de ces montagnes était encore le Djebel Tadjera, dont la masse quadrangulaire se profilait vigoureusement sur le ciel.

La lueur pâle qui couronnait les cimes se transforma en rose. Peu à peu on put voir se dissiper les vapeurs. J'étais monté sur la plus haute cime du Donmaï. De là je dominais un immense horizon. Ma vue n'était arrêtée que par des cimes lointaines. En Algérie, à l'orient, c'était l'Atlas Tlemcénien et ses croupes boisées ; les crêtes principales : le Djebel Roumeliah, le Djebel Nador, le Djebel Attar. Puis au sud les admirables montagnes des Beni Snouss sur lesquelles trônaient le Guern Zahra et Ras Asfour ; au Maroc, tout au fond de l'occident, les montagnes des Beni Snassen dressaient leurs masses abruptes, semblables aux ruines gigantesques d'une Babel ignorée. Çà et là, dans les recoins de ces montagnes, des groupes d'arbres verdoyants se distinguaient dans l'éloignement.

Le soleil se dressait déjà au-dessus des sommets des Beni Ouazzan. Mes compagnons de voyage prosternés la face contre terre, saluaient son apparition. A cette heure matinale, on ne percevait aucun bruit, un immense apaisement se faisait partout. On sentait que rien ne vivait encore, mais que tout s'apprêtait à vivre. Dans le ciel, un grand aigle planait au-dessus de nous, soudain il disparut derrière une autre cime. Les dernières brumes s'étaient dissipées. A nos pieds, au fond d'un bassin merveilleux de verdure et de fraîcheur, Nedroma dressait son élégant minaret. La ville aux blanches terrasses, entre ses remparts écroulés à moitié enfouis sous les vignes et les figuiers, semblait un bloc de cristaux blancs enchâssé dans l'émeraude. Du haut du minaret le muezzin appelait les croyants à la prière, sa voix prenait pour arriver à nous des modulations mystérieuses ; bien que montant du fond de la vallée on croyait l'entendre résonner dans le ciel.

La montagne nous prêtait son ombre pendant une partie de la matinée, aussi profitâmes-nous de la fraîcheur pour descendre à Nedroma. Le génie militaire a coupé une belle route dans le granit qui forme le Filhaousen, et qui s'élève comme une sorte d'îlot au milieu du calcaire jurassique du reste du massif. La route déploie ses lacets dans ces tranchées d'un blanc métallique où les liserons, les clématites et la salsepareille suspendent parfois de vertes guirlandes.

Tout le long de la route on jouit d'un magnifique panorama. Nedroma, assise au bord du plateau, au milieu de la végétation la plus vigoureuse, entourée de nombreux villages dont les principaux, ceux des Beni Menir et la Zaouïet-el-Mirat ont des apparences de petites villes, semble la reine d'un royaume des Mille et une Nuits. Le Sendal, aigu comme un piton des Antilles, le Djebel Tadjera, fièrement campé sur un amoncellement de collines aux croupes arrondies, le Filhaousen verdoyant avec la grande coupure du col d'Aïn Kebira, qui a joué un si grand rôle dans l'histoire locale, limitent la vallée circulaire que bordent au nord une chaîne de collines, sur laquelle les fortifications de Nemours dessinent une ligne blanche, et la mer bleue, bleue de ce bleu profond, cher aux peintres, et que seule la Méditerranée possède.

Nous arrivons à Nedroma. Il est huit heures du matin, de là, nous repartirons pour gravir le Tadjera. Mais l'agha insiste pour nous garder quelques heures chez lui. Nous acceptons.

Beaucoup d'entre vous, messieurs, possèdent le temps et la fortune nécessaires pour entreprendre des promenades lointaines. Quand cela vous sera possible, allez en Algérie, dans cette terre si française et si digne d'être explorée. Il y a là des montagnes, des vallées, des ravins admirables de couleur et de poésie, qui mériteraient d'être connus et dépeints. Quoi de plus splendide que cette vallée de l'Oued Khemis dans les Beni Snouss, la longue vallée de l'Oued Chouly, les montagnes de la Grande Kabylie ou les cimes gigantesques de l'Ouaransenis, qui dressant leurs crêtes déchiquetées et inégales sur un ciel éternellement bleu, forment le plus merveilleux décor alpestre que l'on puisse rêver.

II

« Ah ! ces vieux récits de nos pères, ces brillantes images de l'Espagne, ces tableaux riants de la Grenade embaumée, reine de l'Andalousie, ils nous ont fait bien du mal ! »

Et le vieux maure qui m'accompagnait au sommet de la mosquée, après m'avoir conduit par les rues de Nedroma, secouait mélancoliquement la tête.

C'est que, dans tous les cœurs, il reste là-bas un profond regret pour ce pays où la race arabe a brillé de tout son éclat.

Les qualités puissantes qui en faisaient le plus beau peuple du moyen âge n'ont pu survivre à la perte de cette terre qu'ils avaient acquise au prix de tant d'efforts. Les années sont passées, puis les siècles ont succédé aux siècles et, peu à peu s'en sont allés, grâce au fatalisme prêché par le Coran, l'esprit pur et droit et cette exubérance de pensée qui a créé une partie de la science moderne et élevé l'Alhambra. Les esprits occupés à regretter le passé et à pleurer la gloire perdue se sont atrophiés. Ceux qui avaient fait de Cordoue et de Séville des merveilles paradisiaques en sont venus à créer les sordides bouges de Nedroma. A quoi bon les regrets dès lors quand ils doivent nous immobiliser dans le souvenir et nous interdire tout progrès !

Ces pensées me venaient en foule en écoutant mon guide et quand, parvenu sur le minaret, j'embrassai du regard le paysage qui se déroulait à mes pieds, le cirque immense de montagnes entourant Nedroma et s'abaissant vers la mer en collines moutonnées qui semblaient une ruine immense, je compris ces douleurs.

Là, en effet, au delà de cette mer, s'endort la rive ensoleillée de l'Andalousie.

Du haut des montagnes on peut souvent apercevoir s'estompant à l'horizon, les cimes de la Sierra-Nevada. C'est le supplice de Tantale pour ces races qui ne vivent que par le souvenir, c'est la souffrance de Moïse au sommet du mont Nebo ou la douleur des filles de Sion, jetant un dernier regard sur leur ville ruinée, avant de se mettre en route pour Babylone.

Partout, sur cette côte de la Méditerranée, ces mêmes tristesses se retrouvent. Les Maures, ceux du moins qui ne se sont pas fondus dans les populations du littoral, ont conservé un profond attachement pour cette terre dont les a chassés la valeur castillane. Chez quelques-uns ce n'est qu'une vague tradition, mais chez d'autres, groupés en famille, vivant des mêmes pensées, le souvenir est resté plus vif et les regrets plus cuisants.

A Nedroma, dans chaque maison, il est un coin honoré plus particulièrement. C'en est comme le palladium. Là est conservée pieusement, par les enfants, la clef de la demeure qu'occupaient les aïeux à Grenade ou à Cordoue. Cette chère relique s'est léguée à travers les âges.

Eh bien, n'en déplaise aux détracteurs de la race maure, aujourd'hui la plus méprisée des races africaines, il y a dans cette religion du passé un symptôme de réveil prochain; ce réveil, il n'appartiendra qu'à la France de le faire se produire à son profit.

Du haut du minaret, au pied du léger campanile qui le domine, il était difficile de chasser de pareilles pensées. Dans ce bassin, ayant à peine cinq lieues dans chaque sens, devant cette mer bleue, aujourd'hui si connue, mais où jadis s'effectuaient les périples lointains, on pouvait suivre, pour ainsi dire sur le sol, la trace des choses passées. Au milieu des ruines arabes du moyen âge, sous les débris des vieilles citadelles, enveloppées par une végétation merveilleuse, on peut encore retrouver des substructions romaines qui sont les restes de *Kalama*.

Au-dessous la ville elle-même présente ses portes de la plus pure époque mauresque. Le rocher de Djemaa R'azouat montre au loin les restes déchiquetés de sa forteresse de pirates barbaresques. De tous côtés se dressent des mosquées et des koubbas surmontées de croissants; mais une route hardie, due à des mains françaises, franchit les montagnes, dessine un long ruban dans la plaine de Mezaourou que domine Nedroma et va aboutir à Nemours où les remparts aux angles rigides et un phare nous rappellent aux jours présents.

Que de choses nous diraient ces débris muets qui s'émiettent dans la vallée, ces minarets effilés, ces ruines fières encore qui couvrent le pays. Là est venue expirer la domination romaine qui n'avait plus que des avant-postes vers l'ouest; là, le dernier roi maure, Ben Abdil, est passé pour venir mourir à Tlemcen en pleurant les campagnes andalouses; là haut dans ces collines pelées qui forment le pays des Souhalia et des Msirda, Abd el Kader, usant d'un odieux stratagème a fait massacrer l'héroïque phalange du malheureux colonel de Montagnac. Un an après, au même endroit où il avait obtenu cette honteuse victoire, l'Emir se rendait à Lamoricière qui le conduisait à Nemours auprès du duc d'Aumale.

Que de choses frappent du haut de ce minaret de Nedroma! Combien l'esprit pensif et qui se plaît à chercher la philosophie des choses, aime à contempler ce merveilleux enchaînement de grands souvenirs.

C'était à la tombée de la nuit que nous avions gravi les marches du minaret. Penché sur le mur crénelé, écoutant s'élever en moi le flot montant des souvenirs du passé, je contemplais en même temps ce merveilleux paysage. La plaine de Mezaourou fortement inclinée jusqu'aux collines des Souhalia, semblait se prolonger à l'infini. D'une verdure veloutée les groupes d'oliviers semblaient comme autant de taches sombres d'où s'élançaient les minarets et les dômes des mosquées. Les plus hautes montagnes avaient, sous les derniers rayons du soleil, comme une auréole de feu, la mer paraissait une masse de laves enflammées. Mais toutes ces splendeurs me touchaient peu, le vallon d'où descendent les eaux de l'oued Nedroma, avec ses ombrages épais où le palmier dresse en quelques points sa colonne grêle et son large éventail, le murmure assoupi des eaux du torrent, les chansons joyeuses des oiseaux, cet indéfinissable murmure de toutes choses au crépuscule, le ciel d'une adorable pureté et surtout cette étrange sensation de l'infini que l'on éprouve au sommet des hauts monuments, alors que les ténèbres en s'épaississant paraissent reculer les profondeurs, tout cela s'unissait pour donner à ce coin de la montagne un caractère de magique mélancolie.

La lune venait de montrer son disque arrondi au-dessus du Filhaousen, dans la large brèche d'Aïn-Kebira; ses premiers rayons étaient venus frapper au loin le piton du Sendal et Sidi Brahim, ce lieu qui fut le théâtre de deux faits célèbres dans la conquête : la lutte héroïque soutenue par Montagnac et la reddition d'Abd el Kader.

Construite par le sultan Abd el Moumen, au plus beau moment de la puissance arabe, sur les ruines de la Kalama des Romains, de la Médinet el Batha des Berbères, Nédroma qui résista quarante jours au sultan Youssef ben Yakoub, était aussi destinée à voir tomber le dernier sultan arabe.

Pendant que je contemplais ainsi le paysage, je me représentais vivement cette scène grandiose de la chute de l'Emir, telle qu'on la raconte encore chez les Kabyles des environs de Nedrona.

Depuis la bataille d'Isly, l'empereur du Maroc, Abd er Rahman, ne voyait plus qu'avec jalousie l'influence d'Abd el Kader sur ses propres sujets. Dans le Riff, région montagneuse qui borde la Méditerranée, et chez beaucoup de tribus des rives de la Malouïa, des prédictions mystérieuses annonçaient partout la chute du sultan de Fez et son remplacement par l'Emir. Le souverain marocain, voyant le mécontentement général, inquiet de voir les Beni Amer et les Hachem, tribus algériennes refugiées sur son territoire, prêts à former le noyau d'une armée insurrectionnelle, les fit envelopper et entièrement exterminer. Abd el Kader, surpris par cette soudaine attaque, fut rejeté sur la frontière par la cavalerie impériale après plusieurs rencontres.

Dans cette situation désespérée, l'Emir chercha à gagner le sud; mais Lamoricière veillait. Toute la chaîne des montagnes, depuis la frontière jusqu'au Filhaousen, était occupée par nos troupes sous les ordres de Mac-Mahon, de Cavaignac et de Renault. La smala d'Abd el Kader ne pouvait plus échapper.

L'Emir, désespéré, dut se résigner à se rendre. Le 21 novembre 1847, il envoya trois khielas auprès de Lamoricière, pour lui offrir sa soumission à la condition unique qu'il serait transporté en Syrie. Le général accueillit ces ouvertures et donna sa parole à l'illustre fugitif que ses désirs seraient remplis. Aussitôt le duc d'Aumale était prévenu.

Dès que l'Emir connut la réponse de Lamoricière, il se rendit à Sidi Brahim, sur le terrain de sa dernière victoire : il y rencontra le colonel de Montauban, depuis comte de Palikao. Il était environ deux heures de l'après-midi. Peu après le général de Lamoricière le rejoignait.

Abd el Kader reçut le général avec cette dignité

grave dont ne se départissent jamais les chefs arabes. On eût dit un plénipotentiaire et non un vaincu. Il montait sa jument noire, célèbre parmi nos soldats. Le maître et le cheval étaient blessés tous deux, les officiers de l'Emir étaient également couverts de blessures. Quelles tristes réflexions durent se presser chez cet homme qui, deux ans auparavant, obtenait en ce même lieu sur la France une sanglante victoire, et qui aujourd'hui devait se rendre à cette nation franque qu'il avait tant haïe !

A l'arrivée de Lamoricière, les quatre escadrons de cavalerie qui occupaient Sidi-Brahim formèrent la haie. L'Emir, escorté de ses officiers et du général, passa au milieu des troupes, tandis que les tambours battaient aux champs. Les témoins oculaires disent qu'à ces hommages il ne put retenir une larme; puis il releva la tête dans un mouvement d'orgueil. Comme le cortège arrivait devant la koubba de Sidi-Brahim, la colonne présenta les armes, les drapeaux se penchèrent et les trompettes sonnèrent aux champs.

— Pourquoi ces honneurs, s'écria Abd el Kader?

— Un officier lui répondit : C'est l'hommage rendu au courage des nôtres le jour où Dieu te donna la victoire.

L'Emir comprit et se tut. On parcourut en silence la vallée de l'Oued Tlelat, et aussitôt le prisonnier fut conduit au duc d'Aumale.

Le lendemain, comme le gouverneur rentrait en ville, l'Emir allant au devant du prince, et mettant pied à terre, lui offrit sa jument noire en lui disant : « C'est le dernier cheval que je monte ; prends-le, je désire qu'il te porte bonheur. »

Trois mois après, le duc d'Aumale devait suivre sa famille dans l'exil.

Du haut du minaret de Nedroma, telle était la scène que je m'étais plu à évoquer. Quant nous descendîmes, la nuit s'était faite, mais la lune illuminait le paysage et faisait briller d'un vif éclat les maisons blanches des villages voisins et poursuivait lentement son cours dans le ciel. Tout se taisait, on n'entendait que les cascades babillant sur les roches ou le rossignol gazouillant dans les bois.

Le lendemain, de grand matin, mon hôte me fit réveiller et réunit la cavalcade qui devait nous accompagner au sommet du Filhaousen. Nous partîmes avant le lever du soleil et nous nous mîmes à gravir la montagne. Le chemin est raide, presque à pic et presque toujours domine de profonds ravins. En face, rien que la montagne qui semble grandir à mesure que l'on monte. Dans toutes les anfractuosités des rochers croissent des plantes, des arbustes luxuriants, mais qui s'élèvent peu au-dessus du sol. Au fond des ravines poussent des lauriers-roses et des lentisques. Les perdrix et les lapins abondent, mais eux seuls rappellent la vie dans cette solitude.

A chaque pas que l'on fait, l'horizon s'agrandit, et l'on découvre un nouveau coin du paysage. Les collines des Msirda, des Achache, des Souhalia, dominées de cette hauteur, semblent s'aplanir et former le fond d'un plateau où les vallons ne sont plus que des sinuosités verdoyantes. Seul le Sendal conserve sa forme et surgit brusquement au bord de la mer qui vient battre les falaises à pic du cap Milonia. Au delà, un coin de mer bleue étincelle entre les collines, c'est le golfe d'Adjeroud, limite l'Algérie à l'ouest.

Au fond du tableau, les monts du Maroc se dressent confusément.

Nous atteignons enfin le sommet de la montagne; nous voici parvenus sur un vaste plateau bordé au midi et au nord par des rochers très élevés, c'est le col d'Aïn Kebira qui donne accès dans la vallée de la Tafna. La transformation est brusque et saisissante. Aux ravins couverts de broussailles succèdent de belles campagnes, des champs admirablement cultivés, des vergers touffus où les grenadiers, les figuiers et les oliviers se mêlent dans un adorable fouillis. Au pied d'une grande roche naît une belle source dont les eaux abondantes sont captées par une infinité de canaux qui les conduisent aussitôt dans les cultures. C'est Aïn Kebira — la grande fontaine.

Nous sommes sur le territoire de la tribu des Beni-

Mishel. Toute la population de cette peuplade, qui s'élève à près de trois mille personnes, s'est réunie dans la vallée où coulent les eaux de l'Aïn Kebira. Les hameaux sont nombreux et respirent une aisance que l'on ne trouve guère ailleurs. La plupart sont situés sur des sortes de promontoires qui dominent la contrée.

A mesure que l'on avance, le pays devient plus charmant. Au delà du chemin que je viens de quitter, on n'aperçoit plus que les flots bleus de la Méditerranée. A l'est, on distingue nettement les collines des Médiouna, et les chaînes lointaines du Tessalah et de l'Atlas tlemcénien. Mais l'œil charmé par le tableau de cette campagne riante ne cherche guère les lointains horizons. On s'en va lentement, écoutant chanter les merles ivres des fruits âpres du genevrier. Dans tous les coins de la montagne on voit des troupeaux paître sous la garde d'un berger indolent sommairement vêtu d'une gandoura, qui chante sur un chalumeau quelque air rustique, pendant que les chiens à demi-sauvages, au poil épais et hérissé, dorment à ses côtés. Sur la terrasse des maisons les poules gloussent au soleil, les ânes, nombreux dans ces tribus des montagnes, font entendre au passage du voyageur leurs cris sonores comme un cuivre et qui se répercutent dans les rochers voisins.

Peu à peu le plateau s'incline vers l'Orient, le ruisseau d'Aïn-Kebira, grossi de nombreuses fontaines, se précipite par une pente rapide dans une profonde fissure creusée dans le seuil du plateau et formée de hautes roches. Sur la rive droite s'élèvent des ruines gigantesques construites, comme les antiques fortifications de Tlemcen et l'enceinte de Mansourah, en pisé rougeâtre. Ces ruines entourées d'arbres touffus, suspendues sur l'abîme masqué en partie par des lauriers-roses, sont tout ce qui reste d'une forteresse construite par le sultan Abd el Moumen, un des noms qui reviennent le plus souvent dans les récits arabes. Abd el Moumen, dit une légende, était campé près de l'Aïn Kebira, quand un de ses fidèles serviteurs, un marabout nommé Ali Ahmed el Bejaï, l'avertit qu'un complot pour l'assassiner la nuit suivante était tramé par ses propres officiers. Il était trop tard alors pour en arrêter l'effet, et le seul moyen d'éviter la mort, d'après el Bejaï, était de mettre sous la tente du sultan, avec ses propres habits, quelqu'un qui se ferait tuer à sa place. Le généreux serviteur s'offrit lui-même et fut assassiné. Mais le lendemain, quand les meurtriers se préparaient au partage des dépouilles du sultan, celui-ci paraissant tout à coup au milieu d'eux comme un vengeur envoyé du ciel, les glaça de terreur et, profitant de ce moment, les fit arrêter. Ils étaient nombreux, et il fallait une grande prison pour les enfermer. Il en fit bâtir une aussitôt, au bord même de la fontaine où il était campé. Là sont aujourd'hui les ruines.

En réalité, ces ruines d'Aïn Kebira sont tout simplement la preuve que, de tout temps, ce col qui donne accès dans le bassin de Nédroma et dans la vallée de la Tafna par des pentes relativement douces, a été d'une haute importance stratégique. Quand le roi de Massésylie, Syphax, avait sa capitale à l'embouchure de la Tafna, à Siga, ce col était le seul chemin qui lui permît d'atteindre le revers occidental des montagnes. Sous la domination romaine les conquérants établis à Timici (Aïn Temouchent), Pomaria (Tlemcen), Terres Rubrœ (Lamoricière) n'avaient pas d'autre passage pour rejoindre leurs postes de Kalama (Nedroma), Ad Fratres (Nemours) et Popletum Fluvium, aujourd'hui la Mersa Ourdania. Au temps de la splendeur de Tlemcen, c'était encore par là que passaient les troupes des sultans de cette ville pour aller en Espagne.

Enfin de nos jours, Cavaignac et Lamoricière eurent de vifs combats à soutenir contre les montagnards pour franchir le col.

Les ruines d'Aïn Kebira doivent donc remonter à une haute antiquité, peut-être au temps des premiers rois de Mauritanie. Mais elles portent évidemment dans leur partie supérieure la trace des conquérants arabes. En tout cas, la construction de la route de

Tlemcem à Nemours par Marnia et Bab Thaza a singulièrement diminué l'importance de cette position ; elle ne sert guère aujourd'hui que de chemin de traverse pour aller rejoindre la route nationale au bord de l'oued Zittoun.

Dès qu'on a dépassé les ruines, le terrain s'abaisse brusquement. On pénètre dans une vallée profonde, dont les flancs sont couverts de thuyas et d'oliviers sauvages, de nombreux villages, appartenant aux Beni Mishel, se dressent sur les paliers, au milieu d'une végétation magique. Ce ne sont que palmiers, orangers, citronniers, figuiers et grenadiers. Autour de chaque hameau une haie épaisse de cactus surchargés de fleurs et de fruits forment une barrière impénétrable. Au fond du vallon, sur les bords d'un ruisseau qui s'épanche en cascades, à l'ombre des trembles à la large ramure, une mosquée s'élève au milieu d'un groupe de maisons. C'est là qu'habite le caïd des Beni Mishel.

Nous passâmes la matinée chez lui. Dans la journée, profitant du voisinage, nous montâmes sur une colline voisine où s'exploite une riche mine de zinc appartenant à une société lyonnaise, fondée par MM. Jacquand et Pignatel. Les travaux étaient alors peu avancés, les galeries se créaient à peine. Des huttes de feuillages ou gourbis créés sur le sommet de la colline constituaient seuls « l'établissement ». La civilisation européenne a encore beaucoup à faire avant de transformer ce vallon ignoré en centre industriel.

Je ne sais pas où en sont aujourd'hui les travaux d'exploitation. A mon passage les petites quantités de minerais extraites se transportaient à Nemours, port le plus voisin de la mine.

Du côté opposé, au-dessus de la demeure du caïd, existe un plateau parsemé de nombreux rognons ferrugineux. Des fouilles étaient faites en ce temps par les chercheurs de mines pour voir s'il n'y avait pas là un gisement analogue à ceux de Beni Saff.

Il ne paraît pas que depuis lors on ait fait des travaux sérieux de recherche. D'ailleurs le manque absolu de communications faciles rend inutile, jusqu'à présent, toute entreprise de ce genre, mais le jour peu éloigné, hâtons-nous de le dire, où une voie ferrée reliera l'embouchure de la Tafna à Tlemcen et à Marnia, il deviendra facile d'exécuter des tronçons de route allant des gares de la ligne au centre de ces montagnes, si riches en produits minéralogiques de tout genre.

Il était deux heures de l'après-midi quand nous quittâmes les Beni Mishel. La route que j'avais choisie pour me rendre au Tadjera est des moins fréquentées, pour mieux dire elle n'existe pas. Entre le Tadjera et le Filhaousen, la chaîne s'abaisse brusquement, elle ne renferme que des collines aux croupes arrondies, et d'une faible élévation descendant jusqu'à la Tafna en un chaos de ravins et de gorges solitaires. C'est sur la crête de ces collines que les deux guides qui m'accompaganaient eurent à me conduire. Quelquefois cependant nous prenions les hauteurs en flanc, alors le merveilleux panorama du bassin de la Tafna et des montagnes lointaines disparaissait, et l'œil ne trouvait à se reposer que sur les buissons de lentisques et les touffes de palmiers nains.

A peine si, jusqu'au soir, nous avions traversé quelques villages construits au bord d'une source boueuse abritée sous les figuiers et les caroubiers; alors le paysage reprenait un caractère agreste qui égayait la vue.

Il était tard déjà quand nous arrivâmes sur le plateau de Souk el Arba, point stratégique important, d'où s'élance le Tadjera. Nos mulets commencèrent l'ascension de la montagne et, à la nuit tombante, nous arrivions sur l'espèce de table qui couvre la cîme de la Montagne Carrée des Trara.

Je n'oublierai jamais le spectacle qui me frappa. Bien que cette montagne n'atteigne pas 900 mètres d'altitude, elle a un caractère de grandeur que ne possède aucune des cîmes voisines. Parfaitement isolé des autres sommets, trônant sur une série de collines coupées de vallons verdoyants, se dressant presque perpendiculairement au-dessus de la mer qui vient battre sa base, le Tadjera est bien la plus admirable de toutes les hauteurs de cette partie de la côte. Du plateau qui le termine, on commande les bords de la Méditerranée, depuis l'embouchure du Rio Salado jusqu'à la frontière marocaine. Les rives avec leurs falaises abruptes se découpant sur le flot bleu comme de capricieuses dentelles, les îlots, les rochers, les plages ombreuses qui s'étendent sur quelques points, se dessinent de ce gigantesque belvédère avec une incomparable netteté aux yeux éblouis. Voilà l'île de Rachgoun et ses bords rocheux, le bordj Amer, ruine mélancolique qui voit chaque jour une partie de ses murailles rouler dans les flots bleus, l'anse d'Oneïn et sa ville désertée.

Quelques indigènes d'un hameau des environs étaient montés avec nous sur la montagne, un feu de broussailles avait été allumé, et un campement improvisé à cette hauteur, au grand étonnement des kabyles stupéfaits de cette fantaisie qui m'avait pris de dormir sur ce rocher désert. Mais l'étonnement de ces braves gens dura peu, dès qu'il fut acquis que j'étais « maboulh » et qu'on m'eut vu mordre à belles dents dans les provisions que j'avais apportées des Beni Mishel : des galettes, des œufs durs, des figues, quelques amandes grillées et une poignée de dattes. Chacun en prit son parti et les conversations allèrent leur train autour du foyer qui flambait entre les roches.

La mer était calme comme une nappe d'huile, aucun souffle n'en faisait rider la surface. A la rougeur enflammée du crépuscule faisait lentement place l'opacité de la nuit. Les lignes heurtées des montagnes perdaient peu à peu de leur rigidité, le fond des vallons ne se devinait plus que vaguement, les falaises rocheuses avaient perdu de leur hardiesse. Au lieu de paraître une borne opposée au flot, les dominant orgueilleusement de leurs masses que des milliers de tempêtes n'avaient pu entamer, elles semblaient se confondre avec la nappe immense qu'elles bordent.

Peu à peu les étoiles s'allumèrent au ciel. D'abord ce ne furent que deux ou trois points brillants répandant sur la Méditerranée de longues flèches d'or, puis elles se multiplièrent et ce fut bientôt une merveilleuse transformation. Le ciel si pur et si profond de l'Afrique scintillait d'étoiles de toutes grandeurs. Une lumière pâle, indécise, mystérieuse en descendait, donnant à chaque chose un fantastique aspect. Sur la mer tous ces astres se réfléchissaient. Un souffle léger la ridait maintenant. Chaque ride avait son reflet et son étincelle, comme si des lumières mystérieuses eussent monté du fond à la surface. On pouvait ainsi suivre la côte à la ligne phosphorescente qui la frangeait.

A chaque extrémité, mais si loin qu'on ne pouvait

distinguer d'où elles surgissaient, deux grandes lueurs semblaient se mêler à la lumière céleste. A l'occident c'était une flamme claire, sans vacillement, prolongeant sur le flot une lumière tremblante; à l'orient la lumière était intermittente, tantôt rouge, tantôt blanche, tantôt aussi elle disparaissait complètement, mais alors on voyait au loin, sur la nappe d'un bleu sombre, le reflet se prolonger encore. C'étaient les feux des deux phares de Nemours et de Rachgoun.

A cette hauteur le silence était complet; mais il montait des ravins des rumeurs d'une langueur et d'une douceur infinies. C'étaient les ruisseaux qui se brisaient dans les ravins, la brise qui pleurait dans les arbres, la vague qui battait les falaises, les fauves qui faisaient entendre leurs cris.

Comme on se sentait seul là-haut! combien ce calme immense, cette tranquillité profonde avaient des douceurs pour l'âme et pour le cœur. Rien ne vivait du souvenir. Il semblait qu'une vie nouvelle circulait dans le corps allangui, toutes les étoiles du ciel avaient un langage, toutes avaient dans leurs lueurs un éclat profond et sympathique. Souvent des lambeaux de nuées diaphanes aux formes bizarres, venues on ne sait d'où, flottaient rapidement dans l'éther et il ne fallait que se laisser aller au rêve pour y reconnaître les noces magiques d'Oberon et de Titania.

A mesure que la nuit s'avançait, le spectacle changeait de forme et d'étendue. La mer, les vallons, les plages n'étaient plus que des visions perdues dans un lointain infini, la brume envahissait lentement tout ce qui entourait la montagne. Le ciel était plus ruisselant de feux, plus pur qu'il ne l'était auparavant, mais au-dessous ne flottaient plus que des vapeurs indécises. On était bien définitivement seul et perdu là-haut, tout près des étoiles, rien ne rappelait le monde à la pensée inquiète.

Fatigué, je m'endormis dans une touffe de diss, près du foyer à demi éteint.

A trois heures du matin je m'éveillai glacé par l'air froid de la nuit. Le plateau était déjà éclairé par une clarté douce et sans éclat. La pyramide du Tadjera dominait en ce moment un immense amoncellement de vapeurs flottantes. Mer, vallons, rochers, plaines immenses, tout avait disparu.

Le sommet de la montagne était comme une île perdue au milieu d'un océan de nuées d'où surgissaient d'autres îlots aux formes fantastiques. On eût dit d'un archipel disposé en cercle autour d'une mer déserte et abandonnée. C'étaient les collines nues des Mediouna, les montagnes lointaines de Tlemcen, le Filhaousen, le Sendal qui en formaient la ceinture. Mais au delà, vers l'orient, une lumière rose jaillit soudain, toutes ces masses de nuées flottantes s'irisèrent, puis on en vit des lambeaux se détacher et, après avoir léché les flancs des îles mystérieuses, disparaître dans le ciel et s'y dissiper entièrement. Le manteau qui couvrait la terre s'envola aussi peu à peu, bientôt la mer apparut dans son azur immaculé, puis les vallons se dessinèrent à leur tour et, au moment où le soleil surgissait en entier à l'horizon, tous les nuages entassés dans le creux des montagnes se dispersèrent comme chassés par une force magique, le décor apparut dans toute sa splendeur.

Quel merveilleux paysage ! Le fond du tableau était formé par des montagnes aux sommets couronnés de roches immenses, aux flancs couverts de bois touffus avec de larges coupures offrant de lointaines perspectives. Au delà des plaines, des côteaux, des collines, des montagnes, s'étageant au-dessus d'autres montagnes qui semblent se multiplier à l'infini. Un ciel d'azur, une mer plus bleue encore que le ciel, des vallées plantées de grands arbres, des ruines sombres, des villages riants, des villes perdues dans de vertes oasis, tout cela calme, tranquille, profond dans cette incomparable irradiation d'une aurore africaine.

C'est à regret que l'on s'arrache à ce tableau, mais il faut enfin descendre. La pente du Tadjera est presque perpendiculaire. Heureusement les mulets ont le pied sûr, on peut sans crainte s'en fier à eux du soin de prendre le chemin le plus court. La descente de la montagne demande près de deux heures. Arrivé à moitié de la hauteur du Tadjera, la pente devient moins raide, le chemin s'engage dans un ravin ombragé, parcouru par un ruisseau clair qui descend en cascade le long des rochers. De distance en distance on rencontre un hameau des Trara, les habitants vous regardent passer en adressant leurs mélancoliques « el slam ali koum ». Bientôt on est entièrement perdu sous les arbres du ravin, mais au débouché du vallon un spectacle inattendu frappe les regards.

Qu'on se figure un vaste amphithéâtre de monts et de collines s'ouvrant en forme de fer à cheval autour d'une petite baie bordée de roches volcaniques bizarrement groupées. Au fond un bois de lauriers-roses venant finir sur une plage couverte de graviers et de sable qui s'abaisse en pente douce jusqu'à la mer. Contre la colline, entre deux ravins qui sont remplis de verdure, une muraille crénelée, ceinte de tours, percée de portes ogivales d'un pur style et admirablement fouillées par un sculpteur inconnu. Au milieu de l'enceinte les restes d'un minaret, des tours, des remparts, des ruines de toutes sortes qui semblent une Pompéï nouvelle exhumée d'hier. C'est Oneïn, ville dont la population a été exterminée par les Espagnols et qui n'a jamais été repeuplée.

Les figuiers ont pris possession de cette ville déserte; de la Casbah démantelée qui domine Oneïn aux remparts encore intacts, c'est une véritable forêt de cet arbre précieux. A son ombre croissent mille plantes amies des ruines qui viennent embellir l'antique cité en lui donnant un peu de ce charme solitaire que le lierre sait imprimer aux vieilles tours.

Un batelier qui allait de Nemours à Rachgoun et que j'avais prévenu de mon passage m'attendait à Oneïn; malgré mon désir d'explorer les ruines, je dus m'embarquer aussitôt. C'était la deuxième fois que pareille aventure m'arrivait, dans un précédent voyage, étant venu prendre les bains de mer à Oneïn, j'avais été forcé d'aller à la hâte à Nemours pour me rendre à Marnia. Cette fois, la précipitation d'un batelier m'obligeait à repartir aussitôt.

D'Oneïn à Rachgoun la côte est formée de falaises basaltiques supportant les terres d'une tribu importante, les Oulhassa Gharaba, mais elle n'offre rien de curieux au voyageur. Les Iles Noires que l'on rencontre en route sont deux rochers volcaniques qui servent quelquefois d'abri aux balancelles. Après une traversée de trois ou quatre heures, par une fraîche brise le long des côtes, cette masse menaçante de roches brunies finit par peser.

Le ressac est toujours violent dans ces parages, aussi n'est-ce pas sans plaisir que l'on aborde enfin à Rachgoun, une autre ville morte, longtemps florissante, mais qui n'est pas, comme Oneïn, restée debout dans son délabrement. A Rachgoun où se créera forcément un jour une cité maritime importante dès l'achèvement du chemin de fer de Tlemcen, il ne reste aujourd'hui que des ruines. L'île qui abrite la rade possède un phare et une caserne de douaniers.

En l'état actuel une journée passée à Rachgoun est bien l'emploi le plus triste que l'on puisse faire de son temps, surtout quand on sort des belles montagnes du voisinage. Ce jour-là j'y dormis toute l'après-midi et à neuf heures du soir, montant un cheval qui m'avait été préparé, je me remettais en route pour Tlemcen accompagné de deux guides. Nous arrivions à six heures du matin dans l'antique capitale des Beni Zian, ayant franchi en neuf heures les cinquante kilomètres qui nous en séparaient.

III

Une visite à l'Empereur du Maroc.

Frontière marocaine, le 14 septembre 1876.

Après avoir châtié rudement les R'iata qui avaient refusé l'impôt, l'empereur Moulaÿ Hassan avait transporté son camp à Guerma, sur la rive gauche de la Malouïa et y avait attendu la soumission des Beni Snassen. Après beaucoup d'hésitation, ceux-ci ont envoyé, au camp impérial, leur cheikh, El Hadj Mohammed ould el Bachir, ancien amel d'Oudjda, et le caïd de cette ville, beau-père du précédent, Ali ould Ramdhan, les deux fauteurs du désordre qui agite depuis si longtemps le pays voisin de la frontière.

Ces deux personnages ont été laissés libres dans le camp pendant un ou deux jours; mais tout à coup, arrêtés par ordre du sultan, ils furent chargés de chaînes et conduits, sous bonne escorte, à Thaza, où ils doivent encore se trouver.

Après ce coup d'autorité, Moulaÿ Hassan, qui avait imposé les Beni Snassen, pour cinq cent mille francs, reçut l'acte de soumission d'une des fractions de cette peuplade kabyle, les Beni Atig; les autres fractions, Beni Ourimech, Beni Khaled et Beni Mengouch ayant paru hésiter, le souverain du Mar'reb fit traverser la Malouïa à son armée, et, le 4 septembre, vint camper à Ar'bal, chez les tribus rebelles.

Vous savez sans doute que, chez nos voisins, le passage de la Malouïa par un sultan est le signe de graves malheurs; c'est donc un défi jeté à la superstition musulmane que l'acte accompli par le chérif; jusqu'à ce jour les évènements lui ont donné raison.

Le 8, l'empereur arrivait enfin à Oudjda dans le but de recevoir le général Osmont désigné comme ambassadeur de la République auprès de lui. Il établissait son camp au-dessus de la ville et à proximité de la frontière.

Pendant ce temps, le général Osmont avait fait réunir à Marnia, trois compagnies de zouaves, trois escadrons du 2ᵉ chasseurs d'Afrique, et trois escadrons de spahis destinés à servir de colonne d'observation en cas de lutte entre le sultan et ses sujets, ou d'escorte si l'entrevue projetée avait lieu. Le général de Flogny était arrivé dans ce poste dès le 6 et le lendemain avait envoyé le capitaine Boutan au camp marocain pour s'entendre sur le cérémonial à observer et l'emplacement à occuper par nos troupes.

Tous ces points réglés, le général Osmont est arrivé le 10 au soir, accompagné du général Melchior, du lieutenant-colonel Aublin et de plusieurs autres officiers. Le 11, les zouaves et la fanfare du bataillon d'Afrique, venue de Tlemcen sur la demande expresse de l'empereur, mélomane acharné, se mettaient en route et allaient camper à El Aricha (il ne faut pas confondre cet El Aricha marocain avec notre poste algérien). Les généraux et la cavalerie partaient dans l'après-midi et arrivaient vers le soir au camp marocain.

Quelques renseignements topographiques sont ici nécessaires.

Oudjda s'étend dans une vaste plaine qui déroule jusqu'à la mer son immense horizon; vers la frontière française s'élève l'énorme masse du Djebel Toumzaït; au sud, la chaîne dentelée du Djebel Lakhdar se dresse comme un rempart immense; à l'ouest, est la chaîne de montagnes des Beni Snassen. La ville occupe l'extrémité sud de la plaine; elle est entièrement perdue dans une forêt d'oliviers qui peut avoir plus d'une lieue dans tous les sens et que domine seule la tour carrée de la mosquée, minaret qui ressemble à tous ceux que nous connaissons.

C'est entre les oliviers et la frontière, sur un vaste plateau qui domine le pays, que l'armée marocaine s'était établie. Le camp, composé de hautes tentes, au-dessus desquelles semblait planer la tente impériale surmontée d'un globe d'or, avait un aspect réellement grandiose; du point qui nous avait été assigné, au quartier impérial, s'étendait une vaste avenue destinée au défilé des troupes à leur rentrée de l'exercice. Dans la plaine, près d'Oudjda, était établi un autre campement, paraissant surtout affecté à la cavalerie.

L'emplacement réservé à la colonne française était vis-à-vis la grande avenue dont j'ai parlé; deux ravines l'isolaient du reste du camp; tout autour avait été placée une ligne de sentinelles appartenant aux réguliers du sultan.

Par ce mot de réguliers, il ne faut pas songer aussitôt à des troupes ayant un aspect militaire. Dans l'armée marocaine, il y a bien des régiments, des bataillons et des compagnies; il y a même des soldats, mais tout est relatif. Le costume de ces réguliers se composait d'une veste de couleur voyante, rouge, violette, bleue ou jaune, d'un pantalon descendant jusqu'au genoux, de couleur non moins éclatante, mais différente de celle de la veste; une paire de belgra; un bonnet pour les riches, une ficelle sur le crâne pour ceux dont la fortune était moindre, et enfin, la laine que le bon Dieu a donné aux nègres pour les plus pauvres, voilà la coiffure.

L'armement semblait sortir du musée d'artillerie : toutes les formes de fusil, depuis le mousquet jusqu'au fusil Lefaucheux, en passant pas le tromblon, étaient représentées. Le factionnaire posait son fusil sur le sol, le maintenait debout au moyen de la baguette, et s'accroupissait devant ce faisceau, il restait ainsi là, béatement, pendant vingt-quatre heures, ne se relevant que pour présenter les armes à quelque patrouille, ou pour lancer un coup de baïonnette au Français mal appris qui voulait franchir les limites du camp. Mais, le plus souvent, la baïonnette, de calibre plus grand que l'arme, s'en allait se ficher en terre, à la grande joie des zouaves et des chasseurs d'Afrique, dont ces troupiers hétéroclites renversaient toutes les idées sur les choses militaires. La seule portion de l'armement qui parut avoir quelque cachet particulier était le sabre, monté en corne d'hippopotame, avec de capricieuses enjolivures à la garde; mais, ayant voulu examiner la lame, que je croyais sortir des mains des fameux armuriers de Mequinez, je lus à ma grande confusion : *Manufacture royale de Klingenthal* (1823) !

C'est tout ce que nous avons vu ce soir-là des détails de l'organisation militaire. Un bruit de fanfares, résonne tout à coup : les orchestres marocains jouaient la *Reine-Hortense* !

Alors commença un défilé que je n'aurais jamais cru voir ailleurs qu'aux Bouffes; l'armée marocaine tout entière allait passer sous nos yeux.

Les régiments marocains sont invariablement précédés de sapeurs; quelques-uns n'en ont que trois; d'autres atteignent au chiffre de huit. Le sapeur marocain a, sur son confrère français, le grand avantage de ne pas être forcé de porter la barbe; son costume est celui que j'ai dépeint plus haut, mais il porte une jambière en cuir à la jambe droite et une hache d'armes comme jamais nos sapeurs n'en ont possédée. Ces haches ont toutes les formes, depuis la francisque des guerriers de Clovis jusqu'à la cognée des bûcherons.

Le sapeur, en outre, est porteur d'un tablier de cuir jadis jaune, qui sous son visage noir semble, illusion des contrastes, avoir été propre quelquefois.

Après les sapeurs viennent les tambours. Un grand nègre dégingandé bat avec rage, sur une caisse anglaise, des marches non moins anglaises; les autres tambours, des enfants, reproduisent religieusement les *ra* et les *fla* du tambour-major. Les trompettes suivent, armés de clairons en cuivre rouge de forme tellement burlesque, que là, au moins, on pense trouver le travail marocain; erreur, sur l'instrument, on peut lire : *Sinder, London*.

Le colonel et le lieutenant-colonel s'avancent alors, à cheval, suivis par les troupiers qui exécutent nos manœuvres avec une fantaisie charmante. Les rangs bariolés des pelotons, la figure des officiers, la dignité de toutes ces faces noires qui, malgré leur âge (les soldats ont 10, 12 ou 14 ans pour la plupart), semblent se prendre au sérieux, forment un tableau comique.

Les régiments succèdent aux régiments, toujours même spectacle, mêmes sapeurs, mêmes marches ahurissantes battues par les tambours.

A peine le défilé était-il terminé, que le général Osmont réunissait autour de lui un brillant état-major; on y remarquait les généraux de Flogny et Melchior, le colonel de Pitray, le lieutenant-colonel Aublin, le commandant Mohammed ben Daoud, et plusieurs autres officiers supérieurs, ainsi que les chefs des bureaux arabes voisins de la frontière; les aghas des Oulad Riah et des Beni Snouss, le bach-agha de Frendah, le caïd des caïds de Nédroma, rivalisant de luxe oriental; un officier de la cavalerie suédoise, le baron de G..., se faisait remarquer par l'élégance de son costume.

Tout ce cortège, chamarré d'or, de broderies et de galons, s'est avancé dans la direction du Méchouar (quartier impérial), jusqu'à la tente du sultan devant laquelle le général Osmont et son escorte mirent pied à terre, et où ils furent introduits par un des ministres du souverain. Celui-ci était assis sur une sorte de trône surmonté d'un dais, il reçut l'envoyé de la France avec un air de majesté intimement convaincue qu'elle est à cent et quelques coudées au-dessus du commun des mortels; le général lui lut, en français, un discours; un interprète le traduisit ensuite au chérif qui, à son tour, prononça un speech en arabe. Après avoir présenté au sultan les personnes de son entourage, le général est retourné à son campement, escorté par quelques cavaliers marocains.

Pendant ce temps, la musique marocaine avait joué nos airs les plus en vogue; la fanfare du bataillon d'Afrique qui lui répondait par instant, n'avait pas tous les avantages dans cette lutte musicale.

Après la réception, chacun est rentré chez soi; l'empereur a fait, comme la veille, apprêter le repas de la colonne. Le général et son escorte se sont dirigés sur Oudjda.

Cette ville est entourée d'une magnifique forêt d'oliviers, à l'ombre desquels sont de beaux jardins enclos de murailles en pisé formant une série de redoutes enchevêtrées les unes dans les autres, dont l'ensemble constitue un système de défense fort remarquable; il est certain que l'attaque et la prise de l'oasis ne se feraient pas sans des pertes énormes de la part de l'assaillant. L'oasis est parfaitement irriguée, les cultures et les arbres, bien que soignés d'une façon fort primitive, n'en forment pas moins un lieu charmant. Quant à la ville elle-même, on ne l'aperçoit qu'en y pénétrant. C'est un amas d'édifices sans caractère; les rues sont de véritables cloaques, le fumier s'élève en tas énormes contre les maisons. Le monument le plus remarquable est, après une mosquée assez élégante, la maison du caïd, sorte de forteresse massive qui domine tout le reste de la cité. En somme, Oudjda, quoique beaucoup plus peuplée, est une ville bien inférieure à notre cité algérienne de Nédroma, qui n'a jamais passé, cependant, pour une jolie ville. La population participe de l'aspect sordide et louche de cette capitale de l'est du Maroc, et les juifs qui habitent la rue la plus animée donnent encore un plus misérable aspect à tout cela. L'impression laissée par Oudjda sur ses visiteurs a été une déception pour beaucoup, cette mer d'oliviers devait cacher une ville des *Mille et une Nuits*, et nous nous trouvions en face de la Cour des Miracles.

On nous dit que la Casbah est une merveille; nous y courons. Déception : un grand mur de pisé rongé par le temps, envahi par les lierres, les figuiers nains et les pariétaires, percé à jour comme un tamis et dont les derniers créneaux s'écroulent dans un large fossé aux eaux glauques et nauséabondes, voilà le Capitole d'Oudjda.

L'hospitalité marocaine ne s'est pas mise en grands

frais de cuisine pour nous. De grandes sébilles de bois remplies de plusieurs mètres cubes de couscouss, des pyramides de moutons, des montagnes de poulets, un mélange de miel et de beurre et quelques friandises de même genre ont été invariablement servis, pendant toute la durée du séjour; au bout de vingt-quatre heures, on marchait littéralement sur le couscouss à travers le camp.

La revue était annoncée pour quatre heures; dès deux heures de l'après-midi, tout le camp marocain était en rumeur : l'infanterie, sortie de ses campements, allait se masser au sud-ouest des oliviers et se former en haie sur le chemin que devait suivre le cortège impérial; la cavalerie irrégulière se dirigeait ensuite sur le même point; les réguliers se massaient aux alentours du Méchouar. A leur tour, nos troupes allaient se placer en bataille sur un terrain situé entre le camp et l'oasis, la droite vers le sud. De ce côté se trouvaient les zouaves, puis les chasseurs, les spahis, et, enfin, notre goum composé de cavaliers richement vêtus, dont les pittoresques costumes et les nombreux étendards contrastaient avec la tenue plus sévère de nos troupes régulières.

Le spectacle de cette plaine couverte d'une foule bariolée, était réellement splendide : les masses de cavaliers et de fantassins aux costumes éclatants, les drapeaux agités par le vent, les tentes s'étendant à l'infini vers les montagnes, les grands troupeaux de chameaux stationnant dans la plaine, la foule d'arabes accourus de tous les points du pays pour assister à la fête, tout cela formait un magnifique tableau ; au fond les oliviers d'Oudjda et les montagnes des Beni Snassen bornaient majestueusement le panorama.

Il était plus de quatre heures quand, à un mouvement dans la foule, nous devinons l'arrivée du souverain ; presque aussitôt nous apercevons, dominant cette mer humaine, le grand parasol rouge, insigne de la puissance impériale. Alors commence un défilé magnifique de la cavalerie régulière ; la marche s'ouvre par les porteurs d'étendards au nombre de douze ; les bannières qu'ils déploient au vent sont d'une grande beauté, la plupart sont en soie cramoisie sur laquelle se détachent, en lettres d'or, quelques versets du Coran. La cavalerie marocaine, à défaut d'une grande uniformité de costumes et d'une habitude quelconque des manœuvres des autres armées, a au moins de riches vêtements et les plus beaux chevaux du monde ; c'est vraiment un cortège de souverain.

L'empereur vient enfin : il est monté sur un cheval blanc, caparaçonné de soie blanche ; lui-même est vêtu d'un costume arabe éblouissant de blancheur, sa tête est surmontée d'un énorme turban en forme de coupole de Koubba, orné d'un pompon rouge au sommet. A sa gauche, marche un officier tenant au-dessus de la tête de Sa Majesté, le fameux parasol de commandement, semblable à celui que nous avons pris à Isly; à droite d'autres officiers éventent le sultan avec de grandes écharpes blanches.

Derrière l'empereur, vient Son Excellence l'exécuteur des hautes œuvres, richement vêtu et armé d'un large cimeterre.

Moulaÿ Hassan, que l'on dit n'avoir que 25 ans; en paraît 32 ou 33; c'est un bel homme aux traits distingués et finement dessinés. Bien que dans son maintien un certain air de mollesse frappe tout d'abord, rien sur son visage n'indique un sultan stupide comme d'autres majestés de sérail; on reconnaît, à certains moments, quand son grand œil un peu voilé s'illumine, le soldat qui a brisé deux sabres sur la tête de ses bons R'iata et qui a eu trois chevaux tués sous lui. Mais, en somme, rien ne laisse apercevoir ce qu'il éprouve.

Le cortège impérial s'avance avec une majestueuse lenteur, arrêté de temps en temps par des fanatiques sortis de notre camp, spahis ou convoyeurs, qui se précipitent sur le souverain pour baiser ses étriers; celui-ci se laisse faire gravement, et reprend son chemin.

Arrivé sur le terrain choisi pour les manœuvres, le chérif est allé se placer devant les zouaves qui, sur l'ordre du général ont commencé leurs exercices avec beaucoup d'entrain; rien sur la figure du souverain, n'a trahi ses sensations, mais par l'attention qu'il portait aux mouvements du bataillon, on devinait qu'il était fortement intéressé : Les manœuvres des zouaves terminées, les chasseurs d'Afrique sont entrés en lice à leur tour. Après avoir vu la cavalerie impériale nous ne comptions guère sur le succès qu'ont eu nos chasseurs. Les mouvements, exécutés avec le brio qui caractérise cette arme, des charges fort bien réussies, malgré les inégalités du terrain, ont fait pousser de véritables cris de joie aux indigènes si peu expansifs d'ordinaire. Les spahis qui ont exécuté ensuite les mêmes exercices n'ont pas eu autant de succès; il y avait moins de cohésion dans les rangs de l'escadron ce qui a laissé dans l'esprit de l'entourage du sultan, la conviction de notre supériorité.

La représentation donnée à Moulaÿ Hassan s'est terminée par un défilé, pendant lequel la musique du bataillon d'Afrique a eu plus de succès que le matin; en même temps l'armée marocaine nous offrait, pour la troisième fois, le spectacle toujours plus réjouissant de sa composition.

Le cortège impérial est revenu au milieu de cette cohue, il était précédé par la musique particulière de Sa Majesté que l'on dit être dirigée par un renégat espagnol. Ce maëstro était admirable dans sa grande robe violette, battant gravement la mesure devant ses musiciens.

La cavalerie impériale, désireuse de nous donner un

échantillon de son savoir-faire, s'est livrée à son tour à une fantasia échevelée mais avec plus d'ordre que n'en ont d'ordinaire les indigènes dans les fêtes de ce genre; les cavaliers marocains sont réellement habiles et leurs bêtes sont bien les plus agiles de la création; plus de 6,000 chevaux ont pris part à cette course émouvante qui s'est prolongée jusqu'à la nuit.

Au coucher du soleil, l'infanterie défilait encore, les cavaliers continuaient leur vertigineuse course devant notre camp; une poussière rosée s'élevait sous les pieds des chevaux, le soleil descendait derrière les montagnes des Angad; ses rayons jetaient de fauves lueurs sur toute la scène. La poussière dorée par cette lumière éclatante, les armes étincelantes comme autant de flammes électriques, les coups de feu qui réveillaient mille échos, les montagnes où l'ombre s'abaissait lentement, tout cet ensemble formait bien le plus magique tableau qu'il fut permis de contempler. On nageait en pleine poésie guerrière de l'Orient.

La journée s'est achevée ainsi; puis est venue la nuit pendant laquelle toutes les musiques du camp se sont fait entendre. A peine le dernier son s'était-il assoupi que les Marocains battaient le réveil. Un coup de canon, tiré vers 3 ou 4 heures du matin, et suivi aussitôt par un roulement de tambour magistral, voilà la façon dont nos voisins sont réveillés; jamais on n'entendit tant de tambours.

Aussitôt le jour paru, nous assistions à une nouvelle fantasia, moins belle que celle de la veille. Une poussière lourde et pénétrante s'abattait sur tout le camp, et, pour comble de disgrâce, l'eau manquait dans les outres; aussi ceux à qui cela fut possible se hâtèrent-ils de partir. Après une dernière entrevue du général avec le sultan, le colonel Aublin est allé s'entretenir avec le grand vizir Si-Moussa de différentes questions pendantes entre l'Algérie et le Maroc, et tout a été terminé. Vers une heure de l'après-midi le général montait en voiture et se remettait en route pour Marnia.

Quel résultat aura cette entrevue? Aucun, me semble-t-il. Le Maroc a trop à faire pour s'élever tout d'un coup au rang d'une nation civilisée. Le fanatisme religieux n'y a rien perdu de ses préjugés; le contact des Européens ne s'y faisant sentir que sur quelques points éloignés du centre de l'empire, n'a pu lui apprendre ce que sont les nations chrétiennes. Il est triste de le dire, mais ce pays ne peut se régénérer que sous l'influence d'un peuple conquérant.

Ce peuple que sera-t-il? Les convoitises surexcitées par cette magnifique contrée que baignent deux océans, se dévoileront un jour. L'Allemagne, qui n'a pas de colonie, guette cette proie; l'Angleterre, de Gibraltar, et l'Espagne de ses rivages du détroit et des présides, jettent des regards avides sur ce pays. Quant à nous, la faiblesse de la frontière actuelle nous maintiendra toujours armés vis-à-vis du Maroc. Il y a là certainement une question qui, dans un temps qu'on ne peut prévoir, mettra le feu aux poudres.

L'entrevue d'Oudjda nous a montré la faiblesse de ce pays; cette armée de 20 à 25 mille hommes n'a rien d'effrayant. La morgue et la fierté du sultan sont, avec certaines nuances, comparables aux idées de ce roi nègre des côtes de Guinée qui, assis complètement nu sur un tronc d'arbre, demandait à un de nos officiers s'il y avait en Europe des rois aussi puissants que lui.

TROISIÈME PARTIE

LETTRES SUR L'INSURRECTION DANS
LE SUD ORANAIS.

I

Les colonies espagnoles en Algérie [1].

Tlemcen, 15 juillet 1881.

Voici quinze jours tantôt que je suis en Algérie et j'ai passé de si longues heures à parcourir le pays sans me fixer nulle part, qu'aujourd'hui seulement je trouve le temps de vous écrire.

Du reste, j'ai remarqué partout, mais principalement au chef-lieu, un tel désarroi dans les idées, une telle exagération dans les paroles, que j'ai eu besoin de réfléchir quelque temps avant de me faire une opinion personnelle sur ce qui se passe dans ce pays. Je connais de longue date l'Algérie, et en particulier la province d'Oran. Je sais que les Oranais ont trouvé moyen de dépasser encore ces Méridionaux que Daudet se plaît

---

[1] Ces lettres ont été publiées dans *l'Indépendance belge*.

à peindre; mais certes jamais je n'avais vu les esprits ainsi montés et les moindres incidents prendre de telles proportions. Pendant la guerre, « quand nous étions trahis», pour une sentinelle qui recevait un coup de fusil, il y avait en France quelque chose de semblable.

A Oran on a tout pris au tragique. Une opération avortée est une trahison, une opération réussie est un mensonge. Partant de ces principes-là on va loin.

Mais où mon étonnement a été vif, c'est en découvrant un mouvement d'opinion parmi les *politiciens* en faveur du gouverneur général. Les mêmes personnages qui avaient lancé le député d'Oran à l'assaut de M. Albert Grévy, sont aujourd'hui ses défenseurs les plus acharnés et lui reconnaissent toutes les vertus. En revanche, le général Farre est devenu le grand coupable. C'est contre lui surtout que sont dirigées aujourd'hui les critiques les plus vives. Chacun des deux partis prétend avoir contre l'autre des armes terribles; le gouverneur a tout prévu et l'autorité militaire n'a rien écouté, dit-on dans le monde administratif. La vérité, et je ne m'avance pas sans preuve, est que lorsque les autorités militaires de l'Ouest ont, il y a deux ans, annoncé l'insurrection actuelle, nul ne les a crus, au gouvernement général comme à l'état-major du 19e corps.

Pour aujourd'hui, je veux surtout vous parler de la question espagnole qui passionne vivement les esprits.

Je reprends les choses d'un peu haut pour mieux expliquer la situation.

Dès la conquête de l'Algérie, tandis que l'accroissement de la population française dans la province d'Oran se faisait avec lenteur, un mouvement considérable d'émigration se dessinait en Andalousie et dans la province de Murcie ayant pour objectif Oran et son territoire.

Cette tendance à franchir le détroit a des causes nombreuses : la proximité des deux pays, la misère produite en Espagne par de fréquentes révolutions, et enfin les vieilles traditions au sujet du rôle joué jadis sur le sol algérien par l'Espagne du moyen âge et de la Renaissance. A peine le bey d'Oran avait-il disparu que déjà les Espagnols abordaient dans notre nouvelle possession malgré les entraves apportées par le gouvernement. Sans les événements actuels nul n'aurait pu dire où cette émigration se serait arrêtée.

Pour nos voisins, Oran est non seulement une ville espagnole par ses souvenirs, presque au même titre que Gibraltar, mais elle est espagnole par la majeure partie de sa population. Au recensement de 1876, sur une population totale de 49,368 habitants, on ne comptait que 11,047 Français contre 19,353 Espagnols [1].

[1] Le reste de la population comprenait 4,948 israélites, 4,782 indigènes musulmans, 5,510 étrangers de nationalités diverses, et 3,278 individus n'habitant le pays qu'à titre temporaire (garnison, etc.). Aujourd'hui, après cinq ans, la population totale de cette ville atteint 59,429 âmes.

Cette colonie espagnole s'est créé des quartiers à part. Elle possède même un organe en langue castillane, sur lequel j'aurais à revenir. Les chances de francisation sont annulées par l'apport incesssant de l'émigration. Le jour peu éloigné où Oran possédera cent mille âmes, ce jour-là on y comptera 60 à 70,000 individus originaires de la Péninsule.

Ce n'est pas seulement dans le chef-lieu que cette proportion se présente. La population d'origine européenne de la province s'élève à 112,647 personnes, dont 43,516 Français, 53,017 Espagnols et 16,114 individus d'autres nationalités. (Dans ce dernier chiffre sont compris nombre de non Européens, Marocains et Tunisiens surtout.)

L'excédant de la population espagnole sur la population française était donc officiellement, en 1876, de 10,000 individus pour toute la province d'Oran. La ville capitale à elle seule présente un excédant de 8,000. Quelques autres communes ont une proportion

	Habitants.	Français.	Espagnols.
Aïn el Turk.	479 dont	118	299
Aïn Témouchent.	2,304 —	480	730
Mers el Kébir.	1,690 —	284	830
Saint-Cloud.	2,107 —	715	754
Saint-Denis du Sig.	9,008 —	1,179	5,145
Sidi Bel Abbès.	10,772 —	2,044	6,736[1]

[1] Au recensement de 1882, Aïn et Turk possédait 620 habitants; Aïn Témouchent, 5,946; Mers el Kébir 1,876; Saint-Cloud, 2,691; Saint-Denis du Sig, 9,569 et Sidi Bel Abbès, 16,980.

souvent plus forte. Il est intéressant de les signaler.

On remarquera l'écart énorme pour ces deux dernières villes. Presque partout ailleurs la population espagnole est égale au chiffre de la population française. Encore faut-il tenir compte de ce que les chiffres ont considérablement augmenté depuis le recensement. L'ouverture des chantiers à alfa, sur les hauts plateaux de Saïda, la famine, les inondations, ont amené de la Péninsule un nombre considérable d'émigrants. En 1879, on en a vu débarquer à Oran plus de 3,000 en quinze jours.

Sans les évènements récents, qui ont prouvé déjà combien l'agglomération de la population espagnole pouvait, à un moment donné, causer de désagréments à notre pays; sans ces événements et la façon dont le gouvernement madrilène a su les exploiter, la population française aurait été noyée dans la masse des Espagnols. De graves dangers pour notre domination en Algérie en seraient résultés.

Mais faut-il pour cela s'applaudir du ralentissement dans l'immigration et du retour en Espagne de nombre de travailleurs? Je suis loin de le penser, car l'émigrant espagnol est un appoint sérieux pour l'Algérie. Travailleur, sobre, il peut se passer de tout confort, et réussit, sans ressources aucunes, là où nos colons, aidés du gouvernement, végètent avec peine.

Ainsi, à la suite de sécheresse, de l'envasement du

barrage, de mauvaises récoltes, de l'abandon de la culture du coton, la florissante colonie de Saint-Denis du Sig s'est vue presque ruinée. Les Espagnols ont acheté à vil prix les terres de nos colons et ont fait disparaître le caractère si français de cette ville. Si grâce à son activité le Sig se reprend aujourd'hui à vivre, on a vu, par le tableau ci-dessus, dans quelles proportions notre race figure dans sa population.

Autre exemple : l'exploitation de l'alfa a attiré en Algérie une masse considérable de travailleurs. Le *spartero* ou alfatier se trouve isolé au milieu d'immenses solitudes privées d'eau. Il lui faut travailler sans abri, sous un soleil de feu et se courber jusqu'au soir vers la terre pour arracher les précieuses tiges. Seuls, les Espagnols et les Arabes se livrent à ce travail qui rapporte beaucoup. On peut en juger par ce qu'on voyait avant l'insurrection le dimanche à Sidi-Bel-Abbès, où tel *spartero* dépensait de 40 à 50 francs dans sa journée.

Ce métier qui offrirait tant de ressources à d'honnêtes travailleurs, n'a pas attiré un seul de nos compatriotes, et l'argent gagné de cette façon, au lieu de rester dans le pays, sert, en grande partie, à acheter quelque lopin de terre autour de Murcie ou d'Alicante.

Sauf le négoce, où les Juifs nous font une redoutable concurrence, sauf la culture, que des règlements nous conservent, sauf la grande industrie, nous n'avons rien ou peu entrepris des métiers qui demandent plutôt des bras que des capitaux. Faut-il défricher, exploiter des carrières, récolter le diss et le palmier-nain, faire du charbon, pêcher le thon et la sardine, créer des jardins maraîchers, c'est toujours l'Espagnol qui se présente. On a vu, à propos du Sig, comment, malgré les décrets sur la colonisation, il sait devenir propriétaire du sol.

Grâce aux Espagnols aussi, une foule d'industries se sont transplantées à Oran et dans le reste de la province. Bien que s'exerçant dans un rayon moins vaste, leur activité, comparée à celle des commerçants français, n'en joue pas moins un rôle important, capital, dans la mise en valeur du pays.

Tout en reconnaissant les services que les Espagnols rendent à leur patrie, les Algériens se sont demandés si, dans le cas d'un conflit avec l'Espagne, la présence d'une population espagnole supérieure à la population française ne serait pas une menace grave pour notre suprématie.

L'objection serait sérieuse s'il ne dépendait point de nous de l'empêcher de se produire. Si l'on peut craindre une *hispanisation* presque complète du pays, il faut surtout l'attribuer à la façon dont nous avons reçu les émigrants. La population espagnole ne se fond pas dans la population française, c'est vrai ; mais cela ne tient-il pas à ce que nous-mêmes ne nous prêtons guère à la fusion?

Aussi qu'en résulte-t-il? Pour la plupart de ces gens, l'Algérie n'est qu'une terre de Cocagne où l'on peut cueillir sans trop de peine ce que le sol ingrat de l'Espagne ne saurait donner. Dès qu'ils ont amassé un petit pécule ils retournent chez eux. Une partie de ceux qui restent ont eu des démêlés avec les gendarmes de leur pays et ne tiennent pas à retomber entre leurs mains. Les autres, ceux qui se sont fixés dans la colonie pour y exercer un métier, éprouvent une certaine irritation à voir leur activité restreinte par la législation française sur la cession des terres. Rien ne les attache d'une façon sérieuse au sol sur lequel ils vivent. Enfin la population flottante, celle qui trouve dans l'exploitation de l'alfa une source de gains rapides, ne voit pas d'un bon œil le système de l'abandon de cette récolte à de grandes compagnies.

Nombreuses sont les entraves apportées à l'activité de ces émigrants par nos lois, nos coutumes et peut-être aussi nos préjugés. Trop nombreuses, en effet, puisque nous leur devons la main-d'œuvre pour l'exploitation des richesses de la mer et du sol. C'est à eux que nous sommes redevables de ces défrichements, de ces plantations d'oliviers, de ces vignobles qui émerveillent le touriste parcourant la province.

Ils remplissent ses chantiers des chemins de fer, ses routes, des barrages, des ports, et sont employés par toutes nos industries.

Ceux qui connaissent l'Espagne trouveront peut-être ce tableau exagéré. On est tellement habitué à la mollesse de nos voisins que cette activité peut sembler extraordinaire, mais cela s'explique facilement. Autant l'Espagnol est, dans son pays, enclin à la paresse, autant celui qui vient en Algérie est dur à la peine : ceux-là seuls se déplacent qui ont l'amour du travail. L'Afrique n'est pas un Eldorado ; la terre, bien que généreuse, n'y donne ses trésors qu'à celui qui les cueille à la sueur de son front. De là ce contraste entre l'Espagnol en Espagne et l'Espagnol sur le sol algérien.

On peut le soutenir cependant, et cette idée n'a cessé de hanter les esprits à Oran : il y a un grave danger pour notre domination dans cette marée toujours montante de l'immigration, qui n'est pas contre-balancée par une augmentation correspondante de l'élément français. Mais apporter des obstacles à ce mouvement serait dangereux et impolitique. Supprimer ou entraver l'immigration serait tuer une force vive qu'on ne saurait remplacer.

D'ailleurs il est plus d'un moyen de parer à l'éventualité d'un renversement des rôles respectifs des deux grands éléments de la colonisation. Le plus sûr consisterait dans l'assimilation des émigrants à la race française.

Évidemment on ne saurait donner malgré eux, à des gens qui ne demandent point la naturalisation française, les droits des citoyens français, mais du moins pourrait-on s'y acheminer. On l'a déjà reconnu: l'assimilation est si nécessaire, elle s'impose tellement, que l'autorité a dû admettre les Espagnols à voter dans une certaine proportion pour former les conseils municipaux [1]. De même, en vertu d'une convention passée avec le gouvernement madrilène, tous les jeunes gens nés en Algérie de parents espagnols et qui ont atteint leur vingtième année sont soumis au service militaire. On leur laisse le choix entre servir une année dans les troupes coloniales ou donner à leur pays tout le temps de service exigé par les lois espagnoles. Presque tous choisissent l'Algérie et entrent dans nos régiments de zouaves et de chasseurs d'Afrique. Il y en a eu, en 1878, 166 pour le département d'Oran sur 668 jeunes gens. (Le reste de la classe comprenait 368 Français et 134 Israélites naturalisés.)

La fusion des deux races tend encore à s'opérer par les mariages. Mais on ne peut signaler qu'un petit

---

[1] Sur 24,060 électeurs municipaux (1876), le département compte 14,617 Français et Israélites naturalisés, 6,754 électeurs musulmans et 2,689 étrangers, en majeure partie Espagnols.

nombre d'unions de ce genre. En 1878, il y a eu 83 mariages entre Français et étrangères, et 21 entre étrangers et Françaises, tandis qu'entre Français et Françaises il y en avait 340, et 454 entre étrangers et étrangères. Toutefois, il y a accroissement incessant de ce côté, et il faut tenir compte de ce fait.

Mais là se borne l'assimilation. La grande masse des immigrants, n'a pas, comme les jeunes gens, l'occasion de s'imprégner sérieusement de nos habitudes; elle a peu de relations de famille avec les Français et vit en nation à part.

Il est à regretter que la pénurie des terres colonisables empêche de les assimiler aux Français pour les concessions de terrain, — faites, bien entendu, sous certaines conditions de naturalisation. Mais il est un moyen d'arriver à ce résultat sans restreindre la part faite aux colons français dans la distribution des terres, et de retenir ainsi les travailleurs sérieux que la panique actuelle chasse de l'Algérie.

La colonisation se fait aujourd'hui dans des zones spéciales par la création de centres demandant une étendue considérable de terrains d'un seul tenant, c'est-à-dire un millier d'hectares au minimum. Ce système a donné d'excellents résultats en ce qu'il a permis de créer d'emblée la vie communale dans un pays nouveau; mais il a le grave défaut de laisser sans culture certains terrains domaniaux, des coins de terre insuffisants pour permettre l'établissement d'un centre, ou des portions de sol dont la nature a, jusqu'à ce jour, empêché de tirer parti.

Ce sont ces territoires, qui semblent condamnés aujourd'hui à un éternel abandon, qu'il conviendrait de donner aux immigrants étrangers qui en feraient la demande, afin de s'assurer une population agricole sérieuse. On pourrait exiger certains travaux de défrichement, la création de puits, des plantations, etc.

Au bout de quinze ans la concession pourrait être donnée en toute propriété sous la condition formelle que le concessionnaire se serait fait naturaliser et aurait rempli ses engagements. Nous aurions ainsi sur toute la surface du territoire, un réseau de petites exploitations agricoles occupées par des colons énergiques. Tout en remplissant une œuvre d'humanité et de sage politique on aurait assuré la sécurité des communications par la multiplicité des habitations rurales, on aurait mis en valeur des terrains réputés inutilisables et acquis à la nationalité française nombre de hardis travailleurs attachés au sol et dévoués à leur nouvelle patrie.

Les terrains aujourd'hui abandonnés deviendraient sous la main de ces robustes pionniers des terres fertiles. Les côteaux rocheux seraient transformés en vignobles magnifiques. Il y a, aux environs d'Oran, plus d'un exemple de ce que les Espagnols peuvent faire en ce genre.

Nous obtiendrions ainsi le peuplement de ces plaines sans fin, de ces broussailles où errent les chacals, de ces collines dénudées, de ces vallons sans ombre qu'on rencontre partout où l'on s'éloigne des villages. Ces oasis, dues au travail incessant d'une population laborieuse, seraient comme le point de départ d'une métamorphose complète du sol. En peu de temps chaumières et hameaux deviendraient des fermes et des villages prospères dont les habitants se montreraient aussi jaloux que les autres Algériens de l'intégrité du sol de la colonie et de sa vie propre comme nation.

Tout en accroissant la richesse du pays on apporterait la seule digue possible à cette menace de l'hispanisation d'une partie de l'Algérie. L'enseignement obligatoire dans les écoles françaises compléterait merveilleusement le système.

Ce que je viens d'exposer ici était indiscutable il y a un mois; mais aujourd'hui le massacre de quelques ouvriers espagnols sur les hauts plateaux va probablement, pendant un court laps de temps, changer la situation. Le gouvernement espagnol est enchanté, au fond, d'une aventure qui lui offre l'occasion d'enrayer l'émigration, mais je doute que ses efforts soient couronnés de succès.

Le mouvement qui entraîne les paysans espagnols

vers l'Algérie est de ceux qu'on peut arrêter un moment, mais qui reprennent avec d'autant plus de vigueur qu'on a cru plus facilement les empêcher de se produire.

II

Un ambassadeur marocain à Tlemcen.

Tlemcen, 16 juillet.

Au moment où j'achevais ma lettre d'hier se terminait la fête nationale. Ici, comme dans la plupart des communes algériennes, on ne s'est pas borné à une seule journée pour fêter l'anniversaire de la prise de la Bastille, les réjouissances ne prendront fin qu'avec les forces des danseurs.

La solennité donnée à la fête avait, dans les circonstances actuelles, une grande importance. Si l'insurrection armée reste confinée sur les hauts-plateaux, les esprits n'en sont pas moins troublés un peu partout. Ici même, la fidélité des indigènes est plus que douteuse. Les Kourour'lis (fils de Turcs et d'Arabes), qui ont été jadis pour nous des auxiliaires si fidèles contre Abd el Kader et qui forment une population intelligente et tranquille, les Kourour'lis eux-mêmes, travaillés par des émissaires venus de la Mecque sont fort hésitants et leur attitude deviendrait même franchement hostile si quelque grave échec venait nous atteindre dans le Sud.

En outre, Tlemcen est le rendez-vous des populations de l'Est marocain, de toutes les oasis marocaines et même des gens de l'Adrar et de Tombouctou. Plus que R'adamès ou Tripoli, cette ville est fréquentée par les caravanes; il y a donc toujours là une population flottante considérable, composée d'éléments fort mêlés et au milieu de laquelle les agitateurs peuvent facilement se glisser.

La partie la plus importante du programme des fêtes comportait naturellement une revue à laquelle on a pu faire figurer un nombre d'hommes assez considérable pour produire une impression salutaire sur les indigènes. Un bataillon de zouaves, le 2ᵉ bataillon d'infanterie légère d'Afrique, deux bataillons de ligne, deux escadrons de chasseurs, une batterie d'artillerie de campagne et une batterie de montagne, des détachements du génie et de troupes d'administration ont défilé sous les arbres touffus de l'esplanade du Mechouar, au son des fanfares du bataillon d'Afrique et des chasseurs, et au milieu d'une foule énorme d'indigènes. La martiale allure de nos soldats, l'ordre parfait de leur marche ont produit l'impression que l'on attendait;

l'arrivée de nouvelles troupes de France contribuera à inspirer le respect de nos armes.

On attendait ce jour-là l'arrivée d'un envoyé du Maroc; on avait espéré qu'il serait à Tlemcen à temps pour assister à la revue et comparer notre armée à celle de son pays, mais Si Abd el Malek n'est arrivé qu'à midi.

Le représentant de l'empereur Moulay Hassan est le nouvel amel (gouverneur) d'Oudjda, ville située sur la frontière et capitale d'une province allant de la mer aux oasis sahariennes. Il est chargé par son gouvernement de verser entre les mains des autorités françaises une somme de 150,000 fr., montant des réclamations de la France pour des vols et des razzias dont nos sujets ont été victimes de la part des tribus marocaines de la frontière. En outre, l'amel est chargé de la part de son souverain d'assurer la France de l'amitié du gouvernement marocain.

Si Abd el Malek, avec lequel j'ai eu l'occasion de m'entretenir, est un homme de 45 ans environ, à la figure intelligente, mais pleine de finesse orientale, c'est-à-dire dénotant quelque duplicité. Il a la barbe très noire et les yeux enfoncés dans leurs orbites. Il m'a reçu avec une courtoisie parfaite, ainsi que le caïd d'Oudjda et son khalifa.

L'amel est plein de bons sentiments à notre égard. Son souverain aussi, dit-il. Cela à tel point qu'aussitôt nommé il a quitté Fez pour venir en Algérie et n'est resté que 22 jours en route, s'arrêtant à peine dans la capitale de son amalat.

En passant à Marnia, notre premier poste sur la frontière, l'envoyé marocain a témoigné le désir de faire la route en voiture. Jamais encore le noble personnage n'avait roulé carrosse. Mais la population, à l'occasion de la fête nationale, avait retenu toutes les voitures pour se rendre dans les environs, et force a été à Si Abd el Malek de faire à cheval les 50 kilomètres de chemins en montagne qui séparent Tlemcen de Marnia, s'arrêtant seulement pour déjeuner à l'oued Zitoun chez Si Ahmed ben Ahmed, l'agha des Oulad Riah.

Depuis qu'il est ici, l'amel a pris sa revanche, et il ne quitte guère le *caroussa* de place dans lequel l'accompagne M. Alata, interprète militaire. C'est ainsi qu'il a pu assister à toutes les réjouissances qui ont eu lieu à l'occasion du 14 juillet, depuis le mât de cocagne jusqu'au bal de nuit.

Si Abd el Malek doit être chargé d'une mission secrète d'une nature assez délicate, car il nous vient du Maroc d'étranges bruits qui méritent l'attention.

Un certain El Hadj Bou Taleb, neveu d'Abd el Kader, qui a accompagné le docteur Lenz dans son voyage à travers le Sahara, et que le voyageur allemand avait conduit à Bordeaux, et de là à Tanger, joue au

Maroc un rôle singulier. Entouré d'agents allemands, il parcourt le pays, s'abouche avec les mécontents et préconise partout la suzeraineté de l'Allemagne. Il est appuyé sous main par Si Abd es Selam, chérif d'Ouazzan, propre cousin de l'Empereur, marié à la fille du consul anglais de Mogador.

Cet Abd es Selam est doué d'une vaste ambition. Il est venu jadis en Algérie et a parcouru ensuite une partie de l'Europe — vers 1875 — chargé officiellement d'une mission de son souverain, mais en réalité cherchant des protecteurs. Aujourd'hui, c'est du côté de l'Allemagne qu'il croit les trouver.

A Fez le Sultan est au courant de cette situation et la suit avec quelque crainte. Malheureusement le chérif d'Ouazzan est puissant; sa qualité de descendant du prophète et de chef d'une des grandes confréries religieuses de l'Afrique du Nord le rend à peu près inviolable. C'est dans les difficultés qui menacent l'empereur Moulaÿ Hassan qu'il faut voir l'explication de ce rapprochement soudain qui se traduit par le voyage de Si Abd el Malek.

Un autre sujet de crainte pour le Maroc est l'attitude de l'Espagne dans ses présides. Des voyageurs venus du Riff affirment que le gouverneur de Melilla, affligé de la maladie de la pierre, comme tous les militaires de ce pays, complète d'une façon formidable les fortifications de la place et, grâce à la soumission volontaire de quelques tribus de Riffains, fait faire, autour de la ville, des routes qui permettront aux Espagnols de se rendre immédiatement au cœur du pays.

Quoi qu'il en soit, ce revirement du Maroc à notre égard est bien prompt et temoigne de craintes fort vives, car ce que l'on appelle l'évasion de Si Sliman-ben Kaddour a eu lieu avec le consentement de l'empereur.

Si Sliman, chef des Oulad Sidi Cheikh R'araba, a, en effet, quitté Mequinez au grand jour. Au moment de venir sur notre frontière, il est allé trouver l'amel et les autres autorités pour leur faire des visites d'adieu.

A peine arrivé aux campements de sa tribu, sur la frontière même, au nord du chott de Tigri, il a écrit au général commandant à Tlemcen pour offrir son concours à la France. Seulement il mettait comme condition à ce concours l'obtention d'un immense commandement composé de territoires s'appuyant au nord sur la mer et s'étendant dans le sud de façon à comprendre jusqu'aux oasis du Touat. Ces propositions renouvelées à diverses reprises ne sauraient guère être prises au sérieux, car Si Sliman, qui a été longtemps au service de la France, est bien connu. Sa versatilité et sa mauvaise foi n'ont d'égale que son ambition démesurée. C'est un personnage dont les besoins, sont, du reste, hors de proportions avec les ressources.

Un indigène, qui le connaît bien, me disait tout à l'heure « qu'il mangerait le monde entier sans s'avouer satisfait. »

On ne saurait avoir aucune confiance dans ce personnage qui n'est du reste pas aussi dangereux qu'on se plaît à le dire. Par contre, son parent, Si Kaddour ben Hamza, le chef des Oulad Sidi Cheikh Cheraga, pourrait nous causer de sérieux embarras. Il est retiré avec ses tribus dans le Tafilalet, au milieu d'oasis innombrables et populeuses tout à fait en dehors de l'action du Maroc et où l'influence des sectes religieuses est énorme. Si Kaddour est en relations directes et suivies avec Si Senoussi de la Tripolitaine et semble tout indiqué pour être le chef temporel de la guerre sainte. Je dis temporel, car Bou Amama est un extatique dont le royaume n'est pas de ce monde.

III

Un voyage chez les Hamyan.

Sebdou, 20 juillet.

Je suis parti avant-hier de Tlemcen pour venir visiter une des colonnes en formation. C'est une rude journée par cette chaleur tropicale que le voyage de Sebdou, mais l'excursion vaut la peine d'être tentée.

Au sortir de Tlemcen la route s'engage dans une campagne verdoyante. Bordée de grands peupliers, de noyers, de trembles, rafraîchie par des ruisseaux d'eaux limpides qui écument sur un lit de cailloux, on se croirait dans une campagne de la Limagne ou du Dauphiné, sans les buissons de rosiers, les grenadiers où les fleurs et les fruits abondent, les grands figuiers sous lesquels s'abritent les troupeaux et les oliviers gigantesques au pâle feuillage.

On traverse le hameau d'El Kalâa, groupe d'une quinzaine de moulins, et l'on aborde enfin la montagne. Pendant plus d'une lieue la route déploie ses lacets sur les flancs d'un rouge doré du Djebel-Attar. A mesure qu'on s'élève, à chaque contour de la route, le paysage s'agrandit et s'harmonise. Vers le sommet de la montagne, au moment d'entrer dans la plaine de Terny, le panorama est merveilleux. A nos pieds c'est Tlemcen au milieu de son oasis d'oliviers, entouré de villages et de hameaux, c'est Bou-Médine et sa mosquée fameuse, c'est l'antique enceinte de Mansourah et ses cent tours crénelées.

Puis au loin la plaine descend jusqu'aux montagnes qui ferment l'horizon; en face de nous les montagnes des Mediouna, à droite le massif du Djebel Roumeliah et ses pics aigus, à gauche la chaîne énorme du Filhaousen, la masse trapue du Tadjera et, par une échappée, une vaste étendue de mer. Et cependant cinquante kilomètres nous séparent de la Méditerranée.

Ce paysage est peut-être le plus grandiose de l'Algérie, où pourtant les beaux sites abondent.

Mais la jardinière qui sert de diligence à Sebdou a atteint les piétons qui ont pris la traverse et fait la côte à pied; il nous faut remonter en voiture. Nous traversons la plaine de Terny, désert jaune en ce moment, prairie verdoyante au printemps. Au fond du plateau on découvre un point sombre, ce sont les premiers arbres de la forêt d'Ahfir, dont les profondes futaies descendent jusqu'à la Tafna.

A Terny, village que nous traversons rapidement et qui est situé à 1,300 mètres d'altitude, nous recommençons à monter. Voici le caravansérail d'Aïn R'oraba, et plus loin les premiers arbres de la forêt de Tessera M'ramet, ou de Titmocren, forêt de grands chênes malheureusement trop clair-semés, qui couvre 13,000 hectares. Il y a là des arbres magnifiques susceptibles d'une exploitation fructueuse et qu'il serait facile de remplacer par des semis peu coûteux.

En sortant de la forêt la route s'engage dans un vallon à fond herbeux renfermé dans des hauteurs sans caractère, mais qui offrent un des sites les plus curieux de l'Algérie, c'est *Aïn Abalète*, la source de la Tafna.

Aïn Abalète est une grotte profonde assez semblable à Vaucluse. Pendant l'hiver, les eaux s'échappent avec bruit d'abîmes situés au fond. Mais en ce moment la Tafna, abondante dès sa naissance, sort d'un gouffre situé au-dessous du seuil de la grotte. A un quart de lieue plus loin le vallon s'ouvre tout à coup, on se trouve au sommet d'un escarpement de près de trois cents mètres ; à nos pieds s'étend la plaine de Sebdou, bornée au sud par les collines d'El Aricha qui supportent les hauts plateaux.

Pour sortir du vallon la Tafna se précipite par une suite de cascades jusqu'au bas des collines ; la route côtoie la rivière par une série de lacets et atteint le fond de la plaine.

Si l'on tourne alors les yeux vers les hauteurs que l'on vient de quitter on est frappé de leur singulière conformation. Rangées sur une seule ligne elles présentent douze mamelons aigus, de forme et de grandeur absolument semblables. Nos soldats leur ont donné le nom de « Douze apôtres. »

On traverse la Tafna sur un pont hardiment jeté au-dessus du ravin béant où coule la rivière. Une grande avenue plantée de platanes, de vastes magasins voûtés qui servent d'entrepôts au commerce avec le Sahara, une trentaine de maisons semées au bord de boulevards et de places déserts, embryon d'une ville importante, voilà le nouveau Sebdou, sorti du sol depuis cinq ou six ans à peine.

Le reste de la ville, si l'on peut appeler ainsi cette agglomération de moins de 500 habitants, chef-lieu d'une commune de 75,000 hectares et peuplée de 6,000 âmes, est renfermé dans la redoute. Comme dans les postes de la lisière du Tell, une enceinte crénelée et bastionnée renferme, outre les casernes, l'église, l'hôpital, l'hôtel du commandant supérieur, le bureau arabe, les divers autres services, enfin plusieurs maisons où pendant longtemps a tenu toute la population civile composée surtout de cantiniers et de camelots.

Aujourd'hui Sebdou est remis à l'autorité civile, mais c'est encore le chef-lieu d'une commune mixte militaire qui ne comprend pas moins de 2,700,000 hectares situés entièrement sur les hauts plateaux et qui font partie de la zone des opérations militaires actuelles. Dans toute cette étendue de terrain, sauf les Angad, tribu sédentaire dont le territoire s'étend jusqu'à El Aricha, on ne trouve plus de populations fixées au sol.

Le pays tout entier est parcouru par deux grandes fractions des Hamyan : les Chafâa et les Djembâa. Les premiers comprennent quatre tribus : les Beni Metarref, les Akerma, les Bekakra et les Ouled Mansoura. En tout 2,405 individus.

Les Djembâa, qui sont au nombre de 3,620, comprennent 11 tribus : les Ouled Serour, les Ouled Messaoud, les Ouled Ahmed, les Megan, les Mer'aoulia, les Ouled Thounis, les Fradha, les Ouled Embarek, les Ouled Farès, les Sendan et les Ouled Sidi Ahmed ben Medjoub.

Je vous donne tous ces noms barbares, car, les événements aidants, les Hamyan de l'Ouest ne vont pas tarder à faire parler d'eux. Ces nomades sont, avec les Hamyan de Géryville (ou Trafi, qui ont suivi Bou Amama), le trait d'union entre l'Algérie et le Sahara central. Par leurs caravanes annuelles au Tafilalet ils se trouvent en rapports suivis avec tous les agitateurs et tous les fanatiques de ces pays. Leurs habitudes de migration leur ont donné un tempérament inquiet qui les pousse aux aventures ; aussi n'est-ce qu'à force d'habileté que les autorités militaires les retiennent dans l'obéissance. Quand leurs silos, placés sous l'abri de la redoute d'El Aricha, sont vides, volontiers il leur prend fantaisie d'émigrer au Maroc et de suivre les Beni Guil ou autres tribus de ce pays.

Les Ouled Sidi Cheikh font tout ce qu'ils peuvent pour les amener à faire défection, mais ils n'ont guère réussi jusqu'à présent. Leur humeur vagabonde a fait pour cela autant que les menaces de nos officiers des bureaux arabes. Du reste, ils n'abandonnent jamais sans espoir de retour les vastes plaines d'alfa, où ils promènent leurs nombreux troupeaux et leurs innombrables chameaux. Le Maroc, troublé sans cesse, n'a pas pour eux autant de charmes que les hauts plateaux tranquilles de Sebdou et les verts pâturages de la Dayat el Fert, cette grande dépression verdoyante du sud de Sebdou, où les animaux ont presque toujours de l'herbe en abondance.

En ce moment, les Hamyan sont hésitants entre les Ouled Sidi Cheikh, qui voudraient les lancer contre nous, et nos colonnes dont ils pourraient être les éclaireurs dans la marche vers Figuig, où, grâce à la richesse des populations de ce pays, les razzias seraient abondantes. Les envois continuels de troupes que l'on fait de Tlemcen ici les décideront probablement à prendre ce dernier parti. Leurs femmes, leurs enfants et leurs troupeaux, une fois internés sous les murs d'El Aricha, nous seront garants de leur loyauté [1].

En attendant, on prend toutes les précautions contre eux et leurs alliés possibles. Hier j'ai poussé une pointe avec un convoi jusqu'à El-Aricha. Ce poste, situé sur un oued dont les eaux vont au fleuve marocain de la Malouia, est fort tranquille. Les troupes qui l'occupent formeront l'avant-garde de la colonne. Il n'y a là qu'une redoute et quelques baraques appartenant à des Juifs. C'est, vers l'Ouest, l'extrême limite de l'Algérie où l'on puisse pousser actuellement; mais j'ai tout lieu de croire que bientôt on ira réoccuper, à 148 kilomètres de Sebdou, à 103 d'El-Aricha, la redoute abandonnée d'Aïn ben Krelil.

Cet abandon a été une faute grave. Aïn ben Krelil fermait au sud du chott el R'arbi la route vers le nord et tenait les ksour en respect. Or, les ksour dépendant de Sebdou, qui sont au nombre de six, ont été le foyer de l'insurrection actuelle. Le plus rapproché, Aïn Sfissifa, est à 54 kilomètres seulement d'Aïn ben

[1] Depuis que ces lignes ont été écrites, les Djembaa ont fait défection.

Krelil ; Asla, où l'on signalait ces jours-ci Bou Amama, en est plus rapproché encore ; Aïn Sefra et Thyout en sont à peu près à la même distance. Enfin le berceau de Bou Amama, les deux ksour de Mor'ar, en sont à cent kilomètres seulement. Croyez-vous que si l'on avait occupé Aïn ben Krelil on aurait pu laisser ainsi fomenter l'insurrection quand, en deux jours, quelques spahis auraient pu aller enlever l'agitateur ?

IV

Bou Amama.

Sebdou, 21 juillet.

Dans une de mes précédentes lettres, je vous disais que Bou Amama, — et non Bou-Amena ou Bou-Amema, comme on l'écrit, — était un extatique dont le royaume n'était pas de ce monde; l'assertion n'est pas hasardée, toute son histoire le prouve.

Le célèbre agitateur appartient à la tribu des Oulad Sidi Tadj, fraction des Oulad Sidi Cheikh R'araba, qui a pendant longtemps reconnu notre autorité. Au lieu de suivre sa peuplade dans son grand exode au Maroc, cette tribu s'était jointe aux Hamyan. Depuis cinq ans environ elle a fait défection et habite assez généralement les ksour, où notre autorité n'est que nominalement reconnue.

Bou Amama, bien que parent direct de la famille

de Sidi-Cheikh, n'appartient pas à une tente notable. C'est un petit descendant du marabout Sidi Cheikh qui n'a pas, par ses ascendants les plus rapprochés, une grande noblesse d'origine. Rien ne le désignait donc pour le rôle important qu'il joue aujourd'hui.

Bou Amama a quarante-cinq ans. Dès sa jeunesse il a montré des dispositions au mysticisme, aussi le rencontre-t-on de bonne heure dans un ksar de Figuig, s'y livrant à l'étude approfondie de la théologie musulmane et faisant surtout son occupation favorite des dogmes du Soufisme, sorte de Nirwana plus complet peut-être que celui des Indous, mais moins dégagé toutefois des choses de ce monde. Dualité redoutable qui, tout en laissant à l'Islam son caractère guerrier, permet l'absorption de l'homme par Dieu et laisse arriver la créature à une sorte d'anéantissement complet dans le créateur.

Peu à peu Bou Amama atteignit les dernières limites du Soufisme; il devint d'un mysticisme exagéré, et quand il quitta le pays de Figuig, il était tout préparé au rôle qu'il joue aujourd'hui.

Comment est-il arrivé à susciter en peu de temps le soulèvement auquel nous assistons? On ne l'a pas dit encore que je sache, mais voici ce que m'ont raconté des indigènes bien au courant de ce qui se passe :

Les parents de Bou Amama habitent encore Figuig; le principal d'entre eux, Si El Menouar ben el Heurma, était en relations constantes avec le Tell algérien, et très souvent venait chez nous, à Tlemcen surtout, où il recueillait, en sa qualité d'inspiré, d'abondantes ziarras (aumônes religieuses).

Si El Menouar avait fait ses études à Figuig en même temps que Bou Amama. Tous deux avaient appris en outre différents tours d'escamotage et de prestidigitation qui les rendirent bientôt célèbres aux yeux des Arabes ignorants, en les faisant passer pour des faiseurs de miracles. Leur intimité était grande, resserrée encore par la pensée, qu'ils caressaient tous deux, de l'expulsion des Français du sol algérien. Un troisième personnage se joignit à eux, poussé par les mêmes idées, c'était Moulaÿ Yacoub ben el Arbi, sectateur de l'ordre des Tidjini qui avait, en 1864, abandonné les ksour avec sa tribu et s'était réfugié au Maroc.

Comment Moulaÿ Yacoub, esprit entreprenant, conspirateur dangereux, se rencontra-t-il avec Si El Menouar et Bou Amama? A quelle secte s'affilièrent-ils, quel mot d'ordre ont-ils écouté? Je l'ignore; mais il y a deux ans environ ces trois individus se séparèrent et chacun partit avec la mission de provoquer une insurrection sur une partie du territoire algérien. Moulaÿ Yacoub vint s'installer aux Beni Smiel, tribu voisine de Tlemcen et de Lamoricière, habitant la vallée de l'oued Chouly, tandis qu'El Menouar allait habiter, dans le Sud, le ksar de Mor'ar Tahtani en compagnie de Bou Amama dont le rôle à ce moment-là fut d'ailleurs presque nul.

A la fin de 1879, Moulaÿ Yacoub et Si El Menouar commencèrent par des moyens identiques à se créer une situation aux yeux des indigènes. Grâce à leurs jongleries, à leurs affectations de piété, ils parvinrent à faire croire qu'ils avaient la *Barakha*, c'est-à-dire qu'ils étaient en communication directe avec Dieu et qu'ils possédaient le don des miracles. Ils allaient bon train; mais, malgré le silence dont leurs agissements étaient entourés, on ne tarda pas à apprendre leurs projets. Dès 1880, l'attention de l'autorité militaire était appelée sur les agissements de ces deux individus dans le Tell et le Sahara.

On ne perdit pas de temps pour mettre fin à ce commencement d'agitation. Un beau matin le chef du bureau arabe de Tlemcen, M. le capitaine Boutan, officier d'un rare mérite, accompagné de quelques spahis, se rendit aux Beni Smiel, qui dépendaient alors du territoire militaire. Grâce à son activité, il réussit à s'emparer immédiatement de Moulaÿ Yacoub. Des fouilles pratiquées chez celui-ci amenèrent la saisie de papiers importants et compromettants pour beaucoup d'indigènes des Beni Smiel, le caïd en tête. L'examen de ces pièces donna la preuve que Moulaÿ Yacoub voulait soulever les tribus de cette contrée. Mais ce qu'il y a d'extraordinaire, c'est que le plan de campagne que l'on découvrit ainsi était celui que Bou Amama a suivi; les personnalités et les tribus les plus compromises sont les mêmes qui viennent de prendre part à l'insurrection. Il y a donc une corrélation intime entre le complot des deux jongleurs et les événements de Géryville; mais Moulaÿ Yacoub arrêté, la révolte se trouvait en partie tuée dans l'œuf, les tribus du Tell qui devraient suivre l'exemple de celles des hauts plateaux étant privées de leur chef.

Le capitaine Boutan, grâce à son énergie et à son activité, a sauvé Tlemcen des horreurs de la guerre et Lamoricière du pillage qui devait être le signal du soulèvement.

Moulaÿ Yacoub et ses complices furent traduits devant une commission disciplinaire qui fut beaucoup trop douce pour eux, car le premier ne fut condamné qu'à une année de prison qu'il subit encore en ce moment au pénitencier de Bou Khanéfis près de Sidi Bel Abbès. Le caïd des Beni Smiel, après avoir été cassé, est redevenu, sous le régime civil, chef de sa tribu. C'est au moins une imprudence de la part du gouverneur.

A partir de ce moment Si El Menouar reste dans l'ombre, et nous voyons Bou Amama apparaître au premier rang. Il devient tout puissant à Mor'ar et, peu à peu, au moyen de ses grossiers miracles, de ses escamotages, il étend son influence sur tout le Sahara marocain ou algérien. Sa maison, bientôt peuplée de fanatiques, devient une sorte de zaouïa (collège), rendez-vous de tous les adversaires des chrétiens. Les offrandes lui venaient de toutes parts; il recueillit ainsi des millions dont il n'a pas consacré un sou à son usage personnel, car son mysticisme le rend insensible aux biens d'ici-bas; il n'en est que plus dangereux. — Mais grâce à ses ressources il se vit bientôt en mesure de faire la *djehad* (guerre sainte).

Quand il se crut en état d'entamer la lutte, il s'occupa de se créer des relations avec le Tell; cette fois, mis en garde par les événements des Beni Smiel et l'arrestation de son complice, il ne dirigea pas ses vues du côté de Tlemcen. Il chercha des alliés vers Saïda et envoya sur tous les points des émissaires politiques ou des sortes de missionnaires qui réveillèrent partout le fanatisme.

Il faisait proclamer que le moment de la guerre sainte était proche. A l'appui, il faisait colporter et distribuer partout des recueils de prophéties émanant de plusieurs sectes religieuses, annonçant que la fin du siècle verrait arriver le règne du *Madhi*, le grand régénérateur de l'Islam attendu par les Musulmans.

Ce règne du Madhi devait être précédé d'une année de famine et d'une guerre à outrance dont le résultat serait de chasser et d'exterminer les chrétiens. Cela devait se passer en l'année 1299 de l'hégire.

On était en ce moment (1880) en l'année 1298. D'après les prophéties, l'heure de la lutte allait arriver.

L'attente des populations était surexcitée. Comme pour donner raison aux prophéties, l'année 1299 (1881) se signale par une sécheresse effroyable et un manque complet de récolte dans cette région.

L'heure était venue, Bou Amama lève l'étendard de l'insurrection et commence à réaliser son rêve.

Il se croyait si sûr du succès qu'il a envoyé son propre khodja (secrétaire) prêcher la guerre sainte à Saïda. Cet individu a été découvert, envoyé à Tlemcen et finalement condamné à un an de prison qu'il subit à Bou Khanéfis.

Vous connaissez le reste de l'aventure; mais je crois devoir vous signaler ce fait curieux que Bou Amama, loin de se donner pour le chef de l'insurrection, déclare hautement à tous ceux qu'il sait pouvoir le répéter aux autorités françaises, qu'il n'est qu'un instrument en sous-ordre, exécutant dans le vaste drame qu'il prétend préparé, la partie de l'insurrection dont il a été chargé.

Par qui, c'est ce qui reste à savoir; mais l'on sait déjà que Bou Amama est en relations constantes avec le marabout Si Senoussi de la Tripolitaine, le même qui, avec l'appui de la Turquie, a cherché à soulever la Tunisie contre nous et à lancer contre nos soldats les tribus de la Cyrénaïque.

Si Bou Amama dit vrai, il existe donc une liaison entre les événements de Tunisie et de l'Algérie, et nous assisterions ainsi à la lutte suprême de l'islamisme contre la civilisation moderne.

Mais alors, les moyens d'action dont dispose le mahométisme sont bien faibles, et il est bien irrémédiablement condamné.

Comment se fait-il, me direz-vous, que l'on ait pu suivre pas à pas les menées des agitateurs et qu'on n'ait pas pris les mesures nécessaires pour y mettre un terme?

A cela je puis répondre que l'on a tenté à diverses reprises, bien avant que le marabout fût connu du public, de s'emparer de Bou Amama. L'autorité militaire connaissait — et le gouverneur général était prévenu par elle — tous les agissements du prétendu prophète; elle savait que les tribus allaient lui faire des visites. On a alors tenté de faire pour lui comme pour Moulaÿ Yacoub, de le saisir à Mor'ar ou dans un des ksour voisins. Mais l'éloignement rendait impossible l'envoi de spahis et de gendarmes, et quant à le faire conduire à Tlemcen par quelque caïd de bonne volonté, cela était difficile, à cause de la complicité des populations qui l'auraient immédiatement prévenu. Dans ces contrées des ksour, il ne fait pas toujours bon d'être l'ami des Français, et ce pauvre marabout de Thyout, Abd el Kader ben Miloud, assassiné pour avoir bien accueilli M. Camille Sabatier qui voulait atteindre le Touat, en a bien su quelque chose.

Mais Bou Amama n'aurait point paru si Ben Krelil n'avait pas été évacué, et si Thyout, le principal des ksour, avait eu une garnison française.

V

Les Oulad Sidi cheikh.

Sebdou, 25 juillet.

Le rôle de Bou Amama dans l'insurrection ne paraît pas devoir être aussi important que celui des Oulad Sidi Cheikh.

Les Oulad Sidi Cheikh sont une puissante tribu dont l'origine ne remonte guère qu'au dix-septième siècle. Vers cette époque, un marabout célèbre créa dans les montagnes qui bordent le Sahara au nord, et qui s'étendent comme un long cordon dans toute la province d'Oran, les institutions religieuses qui firent de ce pays une des terres saintes de l'Islam. Sidi Cheikh fut enterré à El Abiod, ville devenue, depuis cette époque, la reine des ksour.

La famille de Sidi Cheikh prit bientôt une influence immense dans tout le Sahara et finit par dominer toutes les populations de cette partie de l'Algérie. Aussi, dès les débuts de la conquête, eûmes-nous à compter avec elle. C'est vers 1845 que nos premières colonnes apparurent dans ces régions, le colonel Géry (qui a donné son son nom à Géryville) vint attaquer ces fanatiques chez eux. En 1852, le commandant Deligny réussit à s'emparer du chef de la confédération, Si Hamza Ould Sidi Cheikh qui, par une de ces faiblesses inexplicables du gouvernement impérial, fut bientôt remis en liberté et nommé par nous khalifa du Sud, c'est-à-dire qu'on l'investissait d'une dignité dont il n'avait guère besoin pour rallier à lui tous les ennemis de la France.

Cependant Si Hamza nous resta fidèle et mourut sans avoir repris les armes. Un de ses fils, Si Sliman ben Hamza, lui succéda avec le titre de bach-agha.

Si Sliman supportait impatiemment le joug ; fier de sa noblesse religieuse, il rêvait de chasser les Français du Djebel Amour. En 1864, il quittait Géryville où il habitait et, parcourant le désert, prêchait partout la guerre sainte.

Le colonel Beauprêtre, qui commandait le cercle de Tiaret, quitta aussitôt cette ville pour se rendre à Géryville. Il n'avait avec lui qu'une compagnie de turcos, un escadron de spahis et le mar'zen (contingent) de la grande tribu des Harrar, la même qui nous a rendu de grands services pendant l'insurrection actuelle. Le 7 avril 1864 il arrivait dans un des ksour, celui de Bou Allem. Pendant la nuit les Harrar firent défection, se joignirent à Si Sliman et envahirent le camp. Tout le monde surpris pendant le sommeil fut égorgé. Beauprêtre fut poignardé de la propre main de Si Sliman ; mais pendant que celui-ci voyait mourir sa victime le colonel eut la force de saisir son pistolet et de brûler la cervelle du misérable.

Ce fut là le signal d'un formidable soulèvement. Si Sliman avait été remplacé par Si Mohammed ben Hamza, son frère, qui, à la tête de tous les contingents du Sud, tenta de franchir les plateaux et de faire irruption dans le Tell.

Le général Martineau Deschesnez, réunissant à la hâte quelques troupes, s'avança à la rencontre des insurgés qu'il trouva près de Géryville et leur infligea (le 4 mai) une sanglante défaite. Le général Deligny lui amena 2,500 hommes de renfort. Les deux généraux convinrent d'opérer séparément ; pendant que le premier reprenait le chemin de Tiaret pour maintenir les populations des montagnes qui se soulevaient, Deligny se portait vers le Sud. Le 13 mai, il rencontrait à onze lieues de Géryville, à En Naceur, Mohammed-ben-Hamza et ses goums qui l'attaquèrent, mais durent bientôt prendre la fuite et se réfugier dans le ksar de Stitten, d'où on les délogeait le lendemain. La guerre contre les Oulad Sidi Cheikh était finie, mais le contre-coup s'en faisait sentir autour de Tiaret, où il fallut abattre la redoutable tribu des Flittas.

Les Oulad Sidi Cheikh s'étaient retirés dans le sud du Maroc, où ils restèrent tranquilles pendant cinq ans. En 1869, ils font brusquement irruption dans le Sahara algérien et s'avancent jusqu'aux environs de Laghouat, sous le commandement de Si Kaddour ben Hamza. Le colonel de Sonis se porte à leur rencontre et les repousse dans la direction de Géryville d'où ils retournent au Maroc.

En 1870, nouvelles incursions; cette fois on comprit qu'il fallait agir avec vigueur, et une colonne fût organisée pour atteindre les dissidents dans leur retraite. Elle avait à sa tête le général de Wimpfen ayant sous ses ordres les généraux Chanzy et de Colomb. Le 1er avril, l'armée pénétrait sur le territoire marocain; le 2, elle attaquait l'ennemi et lui mettait une centaine d'hommes hors de combat. Le 15 avril nous étions sur l'oued Guir, à l'extrême limite des possessions marocaines. Le 16, deux douars dissidents des Oulad Sidi Cheikh étaient surpris et se rendaient. Le 24, on attaquait les dissidents dans le ksar d'Aïn Chaïr, leur dernière retraite, et on les forçait à déposer les armes.

Cette brillante campagne, qui avait conduit une armée française dans les régions inexplorées du Sud, où bien peu d'Européens se sont aventurés, n'a malheureusement pas eu tous les résultats qu'on en pouvait attendre.

La guerre de 1870-1871, certaines faiblesses du commandement, ont rendu toute leur hardiesse aux Oulad Sidi Cheikh. Chaque année il a fallu entreprendre une promenade militaire vers les ksour de l'ouest, assaillis ou menacés par les dissidents auxquels se mêlaient les tribus marocaines chez lesquelles ils habitaient.

En 1876, à la suite de longues réclamations adressées au Maroc pour se plaindre de ce que les tribus du Tell marocain avaient elles-mêmes suivi les conseils des Oulad Sidi Cheikh, et faisaient irruption sur notre territoire, le Sultan envoya en Algérie un de ses parents, Si Abd es Selam, le chérif d'Ouazzan, dont je vous ai déjà parlé, pour apaiser les esprits.

Très froidement reçu à Oudjda, et dans les tribus voisines, Abd es Selam se dirigea vers le sud, voyageant dans les voitures de notre train des équipages. Il avait pour mission de notifier au chef des Oulad Sidi Cheikh, Si Kaddour Ben Hamza, une décision du sultan Moulaÿ Hassan, lui enjoignant de se rendre à Fez, où il devait être interné. Pour décider l'ex-agha à venir avec lui, il lui portait un laisser passer et l'assurance que sa famille, détenue près d'Alger, lui serait rendue.

Si Kaddour consentit à tout. En arrivant à Tlemcen, il trouva son fils Cheikh, élève du lycée d'Alger, que le gouverneur avait envoyé au-devant de lui. Le jeune homme ne parut pas enchanté d'avoir à quitter l'Algérie pour la cour barbare de Fez et ne cacha pas cette impression. A ce moment, Si Kaddour crut voir dans la façon dont on agissait avec lui, une sorte d'aman et réclama le droit de porter son ruban de la Légion d'honneur, ce qui lui fut refusé. Deux jours après, il partait pour Fez, et dès son arrivée dans cette ville, l'aviso *le Cassard* conduisait sa famille à Tanger.

Si Kaddour ainsi écarté, les Oulad Sidi Cheikh ne sont pas restés longtemps calmes. Dès l'année suivante, leurs intrigues faillirent amener la défection des Hamyan, et le général Flogny dut aller faire une démonstration vers Thyout que menaçaient les contingents des dissidents.

Enfin Si Kaddour, sans doute avec la complicité du Maroc, a fini par s'échapper de la demi-captivité dans laquelle il était tenu, et revenu dans les oasis de l'oued Guir, a repris ses intrigues. On sait quel en a été le résultat.

Telle est, rapidement faite, l'histoire de ces turbulents marabouts qui viennent de se mettre encore une fois en évidence.

En les chassant dans le Sahara au lieu de les interner dans quelque partie de l'Algérie où il aurait été facile de les surveiller, on a commis une faute dont nous supportons encore les conséquences.

Le seul moyen de les réduire, c'est de porter nos avant-postes plus avant dans le Sahara par une occupation permanente des villes que nous possédons dans ces régions, comme les ksour El Goléa, Metlili et Ouargla.

C'est une solution rendue indispensable par les récents événements et surtout par le traité que le vaillant capitaine Galiéni a conclu avec le Sultan de Ségou. Ce sera la première étape pour parvenir de l'Algérie vers nos futurs établissements du Niger.

VI

La disette.

Sidi bel Abbès, 8 août.

Je suis venu de Sebdou ici par un des plus beaux pays que l'on puisse rêver, à travers ces Beni-Smiel où l'insurrection actuelle a couvé en partie et dont je vous ai parlé dans une de mes dernières lettres.

La vallée supérieure de l'oued Chouli qu'ils habitent est très riante, les pentes sont couvertes de forêts d'arbres verts et le fond renferme des terres excellentes. Les montagnes très élevées viennent expirer sur les bords mêmes du torrent.

Comme je vous le disais, les Beni Smiel ont une réputation assez mauvaise, et il n'a fallu rien moins que les mesures de vigueur prises dans le Sud pour les forcer à se tenir tranquilles. Ils sont, du reste, peu nombreux, 1,065 répartis sur 33,000 hectares, et par suite peu à craindre du moment où ils se sentent surveillés. Toutefois, je n'ai pas jugé prudent de visiter leurs montagnes et suis venu prosaïquement par le fond de la vallée rejoindre la route de Tlemcen à Bel Abbès, près des fameuses grottes d'Aïn Fezza.

Ces cavernes, qu'on ne visite guère qu'aux époques où des étrangers de distinction viennent dans le pays, sont très profondes et merveilleuses de tout point. Je les ai vues deux fois déjà : la première quand on y a conduit le prince Alexandre des Pays-Bas, aujourd'hui le prince d'Orange, et la seconde avec les membres du voyage parlementaire de 1879. Couvertes de stalactites et de stalagmites bizarres, composées de salles nombreuses aux parois festonnées, remplies d'accidents pittoresques dus aux concrétions calcaires, ces grottes ne peuvent guère être parcourues qu'avec un nombre suffisant de porteurs de torches.

Elles s'ouvrent en face d'un cirque de rochers d'un effet grandiose. C'est certainement un des sites les plus remarquables de l'Algérie. Malheureusement l'accès en est assez pénible, car il faut gravir une haute montagne pour les atteindre.

A quelques kilomètres de là se trouve Lamoricière, village bâti sur un promontoire escarpé, au bord de l'Isser, qui en ce point présente une chute de plus de 10 mètres. La position est des plus belles. Les montagnes qui dominent Lamoricière au Sud, avec leurs dentelures capricieuses, forment un fond pittoresque au paysage. Au nord s'étend une des plus riches et plus fécondes vallées du pays, qui a pris le nom de la populeuse tribu des Oulad Mimoun qui l'habite. Tout ce pays est fertile et agreste, mais la colonisation y est peu avancée encore, Lamoricière est le seul centre qu'on y rencontre, c'est un village d'avenir. Les Romains, nos maîtres en matière de colonisation, avaient bien compris l'importance de cette situation en créant sur le même plateau la ville de Terres Rubrœ dont les nombreuses ruines s'étendent près de là sous le nom d'Hadjar Roum, — les pierres des Romains.

Au delà de Lamoricière la route côtoie le flanc de ravins bordés de thuyas, sans jamais perdre de vue la vallée, où des bouquets de térébinthes et des groupes de lauriers roses tranchent sur le jaune des chaumes maigres de l'année. Sauf quelques points favorisés ce pays tout entier a subi le désastre qui frappe la province. La sécheresse a été telle que le blé, parvenu à un ou deux pouces de hauteur, a séché sur pied et n'a donné qu'une sorte de gazon doré où la dent des moutons ne trouve même rien à tondre.

Le désastre est immense, effrayant. Là où l'alfa, le palmier nain, le diss offrent un peu de travail, l'indigène, par la cueillette de ces textiles peut encore lutter, mais partout où il n'y a que des lauriers roses ou des jujubiers il faut s'attendre à des misères efffroyables. Il n'y a à cela qu'un remède : l'exécution de travaux publics, et cela est si bien compris par tous, qu'un caïd des environs de Tlemcen, M'rah ould bel Hadj, des Oulad Riah, avec qui je m'étais entretenu de la situation faite aux Arabes, m'écrivait il y a peu de temps, craignant que je n'insiste pas assez sur ce point :

« Tlemcen, 16 juillet.

« Mon cher ami,

« Dans la conversation que nous avons eue ensemble au sujet de la misère causée par la sécheresse, il est un remède auquel, il me semble, il faut attacher une grande importance. C'est l'exécution immédiate de grands travaux publics.

« Voilà longtemps qu'il est question de chemins de fer ; le commencement des travaux serait pour nous tous l'avenir assuré. Dans ma tribu nous n'avons plus de vivres que pour un mois et aucun moyen d'existence. Ailleurs il y a l'alfa, le palmier nain qui permettent de gagner quelque chose ; ici, rien que des jujubiers sauvages, sans valeur.

« Vous qui écrivez dans les journaux, demandez donc qu'on commence les chemins de fer, qu'on achève les routes ; il y aurait là du travail pour tous. On a bien ouvert quelques chantiers, mais c'est insuffisant.

« Voilà, monsieur, ce que vous devriez dire dans votre journal.

« M'RAH OULD BEL HADJ,
« Caïd des Oulad Riah. »

Et ce n'est pas seulement M. M'rah ould bel Hadj, ancien officier de spahis, élevé à la française, qui tient ce langage ; tous les Arabes intelligents sont d'accord sur ce point.

L'autorité, du reste, l'a compris, et, si les chemins de fer projetés ne sont pas encore entrepris, puisque la concession n'en est pas faite, au moins crée-t-on partout des routes et des chemins, cela et le prolongement de la voie ferrée de Bel Abbès à Ras el Ma donnerait pour quelque temps du travail aux indigènes.

En certains endroits, l'apect du pays, est véritablement navrant. Ainsi cette vallée des Oulad Mimoun, que je longeais pour me rendre à Bel Abbès, je l'ai vue en d'autres temps couverte de moissons et tous les douars activement occupés à faire fouler sous les pas de leurs bestiaux les gerbes étalées, procédé biblique que l'on rencontre aujourd'hui encore dans le Midi de la France. Mais en ce moment les bestiaux ont été vendus faute de pâturages. Quelques coins privilégiés, dans les bas fonds humides, ont conservé un peu d'herbages ; tout le monde s'y porte. C'est ainsi que sur le plateau de Terni, au-dessus de Tlemcen, on a vu, il y a quelque temps, quatorze tribus venues quelques-unes de plus de quinze lieues, depuis les environs immédiats de Nemours, se disputer les maigres brins d'herbes de la vaste prairie. Maintenant il n'y a plus rien, et tout le monde est retourné chez soi ou sur les marchés là où le bétail peut se vendre à n'importe quel prix.

Sur la route que je suivais, vers les grandes sources d'Ouallou et de Tellout, il y a quelques recoins plus favorisés, mais ils ne font que ressortir davantage la misère du reste du pays. A partir de là jusqu'à Sidi bel Abbès la plupart des centres européens sont gravement atteints. Heureusement que ce sont, sauf Lamtar, des centres déjà anciens. Mais là où le village est de création récente, où la récolte est la première richesse, où l'on comptait sur elle pour commencer l'existence en Algérie, le mal est affreux, et il est temps que l'on vienne en aide aux colons.

Bel Abbès, d'où je vous écris aujourd'hui, subira un rude contre-coup de la sécheresse et des événements du Sahara. Cette ville coquette, née tout entière au lendemain de la conquête et qui a atteint aujourd'hui une population de près de quinze mille âmes[1], vivait surtout grâce à son immense culture de céréales et à l'exploitation de l'alfa. Le mouvement de sa gare,

[1] Au recensement de 1882, 16,980.

d'après un document que j'ai sous les yeux, avait atteint, pendant le premier semestre 1879, 30,839 tonnes à l'exportation et, 5,884 tonnes à l'importation. Cette année ce chiffre a dû baisser considérablement, mais ce n'est que partie remise tant est grande la vitalité de cette ville.

On va commencer bientôt les travaux d'une nouvelle voie ferrée qui doit prolonger la ligne actuelle jusqu'à Ras el Ma sur les hauts plateaux. La Compagnie de l'Ouest algérien compte même avoir achevé en avril ou mai 1882 la section de Bel Abbès à Sidi Ali ben Youb, à 24 kilomètres de Tlemcen, section qui desservira dans la vallée de la Mékerra, les villages de Sidi L'hassen, Sidi Khraled, Bou Khanéfis, Tabia et Sidi Ali ben Youb, situés au milieu de terres d'une fertilité proverbiale et qui n'attendent que le chemin de fer pour se développer tout à fait.

C'est par la vallée de la Mékerra que passent en ce moment les troupes qui vont de Bel Abbès à Ras el Ma. Ce dernier point, dont il est si souvent question et où la colonne Duchène est campée, n'est qu'un site, car il n'y a aucun village. Ras el Ma veut dire la *Tête de l'Eau*; c'est là en effet que la Mékerra, qui plus bas s'appelle oued Mebtoue, Sig, et, unie à l'Habra, la Macta, prend sa source. Ras el Ma, par sa situation à l'entrée des hauts plateaux, le voisinage des villages ou postes fortifiés de Slissen, Daya et Magenta, deviendra avec le chemin de fer un centre important.

A Bel Abbès on continue à être très monté contre les Espagnols. Beaucoup d'entre eux, en effet, sous prétexte que l'insurrection avait éclaté à deux cents kilomètres de là, sont retournés dans leur pays. La plupart de ceux qui sont partis sont malheureusement utiles à la colonie, car le consul d'Espagne à Oran et le rédacteur du journal madrilène *el Imparcial,* venus ici distribuer de l'argent pour le rapatriement, n'ont donné qu'à ceux qui n'avaient besoin de rien. Les pauvres diables, les gens sans aveu ne sont guère recherchés.

Avec les Espagnols, il ne faut d'ailleurs s'étonner de rien. N'ont-ils pas voulu, il y a quelque temps, jouer ici, sur le théâtre, une pièce intitulée : *Bou Amama,* faite par un Calderon de rencontre, où nous étions tournés fortement en ridicule ?

Il a fallu toute l'énergie du maire, M. Boulet, pour empêcher cet affront à la population française.

VII

De Sidi Bel Abbès à Saïda.

Saïda, 10 août.

Ma dernière lettre était datée de Bel Abbès. J'ai quitté cette ville en compagnie d'une batterie d'artil-tillerie qui se rendait à Saïda. Nous avons pris pour venir ici les chemins de fer qui, en l'état actuel triplent la longueur du trajet, mais permettent cependant de faire en un jour un voyage qui en demanderait huit si on le faisait par étapes.

Il faut employer trois lignes ferrées pour aller de Sidi Bel Abbès à Saïda. La ligne de l'ouest algérien va de Bel Abbès s'embrancher au Tlélat sur la grande ligne d'Alger à Oran. C'est un chemin de fer de 52 kilomètres qui traverse, dans la vallée de la Mékerra, d'immenses et riches terres à céréales, malheureusement atteintes cette année par la sécheresse. Cependant on voit sur quelques points des terrains plus favorisés. Le beau massif du Tessalah, entre autres, qui domine le paysage, a eu d'abondantes récoltes.

A mi-chemin, la voie ferrée franchit, par un col profond, la chaîne qui sépare les plaines de l'intérieur des plaines méditerranéennes; elle descend ensuite la vallée étroite de l'oued Tlélat, où l'on ne rencontre que des fermes et des bouquets de trembles.

Les montagnes, au fur et à mesure que l'on avance, se déboisent et, en certains endroits, montrent des terres jaunies sillonnées de veines ocreuses.

Au Tlélat, on aborde la voie du Paris-Lyon-Méditerranée que l'on côtoyait, en la dominant, depuis la gare de Saint-Lucien.

Là il faut changer de wagon et prendre le train d'Oran à Alger. Sur cette ligne, qui unit les deux plus grandes villes de l'Algérie, les trains atteignent une vitesse assez grande. On franchit en une heure et quart les 50 kilomètres qui séparent le Tlélat de Perrégaux, malgré un arrêt de près de 10 minutes à Saint-Denis du Sig, la station la plus importante de la route.

Ici nous courons dans d'immenses plaines en grandes parties irriguées et où l'on verra sans doute un jour une population nombreuse. Il y a de quoi nourrir des centaines de mille individus. Aujourd'hui on n'y compte pas six villages. Mais il y a un des plus brillants exemples de ce que l'eau et le soleil peuvent faire de l'Algérie. C'est Saint-Denis du Sig ou, mieux, le Sig, comme on dit dans le pays, car ici on abrège volontiers les noms. Les patronages de saints dont l'empire et Louis-Philippe ont affublé quelques villages sont souvent mis au rebut. Ainsi Sainte-Barbe, du Tlélat est devenu le Tlélat. Ainsi Saint-Léon, près d'Oran, est devenu Gambetta.

La banlieue du Sig est absolument merveilleuse. Il y a là tout autour de la ville des vignes, des jardins, des vergers de toute beauté. L'olivier qu'on y a introduit y donne des produits abondants ainsi que l'oranger; du reste tous nos arbres de France y prospèrent. Et ce n'est pas dans un petit coin, car on peut faire autour de la ville plusieurs kilomètres dans les cultures.

Pendant la guerre d'Amérique on avait même introduit au Sig la culture du coton qui y vient admirablement. Le précieux textile a enrichi un moment les habitants, mais l'on s'est grisé de ce succès, on ne s'est point outillé suffisamment pour rendre le coton de qualité marchande à des prix pouvant lutter avec l'Inde et les États-Unis. La guerre de sécession terminée, le marché d'Amérique a repris sa supériorité, et aujourd'hui, dans toutes les plaines du Sig, de l'Habra et du Chélif, on ne peut signaler que 24 hectares de culture de coton ayant donné 14,000 kilos de coton égrené en 1879. En 1866, on avait recensé 5,776 hectares et une production de 860,000 kilos !

La baisse des prix a été la cause de cette brusque disparition de la culture du coton. Et pourtant cette culture, si elle ne donne plus les rapides fortunes de jadis, est avantageuse, facile, et pourrait, à elle seule, enrichir le pays. Malheureusement sur cette terre classique de la tutelle administrative, cette tutelle ne s'exerce qu'alors qu'on pourrait s'en passer. Aucun gouverneur ou préfet n'a songé à conserver dans le pays cette richesse de la culture cotonnière. On a laissé les colons, peu fortunés en général, se tirer d'affaire tout seuls, sans leur donner un conseil, sans leur faire part des méthodes employées ailleurs pour l'égrenage des capsules et pour tirer parti de l'huile renfermée dans la graine. Et peu à peu la poule aux œufs d'or a dépéri. Il faudrait un gouverneur et des fonctionnaires moins exclusivement politiques en ce pays-ci pour en tirer tout ce qu'il peut donner.

Je vous le répète, la culture du coton est avantageuse, le produit dit *longue soie* est de toute beauté; les terres incultes, susceptibles de cette culture, couvrent des centaines de mille hectares, et l'on ne fait rien pour en tirer parti. Il suffirait sans doute de l'exemple d'un seul et de la création d'une ou deux usines à l'issue des vallées au Sig, à Perrégaux ou à

Relizane, où la force motrice naturelle est abondante, pour mettre en partie les usines à coton françaises à l'abri de toute nouvelle crise comme celle de l'Amérique.

Du Sig à Perrégaux, sur 26 kilomètres, on ne rencontre qu'un village, Bou Henni, appelé aussi l'Habra, centre de création toute récente déjà enfoui sous un épais manteau de trembles et d'eucalyptus. Avant d'arriver à Perrégaux, on traverse les rails du chemin de fer d'Arzeu à Saïda. A la gare, le voyageur qui croirait pouvoir changer de train sans peine se tromperait grandement. Les deux compagnies n'ont pu s'entendre, et au lieu d'une gare commune Perrégaux en possède deux, à près de cinq cents mètres l'une de l'autre. Il faut traverser à pied, en confiant ses bagages à quelque portefaix, tout le village, — demain la ville, — de Perrégaux. Au mois d'août, à midi, cela n'est pas fort amusant, car la chaleur est très forte dans ces plaines, beaucoup plus que sur le littoral.

Perrégaux, qui n'a pas mille habitants encore, est bâti sur de grandes proportions. Places, avenues, tout y est gigantesque; il ne faudrait pas s'étonner que la population remplisse un jour ce cadre, car Perrégaux placé à cheval sur deux chemins de fer, possédant de l'eau en abondance, grâce à son barrage, à proximité de Mostaganem, d'Arzeu et d'Oran, c'est-à-dire de la mer, entouré de terres fertiles, est appelé à devenir une ville importante. En attendant, sauf sa place où commencent à se dresser des maisons à arcades et ses belles plantations d'eucalyptus, de trembles, de platanes et de faux-poivriers, Perrégaux n'a rien de remarquable [1].

Mais à dix kilomètres de là, sur le chemin de fer de Saïda, où nous allons nous embarquer de compagnie, si vous le voulez bien, se trouve le travail le plus gigantesque qu'on ait encore fait dans ce pays, le barrage de l'Habra.

Ce barrage, construit à l'endroit où l'oued El Hamman uni à l'oued Fergoug sort des gorges, est une construction de 478 mètres de longueur, de 40 mètres de hauteur et d'une largeur à la base de 38 mètres 90. En amont, la vallée s'épanouit et, divisée en trois branches, renferme un lac qui, en eaux d'hiver, ne contient pas moins de 14 millions de mètres cubes.

Ce travail magnifique est destiné à irriguer toute la plaine de l'Habra.

Quand le barrage est rempli, cette immense nappe étalée au pied de vastes montagnes boisées offre un spectacle magnifique. L'industrie, cette fois, a bien mérité des amateurs de pittoresque.

[1] Rappelons en passant que Perrégaux a été détruit en partie au commencement de 1882, par une inondation terrible provenant de la rupture du barrage. Les souscriptions publiques et le produit de la loterie algérienne permettent à la malheureuse ville de se relever.

Le chemin de fer côtoie le lac pendant 7 kilomètres. Construit à une hauteur considérable au-dessus du niveau de l'eau, il a fallu d'immenses travaux pour l'asseoir solidement et le maintenir sur ces terres mobiles et ces roches friables, ainsi que la route nationale de Géryville qui passe au-dessus. Il est peu de voyageurs qui contemplent ce tableau sans un léger sentiment de crainte.

Mais le lac est fini. Nous longeons et traversons à chaque instant l'oued El Hamman aux eaux jaunes au milieu d'une vallée irriguée où les luzernières et les champs de pastèques jettent des teintes vertes se détachant crûment au pied des montagnes horriblement ravinées.

Au delà du village de l'Oued el Hamman, au milieu du groupe de fermes de Guetna, on remarque, sur un mamelon qui domine la rivière, quelques ruines informes. C'est là, dit-on, qu'est né Abd el Kader.

Le paysage est sévère, la rivière aux eaux louches dessine des méandres infinis entre les lauriers roses et les tamarix ; sur la rive droite sont des montagnes maigrement boisées, à gauche ce sont de hautes collines dénudées, avec leurs pentes rongées à vif et qui semblent rougies par les flots de sang de quelque gigantesque Prométhée ; dans la plaine, un palmier solitaire élève son tronc grêle et le large éventail de son feuillage.

C'est au milieu de cette nature sauvage que se sont passées les jeunes années de celui avec lequel nous devions, plus tard, traiter sur le pied de l'égalité.

Dans la zaouïa de Mahy ed Din, son père, se sont préparées ces luttes homériques qui devaient longtemps nous affaiblir, et qui, finalement, ont consolidé notre puissance.

Le paysage a peu changé aujourd'hui, mais la zaouïa tombe en ruines; quelques fermes blanches s'élèvent çà et là; des cultures européennes luxuriantes et dont la verdure tranche sur les teintes sombres du paysage, forment le fond de la vallée; le chemin de fer court au bord de l'oued.

La zaouïa de Guetna est le passé, ces conquêtes de la civilisation sont le présent.

Et cependant il n'y a que trente-sept ans que ce pays a changé de maître. En novembre 1832, les chefs des tribus de Mascara désignaient par acclamation le fils de Mahy ed Din pour leur sultan. Qui aurait jamais dit, alors, que, moins de quarante ans après, l'émir vivrait sur une terre étrangère, gratifié d'une pension due à la munificence de ces Français qu'il voulait chasser de son pays, — et que la locomotive jetterait, en passant, des spirales de fumée aux ruines de cette zaouïa où, tout enfant, il songeait à ses destinées et à l'écrasement de l'infidèle !

L'histoire a de ces enseignements. Cette légende

d'Abd el Kader, cette fabuleuse fortune et ces fabuleux revers ne sont en somme que la millième répétition de tant de chutes fameuses. On le sait, et cependant l'esprit, devant ces soudains effondrements, reste toujours étonné et confondu.

Ce cycle éclatant d'Abd el Kader, qui fut le dernier réveil de la nationalité arabe, est trop intimement lié à notre histoire nationale, trop intimement lié surtout à l'histoire de l'Algérie et de cette province, pour que le berceau de cet homme extraordinaire ne nous rappelle pas ces quinze années de lutte incessante, pendant lesquelles l'indomptable courage de nos soldats assura à notre patrie la possession de cette riche colonie.

Quinze ans après la cérémonie de la plaine d'Er'ris, dans laquelle Abd el Kader était reconnu chef des tribus arabes de l'ouest, l'Émir, à Nemours, se mettait entre les mains de la France. Des années ont passé depuis lors, les révolutions ont soufflé avec rage sur notre malheureux pays, nous avons eu le 2 Décembre et Sedan, et cependant la France a su conserver sa conquête intacte et l'agrandir encore. Si le vieil Emir revenait aujourd'hui, il ne reconnaîtrait plus ce pays sur lequel il avait cru établir sa domination. La civilisation européenne lui apparaîtrait couvrant d'un réseau chaque jour plus serré les plaines immenses de Mascara qui furent son premier domaine. Sa vieille capitale transformée lui paraîtrait maintenant, non plus une chétive souveraine dominant les douars clairsemés, mais une riche cité entourée de jardins, de vignobles et de blancs villages dont le nombre s'accroît sans cesse. Partout la paix et le travail au lieu des guerrières rumeurs d'autrefois.

Après avoir dépassé les ruines de Guetna, et la gare d'Hammam bou Hanifia on entre dans un vallon creusé entre des hauteurs revêtues partout d'une couche épaisse de terre argileuse, sans un arbre, sans un brin d'herbe, et l'on monte péniblement pendant plus d'une lieue pour racheter une pente de près de 400 mètres.

La rampe terminée, on aborde l'immense plaine d'Er'ris que domine Mascara. A Aïn Tizi, le grand arrêt de la route, nous ne sommes qu'à dix kilomètres de la ville dont on aperçoit les édifices.

Si la plaine d'Er'ris, jadis déserte, commence à se couvrir de villages, il reste encore beaucoup à mettre en valeur de ces riches terrains, où la vigne et les céréales viennent admirablement. Jusqu'à Franchetti, où nous quittons la plaine, le chemin de fer ne rencontre que trois villages: Froha, Thiersville et Traria, cela sur 45 kilomètres de parcours; encore la voie ferrée les a-t-elle fait naître. Il faut aller ensuite à 40 kilomètres à droite ou à gauche pour trouver des lieux habités par les Européens.

A Franchetti on quitte la plaine pour entrer dans

une vallée profonde bordée de hautes montagnes calcaires couvertes de forêts et où les sources sont abondantes. A mesure qu'on s'avance le paysage devient plus riant. A Nazreg on se croirait dans une de ces combes du Jura pleines d'arbres et d'eaux murmurantes. A six kilomètres plus loin, au pied d'une dernière chaîne de hauteurs, nous découvrons Saïda.

Saïda, dont il est tant question depuis le commencement de l'insurrection, était, il y a quelques années encore, une redoute dans laquelle, comme à Sebdou, se trouvaient des maisons formant une ou deux rues. Puis les maisons ont débordé et une ville nouvelle s'est créée, posée en éventail en avant du fort. Le chemin de fer est venu ensuite et un nouveau quartier, sur l'avenue qui conduit à la gare, se crée en ce moment. La Compagnie franco-algérienne a construit sur cette avenue un bel hôtel où ses bureaux sont installés. Ce quartier neuf s'appelle la Marine, singulier nom à cette altitude de plus de 1,200 mètres ! Il est vrai que Saïda est la gare où descendent les produits de la *mer d'Alfa* que nous allons traverser en visitant le théâtre de l'insurrection, dont 30 kilomètres à peine nous séparent et où je serai demain.

VIII

Saïda et les Hauts Plateaux.

Saïda, 15 août.

La ville ressemble en ce moment à un vaste camp. A tout instant arrivent par le chemin de fer des troupes et des approvisionnements de toutes sortes qui ne tardent pas à prendre le chemin des Hauts Plateaux par des trains spéciaux.

Je suis monté à plusieurs reprises jusqu'au point le plus éloigné où parvienne le chemin de fer. La Compagnie délivre aux correspondants de journaux des autorisations pour faire le voyage sur la partie de la ligne non encore officiellement ouverte, mais elle a bien soin de spécifier que nous voyageons à nos risques et périls. Il n'y a plus guère de risque ou de péril aujourd'hui, du reste. Le seul danger que l'on courre c'est de sentir la faim si l'on n'a pas la précaution de se munir de provisions avant le départ.

En quittant Saïda, la voie ferrée longe quelque temps les bords de l'oued Saïda et, après avoir franchi le torrent sur un pont très hardi, passe au pied des ruines de l'ancienne Saïda. Quelques pans de murailles couronnant d'un côté des rochers à pic, de l'autre descendant jusqu'à la voie ferrée, au milieu de cela des ruines informes : voilà tout ce qui reste de la ville créée jadis par Abd el Kader, au temps de sa puissance, pour lui servir de magasin d'approvisionnement. Nos armées ont ensuite passé par là, Saïda a été transporté de l'autre côté de l'oued, et trente ans ont suffi pour donner à ce dernier spécimen de l'architecture militaire arabe les apparences de ruines archicentenaires. Le chemin de fer est venu depuis qui a fait du remblai et du balast avec les murailles croulantes. Il serait à souhaiter que ce qui reste des ruines fut sauvé. Outre qu'elles font un bel effet dans ce paysage tourmenté elles ont un intérêt historique indiscutable.

Derrière le rocher sur lequel elles s'étayent, l'oued coule au fond d'une coupure grandiose, entaillant hardiment les rochers et remplie d'un fouillis merveilleux de verdure. L'oued Saïda, venu du plateau d'Aïn el Hadjar, s'y précipite d'une hauteur de plusieurs centaines de pieds par une série de chutes successives. C'est cette hauteur que le chemin de fer, ne pouvant suivre le torrent, est obligé de contourner. Il le fait au moyen d'une courbe très hardie en forme de fer à cheval dont un des côtés serait tordu et relevé en l'air. La voie, sur un parcours de trois ou quatre kilomètres, suit les flancs d'un ravin et revient à 20 ou 30 mètres à peine horizontalement au commencement de la courbe, mais à cent mètres plus haut reprendre la direction du sud. Ce travail hardi, qui fait le plus grand honneur aux ingénieurs de la Compagnie franco-algérienne, a été baptisé par les employés. On l'appelle : *la Lune*.

La *Lune* franchie on retrouve bientôt l'oued Saïda qu'on suit pendant cinq ou six kilomètres. Nous sommes là à une altitude de près de 1,500 mètres, sur un plateau où se trouvent quelques maisons et des terres cultivées. Bientôt nous apercevons une cheminée d'usine, puis de vastes constructions, le train traverse des fossés et des talus récemment créés autour des bâtiments. Çà et là nous voyons quelques sentinelles. C'est un signe que le territoire insurgé est proche. Nous sommes à Aïn el Hadjar, principal établissement de la Compagnie.

Il y a trois ou quatre ans Aïn el Hadjar — la fontaine des pierres — n'était, comme son nom l'indique, qu'une source encombrée de galets. C'est là que naît l'oued Saïda, et c'est le dernier point où l'on puisse trouver jusqu'à Géryville une eau pure et limpide autant qu'abondante.

C'est cette considération qui a décidé la Compagnie à y établir ses chantiers les plus considérables, ceux où se font le triage définitif des gerbes, la mise en balle pressée et l'expédition vers la côte. C'est là aussi que viennent s'alimenter les wagons-citernes qui portent l'eau dans les chantiers des Hauts Plateaux.

D'immenses bâtiments ont été construits à cet effet ; un grand édifice renferme les chaudières et les machines, fortes de plusieurs centaines de chevaux-vapeur. Trois hangars ayant chacun une centaine de mètres de long s'alignent plus loin le long de la voie. De grandes tables, où l'alfa est conduit des hauts plateaux par des trains, sont occupées par des femmes qui trient la précieuse graminée. Celle-ci est ensuite portée sous des presses hydrauliques qui la compriment en balles d'un mètre cube environ que l'on cercle aussitôt avec des rubans de fer. Des grues hydrauliques prennent ces balles et les chargent sur des wagons destinés soit à former des trains, soit à transporter les balles dans d'immenses hangars qui occupent l'autre coté de la voie.

Quand l'usine marche le spectacle de cette activité est magique. Il y a dans les ateliers huit cents ouvriers ou ouvrières. Mais en ce moment tout cela est arrêté. Si la cheminée de l'usine jette toujours dans les airs son panache de fumée noire, les machines ne servent plus qu'à pomper l'eau pour l'alimentation de nos postes avancés. Les wagons des Hauts Plateaux sont construits de façon à ce que la plate-forme, munie d'un réservoir en tôle, emporte plusieurs hectolitres d'eau, tandis que la partie supérieure reçoit les bottes d'alfa.

Il y a moins de cinq ans ce plateau d'Aïn el Hadjar était absolument désert. A la fin de 1879 même, alors que l'usine commençait à fonctionner, il n'y avait en dehors des ateliers qu'un grand bâtiment appelé « caserne » et servant à loger des ouvriers. Quel n'a donc pas été mon étonnement de trouver là maintenant une agglomération d'habitations, presque une ville, avec des maisons à deux étages et même un café à proportions monumentales, entièrement dallé de marbre. C'est là un des exemples les plus frappants de la rapidité avec laquelle certaines villes se créent ici. Malheureusement l'essor d'Aïn el Hadjar est enrayé; l'insurrection lui a porté un coup funeste. Sa population espagnole a disparu. Il lui faudra quelques années avant de se remettre. Mais soyez convaincu qu'avant dix ans il y aura là une ville régulière.

En attendant, cet embryon de cité est entouré de fossés et de glacis faits à la hâte. Des balles d'alfa entassées et entre lesquelles on a laissé d'étroits intervalles forment des remparts crénelés. La caserne est occupée par deux bataillons de ligne. Ces précautions ont suffi, et Bou Amama, pendant qu'il rôdait ici, n'a jamais tenté de coup de main contre Aïn el Hadjar.

Les trains n'ont guère de régularité en ce moment. Ils n'ont du reste ni marchandises ni voyageurs à transporter. Par contre, les troupes, le matériel de guerre et le service des vivres et de l'eau pour les colonnes donnent lieu à des convois invraisemblables. Le train qui nous emmène est traîné par une locomotive Engerth et poussé par une autre. Nous quittons la gare d'Aïn el Hadjar par un temps splendide. Peu de monde dans les wagons cette fois. Quelques vague-mestres revenant de la poste de Saïda, deux ou trois employés de la Compagnie, et c'est tout. Par contre, tout le monde, depuis les mécaniciens jusqu'aux serre-freins, est muni d'un fusil Gras et de munitions. Un de mes confrères de la presse algérienne qui voyage avec moi est également armé. Je n'ai qu'un couteau de poche, mais maintenant on ne craint guère que les maraudeurs — et ils respectent le chemin de fer.

A partir d'Aïn el Hadjar le tracé de la ligne décrit une immense courbe qui, par de fortes rampes nous fait gravir les dernières hauteurs qui nous séparent des Hauts Plateaux. A mesure que l'on s'élève on se rend mieux compte de la situation d'Aïn el Hadjar : c'est un vaste cirque ceint de hauteurs arides et çà et là sillonné par des ruisseaux qu'on reconnaît moins à leur eau absente en ce moment qu'à la verdure de leurs bords.

Quand nous parvenons au sommet de la rampe nous découvrons l'usine dans tout son développement. De là on dirait véritablement une ville.

La locomotive qui nous poussait nous abandonne et redescend à toute vitesse à Aïn el Hadjar. Notre train trouvant une route plane se lance à toute vitesse pour aborder la dernière rampe, mais tout à coup il s'arrête, la machine épuisée patine sur place.

Tout le monde descend. Nous ramassons de la terre à pleines mains pour la semer sur les rails; la machine s'élance de nouveau. Vains efforts. Enfin, après avoir couvert de sable et de gravier une grande longueur de voie, nous tentons de nouveau le sort; cette fois la lourde masse s'ébranle, et 200 mètres plus loin la déclivité se présentant en pente contraire, le convoi roule à toute vitesse. Nous venons de franchir la crête de l'Atlas et nous sommes sur les Hauts Plateaux.

Nous nous arrêtons en route pour alimenter d'eau la citerne d'une maison de cantonniers. Le bâtiment nous présente les premières traces de Bou Amama : portes défoncées, fenêtres brisées, meubles pillés; ce sera tout le temps la même chose jusqu'au terminus. Les cantonniers sont là cependant, tous Français ou Marocains armés jusqu'aux dents et consciencieusement occupés à l'entretien de la voie.

Nous repartons pour ne nous arrêter qu'à Tafraoua.

Tafraoua est une gare située à 20 kilomètres d'Aïn el Hadjar, à 32 de Saïda, sur la route de Géryville ; il s'y trouve des puits nombreux, pleins d'une eau saumâtre, et un caravansérail qui servait de relai pour le courrier de Géryville. C'était un des chantiers les plus importants de la Compagnie, mais tout l'alfa qui s'y trouvait a été évacué sur Aïn el Hadjar.

Quand j'y suis passé il y avait un camp assez important, présentant un coup d'œil fort pittoresque. Les tentes jetées dans un désordre apparent, les groupes de chasseurs d'Afrique, de zouaves et de lignards semés dans le camp, la foule de soldats accourant pour voir arriver le train, les chevaux entravés disposés en longues files sur le front de bandière, tout cela présentait un tableau que rendait plus curieux encore la présence des goums arabes et surtout des troupeaux de chameaux accroupis dans la poussière.

De Tafraoua nous repartons bientôt pour nous arrêter dix kilomètres plus loin, au Kralfallah.

Le Kralfallah était le plus grand entrepôt des alfas sur les Hauts Plateaux. Par suite d'une de ces fautes encore inexpliquées, ce point, où s'étaient déjà créés un village et de grands magasins, fut dégarni de troupes. Les bandes de Bou Amama vinrent l'attaquer.

Un négociant espagnol, boulanger, épicier, marchand

de tissus, qui avait là un établissement considérable, se défendit courageusement, tua un des assaillants et en blessa plusieurs autres. Il fit ensuite demander du secours, mais il reçut l'ordre de retourner à Saïda, et dut abandonner le Kralfallah.

A peine le malheureux avait-il regagné Tafraoua que Bou Amama arrivait, massacrait tous les Espagnols qui se trouvaient encore sur le chantier, pillait les magasins où étaient de grands approvisionnements d'orge, de blé, de farine, etc., et finalement faisait mettre le feu aux meules d'alfa, à la station du chemin de fer et aux magasins. Deux ou trois échoppes d'Espagnols allaient subir le même sort quand un train arriva amenant des troupes, mais le marabout et sa bande purent s'échapper.

Voilà le drame du Kralfallah. J'ai visité les ruines avec un serrement de cœur que vous comprendrez. De la station, construite en bois, il ne reste que quelques objets mobiliers en fer. Sur l'emplacement des magasins on marche dans des amas de marchandises carbonisées. On a reconstruit une baraque et un hangar pour les machines, mais le reste est navrant.

On m'a montré les restes de l'Arabe tué au début de l'affaire. Il n'y a plus qu'un amas de choses sans nom, débris du crâne et du thorax; la dent vorace des chacals, des hyènes ou le bec des vautours ont enlevé le reste, c'est-à-dire ce que l'incendie avait épargné.

Un peu plus loin, il y a un autre cadavre d'indigène, tué celui-là à bout portant par un employé de la Compagnie, au moment où, fait prisonnier, il cherchait à s'échapper.

Le Kralfallah est occupé par une compagnie de ligne qui a dressé ses tentes au milieu d'un retranchement creusé dans les ruines. Les vedettes postées sur des hauteurs découvrent tout le pays environnant jusqu'aux extrêmes limites de l'horizon.

Car à partir du Kralfallah il n'y a guère de mouvements de terrain; le pays s'abaisse jusqu'au chott. C'est là que commence la *mer d'alfa*.

Cette mer, que nous commençons à traverser trois kilomètres plus loin, mérite bien ce nom. Il n'y a plus que l'alfa et le ciel. A cinq cents mètres du train nous voyons tout à coup s'étendre une mer argentée, semée d'îles. Nous voyons même les vagues s'avancer et se briser sur la plage, mais sans aucun bruit. A tout instant on s'attend à atteindre cette nappe brillante, mais elle fuit devant nous. Nous sommes le jouet du *mirage*.

C'est ici le terrain classique de ce singulier phénomène; ce vaste plateau, compris entre les coteaux du Sfid au nord, le chott et les rochers du Kreider au sud, présente continuellement ces tableaux mouvants, mais à la longue le spectacle devient monotone.

Aux deux côtés du chemin de fer l'alfa pousse dru, en touffes ayant souvent plus d'un mètre de diamètre.

Tout autour des touffes le terrain est battu. C'est un véritable labyrinthe de pistes se croisant en tous sens, tracées par les pieds de nombreux troupeaux d'antilopes, de gazelles et de mouflons à manchettes, seuls représentants de la vie animale dans ce morne désert. Parfois une légère dépression se présente et à l'alfa succède le thym. Nous sommes dans des ravins très évasés que les cartes désignent comme des cours d'eau, mais qui ne sont que les chemins suivis par les eaux hivernales.

Les maisons de garde, les stations, tout cela a été brûlé; les fils du télégraphe pendent inertes le long des poteaux. L'insurrection a passé par là. Plus de gares à Muley Abd el Kader et à El Beïda, rien que l'espace infini, sans point de repère. A Mosbah, où nous arrivons ensuite, on a reconstruit une baraque qui sert d'entrepôt pour les ravitaillements des troupes. De loin en loin nous apercevons des cavaliers arabes immobiles, ce sont les vedettes des goums. Quant à ceux-ci, ils sont avec une forte colonne au Sfid que nous apercevons au loin.

Le Sfid n'est qu'un point d'eau, situé à 10 kilomètres au nord de Mosbah, dans un col des collines qui se déroulent distinctement maintenant. Il y a là seize puits d'une eau jaunâtre sur le passage des nomades qui vont de Saïda dans le Sud.

A la gare de Mosbah nous rencontrons une compagnie de tirailleurs algériens (turcos) qui escortent un nombre respectable de chameaux. Notre train dépose à terre une grande quantité de vivres et de munitions que ces bêtes de somme doivent charger. Pendant ce temps, nous causons avec les troupiers ; ceux-ci, qui assistaient quelques jours auparavant au combat du Kreider, nous en racontent les péripéties. A notre tour, nous donnons aux officiers des nouvelles du Tell.

Nous repartons ; le train délesté, court à toute vitesse, tantôt sur le sol uni, tantôt dans de profondes et étroites tranchées. Nous traversons, sans nous y arrêter, l'emplacement de la station du Sfid, et nous arrivons bientôt à l'extrémité actuelle de la voie ferrée dans cette direction, à l'oued Fallet.

Cette fois c'est presque un lit de rivière que cet oued ; la dépression est considérable ; il y a même çà et là, dans des creux du thalweg, de petites flaques d'eau. C'est ce que dans le désert on appelle des *redirs*.

Un bataillon de zouaves, clairons en tête, fanion déployé, vient de lever le camp et va allègrement par les hauteurs se joindre à la colonne du Sfid. Une compagnie de ligne groupée autour de la station entasse ses bagages sur des charrettes et part à son tour.

Au moment de notre arrivée nous assistons à une scène amusante.

La veille deux cavaliers arabes, porteurs du courrier, arrivent au camp. Les lignards, qui sont débarqués de France depuis moins de huit jours, les prennent pour des émissaires de Bou Amama et font feu sur eux. Un de ces pauvres diables reçoit une balle dans le bras. Il se jette à bas de son cheval, l'autre l'imite et tous deux s'enfuient au camp de Marhoum, situé à quinze kilomètres à l'ouest.

Donc quand nous arrivons, un jeune lignard, s'adressant à un zouave qui bouclait son ceinturon lui demande naïvement :

« A quelle heure distribue-t-on les lettres ici ? »

Et le zouave d'un ton imperturbable.

« Plus souvent qu'on te portera des lettres, si tu reçois le facteur à coups de fusil ! »

En somme les lignards étaient excusables, car rien ne ressemble plus à un Arabe qu'un autre Arabe. Au Kralfallah n'a-t-on pas vu les insurgés, se donnant pour des goums, faire boire leurs chevaux au milieu du poste ?

L'oued Fallet perd peu à peu de son animation. Les derniers soldats sont partis. Au delà du vallon que je traverse, je remarque que la voie ferrée est presque achevée. Il ne reste plus qu'à lancer un pont et poser les rails pour atteindre la limite extrême de la concession de la Compagnie dans cette direction : les puits de Marhoum.

Notre locomotive ajoute au train les wagons qui, la veille, ont amené les troupes que nous venons de voir partir, et nous reprenons la route de Saïda, dont 71 kilomètres nous séparent. A l'oued Fallet, nous sommes à 25 kilomètres environ du Kreider, qui n'est guère aujourd'hui qu'une source au pied d'une montagne et qu'un embranchement reliera sous peu à la station de Mosbah.

Notre retour se fait rapidemeut. A Mosbah nous prenons les blessés de l'affaire du Kreider et un tirailleur qui s'est tiré un coup de fusil pour éviter la garde du camp. Après quelques minutes d'arrêt au Kralfallah et à Tafraoua; nous atteignons Aïn el Hadjar et nous redescendons *la Lune*.

En route nous rencontrons un fort goum de cavaliers et de chameliers qui viennent du Sud et se rendent à Frendah. Ces gens-là n'ont jamais vu de chemin de fer et contemplent le train avec une stupéfaction profonde. Il est 7 heures quand nous arrivons à Saïda; nous en avons mis quatorze pour faire ce trajet de 150 kilomètres.

IX

Les Hauts Plateaux et la région des ksour.

Saïda, 16 août 1881.

Je vous ai dit quel était l'aspect des Hauts Plateaux, il me reste à vous en parler au point de vue géographique et à vous décrire le pays des Ksour.

Cette région des Hauts Plateaux est, à l'orient, assez distante de la mer; mais, à l'ouest, elle en est rapprochée, grâce à la notable déviation de la côte vers le sud. On sait, en effet, que le Tell de la province d'Oran, par suite de la disposition générale de la ligne de faîte, offre de l'est à l'ouest une largeur bien différente. Tandis que de Nemours aux sources de l'oued Rouban, cette largeur du Tell atteint à peine 55 kilomètres, on en compte 150 entre la côte du Dahra et Tiaret ou Frendah. Par contre, les Hauts Plateaux ont une largeur égale sur presque tous les points. Des sommets de l'Atlas tellien aux sommets de l'Atlas saharien il y a environ 130 kilomètres.

L'altitude des montagnes qui supportent ce plateau est à peu près régulière : elle a de 1,200 à 1,400 et jusqu'à 1,500 mètres. Toutefois, c'est au nord que l'on signale les points les plus élevés, et sur la frontière marocaine quelques cimes dépassent même 1,600 mètres.

Entre les deux chaînes, le terrain s'affaisse de toutes parts vers le centre du plateau. Les eaux de pluie s'y réunissent dans de vastes bas-fonds où le sel et le soufre se rencontrent mêlés au sable. Ces bas-fonds ne sont ni des lacs, ni des marais, ni des salines; les indigènes leur ont donné le nom générique de *chotts*.

Ces chotts, qui sont à 900 mètres d'altitude dans la province d'Oran, ont un caractère singulier. Outre leur situation sur une même ligne, du nord-est au sud-ouest, ils sont divisés en deux bassins par des isthmes plus ou moins étroits. Il en est ainsi pour le Chott el R'arbi, ou de l'Ouest, lequel est coupé en deux par une bande de terrain que suit la frontière marocaine; pour le Chott el Chergui; pour les Zahrez de la province d'Alger; pour le Hodna et les lacs de Tarf dans la province de Constantine.

Le bassin de ces chotts, surtout des chotts oranais,

est couvert de graminées, principalement d'alfa. Pour l'exploitation de cette précieuse plante, un chemin de fer avait été construit, partant d'Arzeu, au bord de la Méditerranée, et s'élevant jusque sur les Hauts Plateaux. Des nécessités stratégiques forceront sans doute à pousser cette ligne bien au delà de la région à alfa dans la direction du Sahara [1].

La civilisation a donc ses avant-postes au centre des Hauts Plateaux, sur la rive nord du chott. Sur l'autre rive, à moins de 20 kilomètres, sont les sources de Sfissifa où le lieutenant Weinbrenner a été assassiné.

A l'entrée nord des Hauts Plateaux, sont échelonnés plusieurs postes fermant l'accès des principales vallées du Tell. A l'est est *Tiaret* (1,085 mètres d'altitude), chef-lieu de cercle, commandant à la fois les deux vallées de l'Oued Riou et de la Mina; viennent ensuite : *Frendah* (1,039 mètres), résidence d'un bach-agha, fort dévoué à la France; *Saïda* (932 mètres), bâti près des ruines d'un bordj fondé par Abd el Kader, et fermant l'entrée de la vallée de l'Oued el Hammam, c'est-à-dire la route de Mascara et d'Arzeu; *Daya*, placé à 1275 mètres d'altitude et dominant la vallée

---

[1] Ces prévisions se sont réalisées. La ligne qui atteignait l'oued Fallet au début de l'insurrection et se construisait sur Marhoum n'est plus qu'un tronçon. De Mosbah part une grande voie qui atteint, 117 kilomètres plus loin, Mecheria et se continuera même jusqu'aux limites de l'Algérie vers Figuig.

de la Mékerra que barre en outre *Magenta*. A l'ouest, est situé *Sebdou* (920 mètres d'altitude), commandant la vallée de la Tafna et la route de Tlemcem ; au sud de Sebdou, bordant la frontière et dominant de près de 400 mètres le fond du chott el R'arbi, se trouve la redoute d'*El Aricha*, située à la naissance d'oueds qui vont au fleuve marocain de la Malouïa. La redoute abandonnée d'*Aïn ben Krelil* est située sur la rive sud du Chott, à 1,190 mètres d'altitude.

Au sud, sur les crêtes des montagnes sahariennes, on a moins cherché à empêcher l'accès des Hauts Plateaux. Deux postes seulement existent. A l'est, celui d'Afflou, chef-lieu d'une annexe du cercle de Géryville, placé à 1,350 mètres sur la ligne de faîte d'où sortent à la fois des affluents du Chéliff et nombre d'oued sahariens. Au centre, à 1,300 mètres d'altitude, dominant de 400 mètres les ksour des Ouled Sidi Cheikh et de 310 mètres le chott el Chergui, s'élève Géryville. C'est au nord-ouest de ce poste que Bou Amama a franchi le chott.

Tels sont les Hauts Plateaux et les postes français destinés à en interdire l'accès. Ces régions sont habitées, malgré leur triste apparence, leur manque d'eau courante, leur rude climat, brûlant en été, glacial en hiver. Sur la lisière du Tell, les tribus telliennes possèdent des terres où elles élèvent de nombreux troupeaux. Ces tribus sont sédentaires, et leur situation près des postes les mettent davantage dans la main du commandement. Les Harrar, une de ces tribus, dont les goums nous rendent en ce moment de grands services, ne nous ont pas toujours été aussi dévoués : ce sont eux qui, en 1864, livraient aux Ouled Sidi Cheikh la petite colonne qui escortait le colonel Beauprêtre et la faisaient massacrer.

Par contre, deux grandes tribus nomades : les Hamyan et les Trafi (ces derniers seuls sont soulevés en ce moment), parcourent les rives des chotts.

Pendant l'hivernage, au moment où le désert s'est couvert d'herbe, elles habitent le Sahara ; dès que la sécheresse est venue, elles remontent au nord près de nos postes, où elles possèdent des silos et où elles effectuent leurs échanges sur nos marchés.

Chaque année, et j'ai parlé longuement ailleurs des voyage de ces nomades, ces tribus réunissent quelques milliers de chameaux et se rendent dans les oasis marocaines pour y échanger les produits de nos fabriques ou de leur industrie agricole contre les dattes et les laines de ces pays. Quelques groupes de ces caravanes atteignent même Aïn el Salah (ou Insalah). Quand la campagne est finie, on revient au rendez-vous, sur les bords de la sebkha du Gourara, pour regagner l'Algérie.

Dans ces excursions annuelles, Hamyan et Trafi traversent forcément une troisième zone dont nous n'avons parlé que sommairement, c'est celle que nous avons désignée sous le nom d'Atlas saharien, qui porte à l'ouest le nom de Djebel Amour, et qu'habitaient les Ouled Sidi Cheikh.

Ce massif forme une région bien tranchée ayant un aspect fort différent de celui que présentent le Tell, les Hauts Plateaux ou le Sahara qu'il domine. C'est une longue bande de chaînons montagneux disposés sans ordre sur la lisière du désert, tantôt parallèles, tantôt se rejoignant sous les angles les plus divers, mais se dirigeant en général du nord-est au sud-ouest.

Au milieu de ce chaos de montagnes coulent quelques oueds assez abondants formant cinq grands cours d'eau, devenant à sec dès leur sortie des montagnes, et qui, pendant les crues, vont se perdre dans le Sahara, au milieu des daïas ou mares bordées de tamarix. Ce sont, de l'ouest à l'est : l'oued Allouf, qui passe près de la ville ou ksar marocain de Figuig, l'oued el Namous, l'oued el Benout, l'oued Seggeur et l'oued Zergoun.

Au fond des vallées se sont établies des populations d'origine berbère, habitant des ksour ou villages fortifiés. Vers la frontière marocaine, ces ksour forment presque autant de petites républiques dont, jusqu'à présent, la soumission à la France avait été fort contestable. Depuis le mois de novembre dernier, le plus important de ces ksour, celui de Tyout, sur l'oued en Namous, était devenu nominalement le siège d'un bureau arabe qui devait assurer notre domination sur les ksour de Aïn Sfissifa, Mor'ar Foukania, Mor'ar Tahtania, Aïn Sefra et barrer la route de Sebdou et de Tlemcen aux attaques venant du sud.

A l'est, les ksour sont plus nombreux et se groupent au sud de Géryville.

Ce sont ceux-là qui, jadis, étaient le siège de la puissance des Ouled Sidi Cheikh.

Ces ksour sont ainsi situés :

Sur les affluents de droite de l'oued el Benout : *Asla, Bou Sem'roum, Chellala Gueblia, Chellala Dahrania*. Près de ces deux derniers a eu lieu le combat du 19 mai, le plus important de tous ceux qui ont été livrés.

Sur l'oued el Biod, les deux ksour d'*Arba* ou les *Arbaouat* et *el Abiod Sidi Cheikh*.

Sur l'oued Seggeur et ses affluents, *R'asoul* et *Brizina*.

Sur un oued se dirigeant vers le nord, dans une *daya* des Hauts Plateaux, *Stitten*.

Sur les affluents de l'oued Zergoun, *Bou Allen, Sidi Tifour* et *Tadjerouna*.

De tous ces ksour, trois seulement ne subissent pas l'influence de la grande tribu religieuse, émigrée au Maroc, des Ouled Sidi Cheikh : Stitten, habitée par une partie de la grande tribu des Harrar, R'asoul et

Brizina, habitées par une autre fraction de Berbères, les Lar'ouatis du Ksel, ceux-là mêmes que l'agha Kaddour el Saraoui vient de battre si complètement. Tous ces villages sont entourés de murailles flanquées de tours et défendues par une kasbah généralement en fort mauvais état. La population de chacun d'eux atteint rarement plus de 6 à 700 habitants.

Le plus important de tous ces centres de population est El Abiod, partagé entre cinq ksour voisins. C'était le chef-lieu des Ouled Sidi Cheikh, c'est là que le fondateur de leur puissance est enterré.

Ajoutons à cette description que le chott qui, l'hiver, est couvert d'eau et dont le passage n'est alors possible que par l'isthme et les hauts-fonds des environs de Sfissifa, où passe la route de Saïda à Géryville, est en cette saison assez facile à franchir. C'est de cette façon que Bou Amama paraît avoir réussi à s'échapper pour le moment aux cinq colonnes qui le cernaient.

Ajoutons en terminant que la plupart des points indiqués sur les cartes sont de simples gîtes d'étapes et non pas des lieux d'habitation. Il n'y a de groupes de population que dans les postes fortifiés, les stations de chemins de fer et les ksour dont nous avons donné l'énumération.

CONCLUSION

L'Algérie à la fin de 1881.

Les événements de 1881. — Les rattachements; leur impopularité. — Les décrets du 26 août; ce qu'ils sont en réalité. — Après l'expérience. — Un vœu du Conseil supérieur. — Les confins militaires.

31 Décembre 1881.

L'année qui vient de s'écouler comptera parmi les plus douloureuses et les plus désastreuses que l'Algérie ait encore subies. La guerre à chaque extrémité du territoire, la disette dans les deux provinces occidentales, les incendies de forêts dans la province de Constantine, les inondations dans celle d'Oran, sont venues jeter le deuil et la misère. Jamais la situation du pays n'avait été plus sombre, il semblait que tout s'était conjuré pour la rendre plus affligeante encore. Après deux ans de gouvernement M. Albert Grévy se retirait, laissant la province d'Oran en proie à l'insurrection, sans avoir rien fait pour le pays, ayant au contraire, par apathie ou par impuissance, arrêté les progrès de la colonisation et des travaux publics. Son administration prenait fin en même temps que les rattachements semblaient attendre l'autonomie relative du gouvernement général. Faut-il s'étonner dès lors, de cette sorte de surexcitation et de désespoir qui a paru un instant dominer les esprits en Algérie.

Jamais mesure plus impopulaire n'avait été prise que celle des rattachements des services coloniaux à la métropole. Les élections législatives s'étaient faites sur cette question, et le seul candidat qui s'en était déclaré partisan, M. Gastu, a été repoussé. Les conseils généraux comme les assemblées municipales avaient été unanimes à ce sujet. Et cependant on voulait passer outre. Voici, entre beaucoup d'autres, la délibération prise par le conseil municipal de Mostaganem, un des plus intelligents et des plus libéraux de l'Algérie.

« M. le Maire expose au Conseil que les journaux apportent la nouvelle qu'une Commission extra-parlementaire, composée en majorité de membres entièrement étrangers à l'Algérie, a proposé au Gouvernement diverses mesures qui, si elles étaient adoptées, porteraient une atteinte très grave à la colonisation et paralyseraient son essor.

« L'œuvre de colonisation, en effet, vient d'être atteinte à la fois par une sécheresse exceptionnelle et par une insurrection qui, à elle seule, suffit pour faire comprendre que notre pays ne saurait être soumis aux lois et règlements qui régissent la métropole.

« Il fait ressortir combien il est extraordinaire de voir, sous un régime républicain, qu'une Commission qui n'a reçu aucun mandat spécial de la colonie, ni de ses corps élus, ait cru devoir, sans consulter le pays, trancher des questions vitales pour son avenir.

« Après cet exposé de M. le Maire, le Conseil entre en délibération et décide ce qui suit :

« LE CONSEIL,

« Considérant que tout en cherchant à nous rattacher à la Mère-Patrie, par l'adoption de toutes les lois, et règlements dont l'application peut se faire immédiatement, il convient d'y apporter une certaine mesure;

« Que l'Algérie, où tant de choses sont à créer et à perfectionner, demande encore, pendant un certain laps de temps, à être régie par une législation spéciale et à être dirigée par des hommes qui, étudiant sur place ses besoins et ses aspirations, puissent leur donner leur vraie solution.

« NE PEUT QUE PROTESTER ÉNERGIQUEMENT contre les tendances d'une Commission qui, contrairement aux vrais principes de la démocratie, a cru pouvoir se prononcer sur une question aussi grave, sans se préoccuper si les intérêts de l'Algérie en seraient oui ou non lésés.

« Il ne lui semble pas admissible que l'on puisse vouloir administrer à distance un pays où tout est à créer et où l'imprévu joue à chaque instant un rôle si considérable; — il lui paraît impossible qu'on veuille appliquer de prime-abord, sans passer par les transitions indispensables, nos lois et nos règlements aux Arabes, peuple encore trop peu civilisé pour les apprécier, ainsi que malheureusement le démontre l'insurrection actuelle.

« Le Conseil demande donc que tous les services administratifs et spécialement : Préfecture, Enregistrement, Domaines, Contributions diverses, Eaux et Forêts, Douanes, continuent à rester sous les ordres du Gouvernement général, et ne soient rattachés au service métropolitain que plus tard, c'est-à-dire, à l'époque où l'Algérie, suffisamment peuplée par l'élément Européen, se trouvera dans les conditions qui lui permettront de réclamer elle-même d'être régie et administrée directement par la Mère-Patrie.

« En effet, outre les difficultés innombrables qui surgiraient pour le bon fonctionnement des affaires de la colonie, par le rattachement des services administratifs, le rattachement des services financiers aurait pour la prospérité de l'Algérie les conséquences les plus désastreuses.

« Ainsi la suppression de l'Administration des Contributions diverses, ce service si éminemment colonial, amènerait l'établissement de l'impôt foncier, des portes et fenêtres et de la cote personnelle, ainsi que la création des impôts indirects.

« Cette suppression constituerait en outre pour l'Etat, au point de vue financier, une aggravation de dépenses très considérable.

« Le rattachement du service de l'enregistrement entraînerait l'application des tarifs métropolitains actuellement réduits de moitié pour l'Algérie ; — il aurait pour conséquence l'établissement des droits de succession ; — enfin ces surcroîts de charges pèseraient trop lourdement sur la propriété foncière dont la valeur y est encore relativement si minime, et deviendraient bientôt une cause de ruine pour l'Algérie.

« Par toutes ces considérations, le Conseil à l'unanimité croit devoir protester de toutes ses forces contre l'application des mesures proposées, et il prie M. le Maire de vouloir bien transmettre dans le plus bref délai à l'Administration supérieure le vœu qu'il vient d'exprimer dans la présente délibération. »

Il était difficile de parler avec plus de force et de faire ressortir avec plus de netteté les dangers de la mesure proposée. Ces dangers, du reste, le gouvernement métropolitain les a reconnus tout le premier. Les décrets du 26 août 1881, qui devaient consacrer la théorie de l'assimilation n'ont été, en réalité, qu'une constatation nouvelle de l'absurdité de la thèse soutenue par les assimilateurs. Le premier de ces décrets place tous les services civils de l'Algérie sous l'autorité directe des ministres compétents. Ils attribuent :

Au ministère de la justice, la justice musulmane.

Au ministère de l'intérieur et des cultes: l'administration générale; l'administration départementale et communale en territoire civil et en territoire de commandement; l'assistance hospitalière; la police générale; la colonisation; la création des centres et les travaux d'installation; les routes départementales. — Attributions dévolues dans la métropole au ministre de l'intérieur. — Les chemins vicinaux; la presse; l'imprimerie; la librairie; le culte musulman.

Au ministère des finances: les contributions directes et le cadastre; les contributions diverses; l'enregistrement; les domaines et le timbre; le service topographique; la constitution de la propriété indigène; l'administration des biens séquestrés.

Au ministère de la marine et des colonies : la surveillance de la pêche côtière et la police de la navigation. Attributions dévolues dans la métropole au ministre de la marine.

Au ministère de l'instruction publique et des beaux-arts : l'instruction publique musulmane; les beaux-arts; les missions scientifiques; les monuments historiques.

Au ministère des travaux publics : les routes et ponts; la navigation; les ports et phares; le service hydraulique; les chemins de fer; les mines; les bâtiments civils et les palais nationaux.

Au ministère de l'agriculture et du commerce : les services de l'agriculture, du commerce et des forêts.

Enfin au ministère des postes et des télégraphes : les créations et transformations de bureaux de poste et de télégraphe en Algérie dans l'intérêt de la colonisation.

Voilà bien toutes les affaires algériennes attribuées aux ministres, mais aussitôt d'autres décrets portent des correctifs à cette assimilation radicale. Le Gouverneur général devenu une superfétation est maintenu, et, pour le maintenir, de nouveaux décrets lui accordent, par délégation, de statuer sur toutes les affaires que le premier décret a placées sous l'autorité du ministre de l'intérieur. Il en est de même pour ce qui concerne les services des finances. Cependant, pour la perception, les droits d'enregistrement, de timbre, des greffes et d'hypothèque, sont soustraits à l'autorité du Gouverneur général pour ne ressortir absolument que de la direction générale à Paris; mais, cette même administration ne pourra correspondre avec la direction pour les actes des cadis que par l'intermédiaire du gouvernement général.

Le Gouverneur conserve ses attributions sur tout ce qui concerne l'instruction publique, mais, par une singularité inexplicable, les écoles arabes françaises, situées en territoire militaire, restent rattachées au ministère de l'instruction publique.

Pour le ministère de l'agriculture et du commerce, (c'est-à-dire pour les deux ministères actuels), la délégation donnée au gouverneur comprend à peu près toutes les attributions du ministre. Enfin pour les postes et télégraphes il n'a rien été changé aux attributions du Gouverneur.

En somme, actuellement, et sauf les deux restrictions que j'ai signalées, le Gouverneur général possède toutes les attributions de ses prédécesseurs dans les affaires concernant sept ministères (y compris celui des arts). Restent la Justice, la Marine et les Travaux publics. Deux de ces services ont été entièrement soustraits à l'autorité du Gouverneur général. Celui-ci, qui n'avait précédemment à s'occuper au point de vue judiciaire que de la justice musulmane, s'est vu enlever toutes ses attributions. Ce n'est pas, me semble-t-il, ce qu'il y a de meilleur dans les décrets. L'administration de la justice musulmane est trop connexe avec l'administration civile des tribus pour qu'il soit utile et sage de les séparer. Si le Procureur général à la cour d'Alger et ses subordonnés étaient choisis parmi les magistrats algériens, s'ils étaient assurés d'une longue carrière dans la colonie, leur compétence serait réelle et ils pourraient exercer sur les magistrats musulmans un contrôle efficace. Dès lors il n'y aurait pas d'inconvénient à laisser toutes les affaires concernant la justice musulmane ressortir au ministère de la justice par leur intermédiaire. Malheureusement ces messieurs sont trop fréquemment changés et remplacés par d'autres magistrats venant de France, que l'étude du Code n'a pas précisément habitués à celle du Coran, et qui se trouvent chargés d'une surveillance, d'un contrôle sur des choses et des gens absolument nouveaux pour eux.

D'ailleurs était-il bien nécessaire, même pour honorer un principe, de soustraire au gouvernement général de l'Algérie celle de ses prérogatives qui peut le moins prêter aux récriminations? La raison d'être du gouvernement général, ce qui rend son maintien indispensable, c'est l'existence de la population musulmane, pourquoi dès lors, aller confier au garde des sceaux l'administration de la justice musulmane et l'application d'une législation si différente de la nôtre?

Le ministère de la marine reconquiert la surveillance de la pêche et la police de la navigation. Là encore, je ne m'explique guère pourquoi le Gouverneur général se trouve privé de tous pouvoirs, dans un pays qui possède mille kilomètres de côtes sur une profondeur de terre cultivable n'ayant que de 100 à 300 kilomètres.

La pêche du corail et les pêcheries qui alimentent les fabriques de conserves, pour ne citer que ces parties de l'industrie maritime, peuvent à tout instant faire naître des affaires où l'intervention de l'autorité est indispensable. Pourquoi gêner ces industries d'un si grand avenir, et porter de gaîté de cœur des entraves à la navigation, en forçant d'attendre plus d'une semaine les instructions de Paris, alors qu'on pourrait recourir immédiatement au Gouverneur ?

Reste le ministère des travaux publics; pour celui-là, j'avoue franchement ne pas comprendre les mobiles qui ont poussé le gouvernement à retirer presque toute initiative au Gouverneur général. Le corps des ingénieurs n'est pas déjà si bien disposé à reconnaître le contrôle des autres administrations, pour qu'on lui donne ainsi les moyens de se créer, grâce à l'éloignement, une sorte d'autonomie propre.

Ainsi le Gouverneur général ne peut plus approuver les projets pour travaux neufs ou grosses réparations dépassant 25,000 francs. Or, à tout instant la marche de la colonie va se trouver entravée. Voici un exemple topique : au mois de décembre dernier, des inondations générales ont eu lieu. Le barrage de Perrégaux a été emporté, des routes ont été coupées, des canaux détruits, les désastres de tous genres ont été incalculables. Il y a donc eu lieu, à ce moment, de se mettre immédiatement à l'œuvre pour réparer les dégâts commis. On l'a fait aussitôt, mais il a fallu sans doute une longue correspondance avec le ministère, et il est fort probable que si le Gouverneur avait pu, de son autorité propre, prendre les mesures nécessaires, l'œuvre aurait été plus rapidement accomplie. D'aucuns même en Algérie prétendent que le désastre aurait pu être évité [1].

Le Gouverneur général conserve le droit d'approuver les modifications apportées à la marche des trains, mais il appartient au ministre seul de statuer sur celles de ces modifications qui ont lieu à l'ouverture

[1] Le plus grand grief que l'on puisse faire aux rattachements est le retard qui sera apporté à toutes les décisions, depuis les plus graves jusqu'aux plus insignifiantes. Tous les services vont être entravés ; il suffit, pour s'en rendre compte, de lire cet extrait de la *Vigie algérienne,* qui est cependant le défenseur le plus ardent des rattachements :

« Mais, nous ne le cacherons pas, si nous sommes rassurés sur la manière dont les choses se passeront à Ager, nous le sommes moins sur celle dont on entend à Paris le fonctionnement du nouveau système.

« Il est, en effet, à notre connaissance que depuis plusieurs mois *toutes* les lettres adressées aux différents ministres sont demeurées sans réponse : invités à donner leur avis sur un nombre considérable de questions, ils ont gardé un silence obstiné. Les dossiers s'empilent de nouveau, attendant une solution qui n'arrive jamais.

« On nous a cité à ce sujet des faits presque incroyables, tels par exemple que celui des agents du service sanitaire créé à Beni Saf, attendant encore depuis plus de trois mois, époque à laquelle ils ont été installés, le paiement de leur premier mois de traitement, parce que le ministre néglige, malgré les demandes qui lui ont été adressées à plusieurs reprises, d'ouvrir le crédit nécessaire, bien que les fonds destinés à faire face à cette dépense soient inscrits au budget.

« Nous pourrions signaler bien d'autres exemples de même nature. »

des saisons d'hiver et d'été. Il semble cependant qu'il n'y avait pas péril en la demeure à abandonner complètement ce droit au Gouverneur.

Les décrets spécifiant les attributions du Gouverneur, ne font aucune allusion aux travaux des ports et des phares, au service hydraulique, aux mines, aux bâtiments civils et aux palais nationaux. Il est vrai que l'article 4 du décret concernant les rattachements des travaux publics, dit que le chef de la colonie pourra statuer sur « les autres objets pour « lesquels le Gouverneur général recevra une délé- « gation spéciale du ministre des travaux publics. »

C'est-à-dire qu'il faudra peut-être une délégation spéciale chaque fois que le Gouverneur se trouvera dans la nécessité de résoudre promptement une affaire non prévue dans ses attributions par les décrets, chaque fois, par exemple, qu'il faudra planter un clou dans les palais d'Alger et de Mustapha.

Tel est l'esprit des décrets; telles sont les objections qu'ils font naître à première lecture. La réflexion n'y change rien. Si le gouvernement général a pu jusqu'à ce jour accomplir sa tâche malgré la paperasserie qui lui est imposée, il eut fait mieux encore avec plus de liberté.

Le nouveau Gouverneur, M. Tirman, se trouve en présence d'une situation difficile. On fait de lui de grands éloges. Malheureusement il est à craindre que le régime hybride qu'il est chargé d'appliquer ne paralyse sa bonne volonté.

A tant faire que tenter l'assimilation, il l'eut fallu complète et alors je l'aurais comprise. En multipliant les moyens de communications, en donnant à chaque province des services journaliers de bateaux à vapeur sur la France, c'est-à-dire en mettant l'Algérie en communication continuelle avec la métropole, en imposant à tous les fonctionnaires des ministères, sans exception, l'apprentissage des questions algériennes, on aurait pu atteindre le but proposé. C'était peu pratique, mais, administrativement, c'était logique.

Ces réflexions, qui viennent à la pensée de tous ceux qui étudient la question sans parti pris, je les ai entendu émettre par nombre d'Algériens. Beaucoup de ceux-ci nous semblent, cependant, être trop facilement conduits par leurs nerfs. Il importe de laisser quelque temps s'accomplir l'expérience à laquelle nous assistons. Si elle réussit, il faudra faire son deuil de toute tentative de décentralisation et, sans plus tarder, diviser l'Algérie en départements français plus nombreux et les assimiler franchement au reste du territoire de la République.

Si elle échoue, il faudra en revenir aux vœux émis par le Conseil supérieur de l'Algérie à la fin de sa session de décembre 1880, et qui se résument en ceci :

« Le gouvernement général doit être maintenu avec toutes les attributions actuelles.

« Le Conseil supérieur sera composé de délégués des Conseils généraux et de hauts fonctionnaires, ces derniers avec voix consultative.

« Le Gouverneur sera responsable devant les Chambres.

« Le budget de l'Algérie cessera d'être rattaché à un ministère. Il formera un budget à part.

« Il n'y a aujourd'hui ni opportunité ni avantage à rattacher de nouveaux services administratifs à la métropole, à l'exception des beaux-arts et des poids et mesures.

« Nous exprimons le vœu que le Gouverneur général, pour les affaires spéciales aux *services actuellement rattachés à la métropole*, soit appelé à intervenir dans une mesure à déterminer au moyen d'un décret rendu dans la forme d'un règlement d'administration publique. »

Mais quoi qu'il arrive et quoi qu'on fasse il sera, et il est maintenant indispensable, d'augmenter le chiffre de la représentation coloniale au Parlement. Six députés et trois sénateurs pour trois millions d'âmes, c'est vraiment trop insuffisant. La population musulmane qui n'est pas comptée dans les chiffres qui servent de base à la représentation au sein des Chambres, devrait cependant l'être à beaucoup plus de titres que la population étrangère dans la France continentale. Les Belges, qui forment 10 0/0 de la population du département du Nord, sont cause que celui-ci est représenté par deux députés de plus que le nombre qui lui serait attribué s'il ne possédait que des Français. Pourquoi l'Algérie ne jouirait-elle pas d'un privilège que possèdent les départements français [1] ?

Ces dernières pages ont été écrites depuis l'achèvement de ce volume. Je n'ai pas voulu laisser passer, sans l'exposer ici, la grave question qui pendant si longtemps a fait le fonds de la polémique des journaux algériens.

Il me reste maintenant à dire un mot de la partie du décret nommant M. Tirman gouverneur de l'Algérie, qui place le territoire militaire en dehors de son action.

Cette décision a été fort attaquée, on a cru y voir un retour vers le régime militaire. Ces craintes me semblent sans fondement. Le territoire militaire, tel qu'il est constitué aujourd'hui, ne comprend plus que d'étroites bandes frontières vers la Tunisie et le Maroc, la partie la plus infertile des Hauts Plateaux et le Sahara, c'est-à-dire les régions les moins peuplées, les moins soumises et les plus menacées par les incursions de nos turbulents voisins.

---

[1] Pourquoi aussi ne pas donner le droit de vote à tout indigène sachant lire et écrire le français ? Il y aurait là une expérience à tenter.

Le Gouverneur général est ainsi déchargé de la partie la plus difficile de sa tâche, celle à laquelle il est le moins préparé. Il peut consacrer tout son temps aux intérêts vitaux de la partie cultivable et colonisable du pays. De son côté le général en chef, devenu personnellement responsable de la tranquillité qui n'est jamais troublée que dans le Sud ou sur les frontières, portera toute son attention de ce côté.

Ce sera, avec plus de raison encore, une organisation semblable à celle imaginée par l'Autriche pour se protéger contre les Turcs et les Slaves, une sorte de confins militaires.

Mais cette organisation ne sera réellement complète et ne portera tous ses fruits, qu'après la création de l'armée coloniale qu'a projetée par le général Campenon, et le transfert, dans le Sud, des garnisons et des établissements militaires du Tell.

FIN.

TABLE DES MATIÈRES

PREMIÈRE PARTIE.

L'Algérie politique et économique.

Préface	v
I. **La fin d'un préjugé.** — Ce que l'Algérie rapporte à la France. — Part de la colonie dans le mouvement commercial de notre pays	1
II. **L'Impôt en Algérie.** — La population de l'Algérie. — Le système fiscal. — Les impôts arabes. — L'impôt foncier ; ce qui s'oppose à son établissement immédiat. — Les noms de famille. — Un premier mot sur la politique algérienne.......	5
III. **L'Administration.** — Territoire civil et territoire militaire. — Les divisions territoriales. — Communes de plein exercice et communes mixtes civiles. — Les douars communes et leurs djemâa. — L'administration militaire. — La vérité sur les bureaux arabes. — Les conseils généraux et les assesseurs musulmans...	14
IV. **L'Organisation judiciaire.** — Le Code civil et le Coran. — La justice musulmane. — Les Mehakmas. — Cadhis et Adouls. Une audience. — La femme arabe et le divorce. — Les medjelès consultatifs. — L'honnêteté des magistrats musulmans. — Les Kabyles et les justices de paix. — Les M'dersa, ce qui s'y enseigne ; la réforme qui y a été opérée. — Ce qui s'oppose à l'adoption de notre code..........................	24

V. **La Religion.** — La liberté religieuse. — Le muezzin et les cloches. — Les Arabes et nos prêtres. — L'archevêque d'Alger et les orphelins indigènes. — Les chrétiens-musulmans. — Les architectes et les églises algériennes. — Les Juifs et la Vierge 37

VI. **L'Islamisme.** — Le clergé musulman. — Les confréries. — Les jésuites arabes. — Le chérif d'Ouazzan. — Histoire d'un prophète, d'un ange et d'un sanglier..................... 49

VII. **L'Instruction publique.** — La guerre à l'ignorance. — L'Algérie au deuxième rang des pays civilisés sous le rapport de l'instruction. — L'école créée avant le village. — L'instruction chez les indigènes. — Les écoles arabes-françaises. — Leur inefficacité. — Projet de réforme................... 57

VIII. **Les Chemins de fer algériens.** — Le réseau algérien. — Les lignes industrielles. — Une plante providentielle, conquérante et sociale. — Les Hauts Plateaux et la mer d'Alfa........... 68

IX. **Les Forêts algériennes.** — Les effets du déboisement. — Ce qui reste de forêts. — Leur aspect. — La forêt d'Ahfir. — La délimitation des massifs boisés. — Un incendie dans les bois. — Anecdote administrative............................ 76

X. **Les Mines.** — Richesse minérale de l'Algérie. — Les minières de la Basse-Tafna. — Mésaventure d'un géologue. — Les gîtes minéraux. — L'exploitation des mines.................... 93

XI. **Les carrières et les eaux thermales.** — Les salines. — Le lac d'Arzeu. — Le Djebel R'arribou. — Les plâtrières. — Les marbres. — L'onyx. — Les sources thermales............ 102

XII. **La Colonisation et l'Agriculture.** — Les facultés colonisatrices de la France. — Marche de la colonisation en Algérie. — Ce qui reste à faire. — Caractère définitif de l'œuvre entreprise. — La pénurie des terres. — Transformation de l'outillage et des procédés agricoles des indigènes. — La puissance de production de l'Algérie. — Les vignobles..................... 113

XIII. **Le Commerce de l'Algérie.** — Les importations et les exportations. — Leur marche. — Le rôle du commerce de l'Algérie dans le commerce général de la France................. 127

XIV. **Le Commerce avec le Maroc**............................ 134

XV. **L'Industrie.** — La genèse de l'industrie algérienne. — Causes qui empêchent la grande industrie. — Les industries actuelles. L'alfa et le crin végétal. — La fabrication des parfums. — L'industrie indigène..................................... 149

XVI. **Le Transsaharien.** — Le projet de M. Duponchel. — Il est inexécutable comme il le comprend. — Le tracé par l'ouest. — Les oasis marocaines. — Le Maroc et le Transsaharien.. 155

XVII. **La Frontière marocaine.** — Le traité de 1845. — Le tracé de la frontière. — Les limites historiques. — Comment a été conçue la délimitation actuelle. — La population de la rive droite de la Malouïa. — La Malouïa, frontière naturelle. — Le Maroc.. 164

DEUXIÈME PARTIE.

A travers la province d'Oran.

I. **La Province d'Oran.** — (Conférence faite à la Société de géographie commerciale de Bordeaux)............................ 185
II. **Ascension du Djebel Filhaousen et du Tadjera.** — (Conférence faite au club alpin de Lyon)..................................... 201
III. **Une Visite à l'empereur du Maroc**........................... 242

TROISIÈME PARTIE.

Lettres sur l'Insurrection dans la province d'Oran.
(Lettres adressées à l'*Indépendance Belge*.)

I. Les colonies espagnoles en Algérie........................ 261
II. Un ambassadeur marocain à Tlemcen..................... 275
III. Un voyage chez les Hamyan............................. 282
IV. Bou Amama.. 290
V. Les Ouled Sidi Cheikh.................................. 299
VI. La Disette.. 306
VII. De Sidi Bel Abbès à Saïda............................. 314
VIII. Saïda et les Hauts Plateaux........................... 325
IX. Les Hauts Plateaux et la région des ksour.............. 339

CONCLUSION.

L'Algérie à la fin de 1881. — Les événements de 1881. — Les rattachements; leur impopularité. — Les décrets du 26 août : ce qu'ils sont en réalité. — Après l'expérience. — Un vœu du conseil supérieur. — Les confins militaires... 347

FIN DE LA TABLE DES MATIÈRES.

ERRATA.

Page 303, ligne 23, *lisez :* Si Sliman Ben Kaddour, *au lieu de :* Si Kaddour Ben Hamza.

Lignes 1, 6, 12 et 18 de la page 304, *lisez :* Si Sliman, *au lieu de :* Si Kaddour.